U0527414

本书获得江西科技师范大学著作出版资助项目资助

RESEARCH ON THE QUALITY ASSURANCE OF TRANSNATIONAL EDUCATION IN
UNIVERSITIES FROM THE PERSPECTIVE OF NETWORK GOVERNANCE

网络治理视域下高校跨国办学教育质量保障研究

方华明◎著

浙江大学出版社
·杭州·

图书在版编目(CIP)数据

网络治理视域下高校跨国办学教育质量保障研究／方华明著. -- 杭州：浙江大学出版社，2024.12.
ISBN 978-7-308-25709-1

Ⅰ. G649.2-39

中国国家版本馆CIP数据核字第20254UA064号

网络治理视域下高校跨国办学教育质量保障研究
方华明　著

策划编辑	吴伟伟
责任编辑	刘婧雯
责任校对	梅　雪
封面设计	雷建军
出版发行	浙江大学出版社
	（杭州市天目山路148号　邮政编码310007）
	（网址：http://www.zjupress.com）
排　　版	杭州星云光电图文制作有限公司
印　　刷	广东虎彩云印刷有限公司绍兴分公司
开　　本	710mm×1000mm　1/16
印　　张	16.75
字　　数	258千
版 印 次	2024年12月第1版　2024年12月第1次印刷
书　　号	ISBN 978-7-308-25709-1
定　　价	78.00元

版权所有　侵权必究　印装差错　负责调换

浙江大学出版社市场运营中心联系方式：0571-88925591；http://zjdxcbs.tmall.com

序

高校跨国办学在过去 20 余年时间里,经历了快速扩张的"黄金时期"。在这一历史进程中,教育质量问题受到各界广泛关注。在"跨国性"和"跨文化性"的双重特性影响下,高校跨国办学涉及的利益相关者更为多元化,异质性、复杂性和不确定性更为突出,单方力量的教育质量保障能力面临新的挑战。

该书是在方华明同学的博士学位论文基础上形成的。论文选题着眼于教育质量,试图探讨高校跨国办学内外部主要利益相关者在教育质量保障中的角色和作用,分析它们是如何保障教育质量的,并研究高校跨国办学教育质量保障的作用机制。该书认为,高校跨国办学内外部主要利益相关者共同构成教育质量保障网,是其中具有活性的网络节点,在教育质量保障中发挥不同的作用。该书的特点主要体现在以下几个方面。

其一,该书对高校跨国办学教育质量保障进行解构,分别从外部利益相关者视角和内部利益相关者视角展开分析。该书选取了 A 大学国际联合学院两个跨国办学机构——AB 联合学院和 AC 联合学院作为研究案例,分析发现在高校跨国办学外部教育质量保障中,国际与区域组织主要通过国际规范、能力建设、信息共享与合作等在国际层面发挥作用。输出国和输入国政府一方面以行政监管、制度约束和引导等方式发挥作用;另一方面与质量保障机构建立委托—代理关系,由质量保障机构负责制定质量标准,开展教育评估或认证。在高校跨国办学内部教育质量保障中,双方母体高校的作用主要在于优质办学资源的投入、制度规范与监管、教育教学支持、教学评估等。联合学院通过资源整合、自主探索、移植或借鉴母体高校的政策制度和有益经验保障教育质量。

其二,基于上述内外部利益相关者视角的分析,该书认为高校跨国办学教育质量保障是一个由内外部两个质量保障子网络构成的质量保障网络整体。基于此认识,在对高校跨国办学网络治理的生成进行分析和探讨之后,构建了一个由国际层面、政府层面、中介组织层面和办学者层面主要内外部利益相关者共同构成的高校跨国办学教育质量保障网络治理架构。由于这些利益相关者具有决策或影响决策的能力,因而高校跨国办学教育质量保障网络存在多个决策中心,彼此之间具有联动性,能够产生协同效应。

其三,该书提出,网络治理依赖于网络中不同利益相关者之间主动或被动形成的各种嵌入关系。其中,结构嵌入构成高校跨国办学教育质量保障的组织基础,制度嵌入构成高校跨国办学教育质量保障的制度基础,关系嵌入构成高校跨国办学教育质量保障的信任基础。

其四,该书同时也注意到,不同层面利益相关者的质量保障作用有其局限性,高校跨国办学教育质量保障仍然存在一定的困难和挑战,进而提出改进我国高校跨国办学(中外合作办学)教育质量保障需要内外兼顾——一方面应推动我国高校中外合作办学形成"和解型"网络治理结构,另一方面需要充分发挥质量保障机构的作用,不断促进我国质量保障机构的国际参与及跨国合作。

当然,该书还存在值得进一步完善的空间,如在理论架构及篇章结构方面可以做更为系统的设计和安排,在案例的特殊性和普适性方面可以做进一步探讨等。中外合作办学是我国高校参与跨国办学实践的重要形式,对于推动我国实现高水平对外开放和助力社会经济"双循环"发展具有一定的现实意义。希望该书的出版能够成为方华明同学后续学术之路的新起点,不忘初心,不断探索。

周谷平

2023 年 8 月 浙大西溪校区

目 录

第一章 绪　论 …………………………………………………… 1
　第一节　研究缘起及意义 ………………………………………… 1
　第二节　国内外相关研究 ………………………………………… 5
　第三节　概念界定 ………………………………………………… 27
　第四节　研究问题、内容与方法 ………………………………… 30

第二章 理论基础与分析框架 …………………………………… 35
　第一节　网络治理理论 …………………………………………… 35
　第二节　利益相关者理论 ………………………………………… 43
　第三节　理论运用与分析框架 …………………………………… 51

第三章 高等教育国际化与高校全球扩张的历程及动因 ……… 53
　第一节　高等教育国际化、教育服务贸易与跨国教育 ………… 53
　第二节　高校全球扩张的历程与动因 …………………………… 68

第四章 高校跨国办学教育质量监管与政策规制：外部利益相关者
　　　　视角 …………………………………………………… 79
　第一节　国际与区域组织：高校跨国办学教育质量保障的国际联结
　　　　　和规约 ………………………………………………… 79
　第二节　英国和美国高校跨国办学的"出口"保障 ……………… 89
　第三节　我国高校跨国办学的"进口"保障 ……………………… 106

第五章 高校跨国办学组织行动与教育质量保障：内部利益相关者
　　　　视角 …………………………………………………… 118
　第一节　高校跨国办学案例镜像：联合学院的创建及发展现状 … 118

· 1 ·

第二节　双方母体高校的监管与质量保障…………………… 126

　　第三节　跨国办学机构内部教育质量保障行动与实践………… 140

第六章　高校跨国办学网络治理生成、教育质量保障架构及作用

　　　　 机制……………………………………………………… 195

　　第一节　高校跨国办学网络治理的生成…………………………… 195

　　第二节　高校跨国办学教育质量保障的网络治理架构…………… 205

　　第三节　高校跨国办学网络治理教育质量保障作用机制………… 209

第七章　结论与思考……………………………………………… 223

　　第一节　研究结论…………………………………………………… 223

　　第二节　反思与思考………………………………………………… 230

参考文献………………………………………………………………… 238

后　　记………………………………………………………………… 262

第一章
绪　论

第一节　研究缘起及意义

20世纪80年代以来,第三次全球化浪潮席卷世界,大批发展中国家进入全球市场,经历了一个多维的社会发展与变革过程,涉及政治、经济、文化等诸多方面。世界高等教育在这一历史进程中也同样发生了巨大变化,国际教育交流与合作比以往任何时期都要突出,高校跨国办学也呈现出了蓬勃发展的态势。在经济利益的驱动下,高等教育与经贸活动开始产生联系。1986年,乌拉圭回合谈判首次提到教育服务贸易的概念。后应谈判所需,关税及贸易总协定(General Agreement on Tariffs and Trade, GATT)秘书处制定了"服务部门分类清单"(services sectoral classification list),将服务贸易分为12个类别(商业服务、通信服务等11个大类和其他服务类),教育名列其中。1994年《服务贸易总协定》(General Agreement on Trade in Services,GATS)的签署,标志着教育服务贸易的合法性得到了各国政府的承认。一些发达国家,尤其是高等教育优势国家,逐步修改或制定新的国际教育政策和相关配套政策,扩大教育输出。例如,澳大利亚政府明确提出通过教育服务出口增加经济收入。由此,澳大利亚成为一个以创收为导向的教育政策典型实例。[①]

虽然在世界贸易组织(World Trade Organization,WTO)[②]的推动下,教育服务贸易得到各国政府的承认,但在全球进程中遇到了不少问题和阻

[①] 经济合作与发展组织.教育政策分析2005—2006:聚焦高等教育[M].清华大学教育研究所,译.北京:教育科学出版社,2008.
[②] 前身为关税及贸易总协定(GATT)。

碍。学界对于教育服务贸易也存在诸多争议和争论。持积极态度的学者认为其有利于教育发展,能给国家和教育带来益处;持消极态度的学者则认为不能将教育作为商品交易,担心其会对教育质量和弱势国家不利。此外,也有学者认为应理性和客观地看待教育服务贸易,不盲目排斥,也不过于乐观。联合国教科文组织(United Nations Educational, Scientific and Cultural Organization, UNESCO)、经济合作与发展组织(Organization for Economic Co-operation and Development, OECD)等倡导以跨国教育(cross-border education)①来推动全球教育服务贸易的发展,用"跨国教育"的概念替代商业味过浓的"教育服务贸易"②。如今,跨国教育已经成为全球高等教育发展的重要方面。其中至少有4个主要因素在推动着跨国教育的全球发展——增进国家之间的联系与理解,开发人力资源,获取经济收益,以及通过跨国教育加强能力建设。③ 这4个因素同时包含高等教育输出国和输入国的视角,并体现出了双方的实际需求。随着世界经济和高等教育全球化的纵深发展,跨国高等教育不再是由输出到输入的单向流动,而是相互交织、交融的多向流动。

高校跨国办学作为跨国教育的一种主要形式,在近几十年的时间里发展迅速,未来仍有非常大的增长潜力和发展空间。从学生求学的角度来看,高校跨国办学的优势在新冠疫情的影响下进一步凸显。新冠疫情不仅重创了世界经济,还打乱了国际留学生教育的原有秩序,留学生的跨国流动、人身安全、课程学习等方面都受到了不同程度的影响。国内外许多关于新冠疫情对国际留学生教育影响的调查报告表明,国际留学生教

---

①奈特(Jane Knight)在《高等教育跨越边界:服务贸易总协定(GATS)对跨国教育的影响》中指出,"cross-border education"是指人员、项目、提供者等跨越国家边界(national boundaries)流动,并且这一术语经常与跨国教育(transnational education)、离岸教育(off-shore education)、无国界教育(borderless education)交替使用。在有的文献或国际文件中,"cross-border education"被译为"跨国界教育""跨境教育",或被理解为"跨越国家司法边界的教育活动"等。由于国内和国际学界对相关术语的使用并无统一规范,为避免混淆,本书一律采用"跨国教育"进行表述。

②张民选,李亚东,等.中外合作办学认证体系的构建与运作[M].北京:高等教育出版社,2010.

③周满生.从教育服务贸易到跨境教育——第二届教育服务贸易论坛侧记[J].教育研究,2004(6):91-95.

育已经受到了深刻影响,并且在未来几年可能都难以消除新冠疫情带来的负面影响。在这一背景下,许多欧美高校将目光转向其海外办学点,以通过其海外(合作)办学机构、教学点等弥补新冠疫情对其国内本部国际留学生教育带来的不利影响。高校跨国办学这种"在地留学"方式为许多原本计划出国留学的学生提供了一种"新"的选择。有学者甚至认为,新冠疫情为高校跨国办学发展成为国际高等教育的主流带来了新机遇。①

不论在何种情境或背景下,高校跨国办学的不断发展与可持续性取决于其教育质量。教育质量是高校跨国办学的生命线,是关乎高校跨国办学能否取得成功的关键要素。在日益复杂和充满不确定性的国际环境背景下,高校跨国办学教育质量保障在一定程度上超出了单个质量保障主体的能力,从而导致产生系列问题,如文凭工厂、认证工坊,又或忽视质量建设,导致师资、课程与教学等与母体高校相去甚远。由此,对高校跨国办学教育质量保障的深入研究显得更为重要和迫切。本书以高校跨国办学为研究对象,探讨和研究其教育质量的保障,具有重要的理论和实践意义。

第一,理论意义。其有利于丰富和拓展网络治理理论的内涵与应用范围,以及为高校跨国办学教育质量保障的研究实践提供了一次新的理论探索。

一是本书拟使用的网络治理理论是一个从其他学科领域发展而来的理论,虽然已有学者将其应用于高等教育领域相关研究,但在高校跨国办学及其教育质量保障研究中的应用尚处于初始阶段。理论是基于特定或某些领域的实践活动,通过人的分析研究和理性认知而形成的。理论的发展和完善需要在更多不同的领域中进行应用和检验。对于网络治理理论,高校跨国办学及其教育质量保障活动是一个新的实践领域。因而本书有利于丰富和拓展网络治理理论的内涵与应用范围。此外,也有利于我们从一个"全新"的理论视角去审视高校跨国办学教育质量保障。

---

① Mitchell N. It's Time to Put TNE in the Mainstream, IHE Forum Told[EB/OL].(2020-04-24)[2020-07-17]. https://www.universityworldnews.com/post.php?story=202004 24140233977.

二是利益相关者理论与网络治理理论的结合为高校跨国办学教育质量保障研究实践提供了新的理论探索。除了网络治理理论,本书拟采用的理论工具还包括利益相关者理论。一方面,网络治理理论为本书提供了一个整体的、系统的、相互关联与联动的研究视角;另一方面,利益相关者理论为本书提供了一个更加具体的、多维的、动态性的分析落脚点。两者的结合形成了一个较为全面与完整的理论分析基础和研究框架,彼此互为补充和支撑,为高校跨国办学教育质量保障研究实践提供了新的理论组合探索与尝试。

第二,实践意义。其能够为我国高校参与跨国办学提供一定的参考与借鉴。

我国高校涉外办学形式多达十余种,中外合作办学和境外办学是其中重要的两种形式。经济全球化极大地影响着世界高等教育的全球化进程,中外合作办学在我国已经形成较大规模,高校境外办学也在这个国际大背景下得到了一定的发展。2013年"一带一路"倡议和2015年"双一流"建设的提出,使我国跨国高等教育的发展迎来了新的历史转折。这既对中外合作办学和我国高校境外办学提出了新的要求,也带来了新的发展机遇和动力。2016年,国家印发《关于做好新时期教育对外开放工作的若干意见》,明确提出引进国外优质资源,全面提升合作办学质量;鼓励高校走出去,稳妥推进境外办学。[①] 在此背景下,中外合作办学进入了提质增效的关键期[②],承载着引进国外优质教育资源、促进"双一流"建设的重要使命[③];同时,高校境外办学也迈入了开创我国跨国高等教育新格局的关键期,如何"走得出、留得住、办得好"至关重要。其中,质量是关键。

2020年6月,教育部等八部门全面部署加快和扩大新时代教育对外

[①] 中共中央办公厅,国务院办公厅.中共中央办公厅、国务院办公厅印发《关于做好新时期教育对外开放工作的若干意见》[EB/OL].(2016-04-29)[2020-07-21]. http://www.gov.cn/zhengce/2016-04/29/content_5069311.htm.

[②] 林金辉.新时代中外合作办学的新特点、新问题、新趋势[J].中国高教研究,2017(12):35-37+55.

[③] 陈宝生.落实 落实 再落实——在2019年全国教育工作会议上的讲话[EB/OL].(2019-01-18)[2020-07-21]. http://www.moe.gov.cn/jyb_xwfb/moe_176/201901/t20190129_368518.html.

开放,印发《教育部等八部门关于加快和扩大新时代教育对外开放的意见》,对中外合作办学和我国高校境外办学等教育对外开放工作进行了重点部署,并明确提出要推动教育对外开放实现高质量内涵式发展。[①]这为中外合作办学和我国高校境外办学的质量保障工作提出了更高的要求。本书拟从国际、输出国和输入国(包括政府和第三方质量保障机构)、输出和输入双方母体高校及其跨国办学机构等多层面、多维度对高校跨国办学教育质量保障进行分析和研究,并符合我国教育对外开放的实际需求,希望最终成果能够为我国高校参与跨国办学提供一定的参考和借鉴。

第二节 国内外相关研究

高校跨国办学既是高等教育国际化的重要表现,也是高等教育国际化的重要形式和发展路径。相关研究的兴起得益于高校跨国办学在全球范围的快速发展。然而,在实践中各国之间存在较大差异,反映在学界研究上主要在于术语和表达的多元性、其内涵与外延的复杂性。国内外有关文献的主题各异,涉及高校跨国办学及其教育质量保障的诸多方面。在不同的文献中,有的直接围绕某种具体的高校跨国办学形式进行研究和论述,有的则较为宽泛,研究涉及的面更广,但涵盖了对高校跨国办学及其教育质量保障的研究,或存在较大的交集。以下将围绕高校跨国办学及其教育质量保障的不同方面对国内和国外相关文献进行综述。

一、国内相关研究

(一)关于高校跨国办学的总体性研究

从总体上对高校跨国办学进行较为全面的分析和研究的主要有兰军的《跨境教育研究》、张进清的《跨境高等教育研究》、冯国平的《跨国教育

---

①教育部.教育部等八部门全面部署加快和扩大新时代教育对外开放[EB/OL].(2020-06-18)[2020-07-21].http://www.moe.gov.cn/jyb_xwfb/gzdt_gzdt/s5987/202006/t20200617_466544.html.

的国际比较研究》、王剑波的《跨国高等教育理论与中国的实践》、顾建新的《跨国教育发展理念与策略》等。他们的研究基于高校跨国办学的上位概念,对包含高校跨国办学及其关涉的多个方面在内的内容进行论述,有的还分专章或更大篇幅对高校跨国办学在我国的实践进行有针对性的研究。

兰军的《跨境教育研究》由教育服务贸易、跨境教育的概念界定展开其对跨境教育的论述,分别对跨境教育的发展历程及目标、政策目标和现实表现、国际法规制进行了分析,并对美国、英国、澳大利亚三国的跨境教育发展状况进行了阐述;最后落脚于我国跨境教育,从历史的视角梳理和考察了我国近现代跨境教育的发展与实践,并基于我国跨境教育的现实发展从八个方面提出了我国开展跨境教育的策略。[①] 张进清的《跨境高等教育研究》从跨境高等教育的内涵与意义出发,基于跨境高等教育的发展演变、主要类型、实施策略以及发展趋势的分析和阐述,从创新高等教育理念等四个方面提出了跨境高等教育对我国高等教育的启示。[②]

冯国平的《跨国教育的国际比较研究》对教育输出国和输入国两个阵营进行详细研究,并在此基础上提出跨国教育的核心问题——主权、质量、模式、政府管控,最后落实到我国合作办学实践,对不同的中外合作办学案例做了专门的分析。[③] 王剑波的《跨国高等教育理论与中国的实践》基于我国中外合作办学实际,从经济全球化背景下的跨国高等教育着手,对有代表性的几个教育输出国和输入国分别进行了比较研究,并由国家主权理论到国家主权观中的教育主权详细地论述了经济全球化时代的教育主权理论。[④] 顾建新的《跨国教育发展理念与策略》从跨国教育的内涵、发展背景与条件出发,探讨了跨国教育的驱动力、发展理念及运行机制,并对主要英语国家、欧陆国家以及马来西亚、新加坡的跨国教育发展理念和策略进行了分析与比较,最后立足于跨国教育在我国的实践,提出

---

① 兰军.跨境教育研究[M].北京:中国社会科学出版社,2012.
② 张进清.跨境高等教育研究[M].北京:人民出版社,2014.
③ 冯国平.跨国教育的国际比较研究[M].上海:上海人民出版社,2010.
④ 王剑波.跨国高等教育理论与中国的实践[D].上海:华东师范大学,2004.

了发展我国跨国教育的政策建议。[1]

(二)机构与项目的跨国流动

机构的跨国流动更多地体现于国际分校、中外合作办学和我国高校境外办学等高校跨国办学相关研究中。自国家"一带一路"倡议提出以来,相关研究已成为学界热点之一,既有不同的理论分析,也有关于美国、英国、澳大利亚国际分校等不同方面的研究。关于理论分析,赵丽曾对包括国际分校在内的多种跨国办学活动进行研究,分专章介绍和论述国际教育服务贸易理论及国际市场进入模式理论,包括比较优势理论、新自由主义贸易政策理论、交易成本理论、折中理论、演进理论等。[2] 张晓鹏和吴蔚芬在服务贸易语境下,分别通过绝对优势理论和比较优势理论、国际产品生命周期理论、国际生产折中理论对国际分校行为做了理论分析和论述。[3] 基于OLI范式(折中范式)理论,李一和曲铁华对国际分校竞争优势的构成要素和分校竞争策略进行了全方位分析,并提出了我国高校开拓海外市场应采取的竞争策略。[4] 此外,他们还基于I-R框架(全球一体化—地方反映性框架),对国际分校的可持续发展做了分析研究。[5]

关于国际分校的相关研究以对美国、英国、澳大利亚的研究居多。例如,杜燕锋对美国高校国际分校发展历程、现状与趋势的分析[6];王璞对美国大学国际分校全球扩张历史和战略的研究[7];孙珂对美国高校境外

---

[1] 顾建新.跨国教育发展理念与策略[M].上海:学林出版社,2008.
[2] 赵丽.跨国办学的理论与实践[M].上海:上海教育出版社,2014.
[3] 张晓鹏,吴蔚芬.服务贸易语境下国际分校行为的理论解析[C]//中国教育学会教育经济学分会.2006年中国教育经济学年会会议论文集.北京:中国教育学会教育经济学分会,2006:907-916.
[4] 李一,曲铁华.基于OLI范式理论的高等教育跨境分校竞争策略探析[J].东北师大学报(哲学社会科学版),2016(1):167-172.
[5] 李一,曲铁华.基于I-R框架分析的高等教育跨境分校可持续发展研究[J].湖南社会科学,2015(5):203-208.
[6] 杜燕锋.美国高校海外分校:历程、现状与趋势[J].外国教育研究,2016(4):105-118.
[7] 王璞.美国大学海外分校全球扩张历史和战略研究[J].比较教育研究,2017(1):17-23.

办学的政策与实践研究[①]。蔡丽红则将美英高校国际分校综合起来研究,分析了美英两国国际分校的地区分布、母体高校特征、专业设置和办学层次。[②] 张湘洛从海外办学历史、模式和质量监督三个方面对英国大学海外办学实践进行了专门分析[③],并对诺丁汉大学的海外办学做了个案研究[④]。除了对美英国家国际分校的研究,国内学者对澳大利亚的国际分校也做了颇多研究。例如,赵丽在《澳大利亚发展海外分校的实践与经验》一文中对澳大利亚国际分校发展的基本情况,在马来西亚、南非和越南的办学实践,以及澳大利亚发展国际分校的经验分别做了梳理和论述。[⑤] 以上皆为对高等教育输出国的研究。除此之外,也有学者从输入国的视角进行研究,对欧美国际分校的引入做了介绍和经验分析。例如,龚思怡在《国际分校——新加坡的经验与启示》一文中梳理了新加坡对麻省理工学院等10所欧美高校的引入情况及成功经验。[⑥]

中外合作办学是从我国作为教育输入国的视角提出来的,也属于机构和项目的跨国流动范畴。2012年,林金辉在《中外合作办学基本规律及其运用》一文中提出了中外合作办学的两条基本规律,即中外合作办学必须适应和服务于国家改革与发展大局,必须适应和服务于学生的发展与成长,并提出了目的性、公益性、引进优质教育资源等六条中外合作办学的基本原则。[⑦] 厦门大学中外合作办学中心于2016年发布的我国第一份中外合作办学发展报告,分别对中外合作办学项目、合作机构等七个重要主题做了详尽的调研分析,是对中外合作办学在我国发展与实践的全面研究与综合集成。[⑧] 在政策研究方面,刘孙渊以中外合作办学的政

---

① 孙珂.美国高校境外办学的政策和实践研究[J].世界教育信息,2017(1):50-56.
② 蔡丽红.美英高校海外分校发展的现状分析与启示[J].煤炭高等教育,2017(6):45-49.
③ 张湘洛.英国大学海外办学实践及启示[J].高等教育研究,2008(5):99-103.
④ 张湘洛.英国诺丁汉大学海外办学之探索[J].洛阳师范学院学报,2013(4):37-42.
⑤ 赵丽.澳大利亚发展海外分校的实践与经验[J].全球教育展望,2014(8):74-82.
⑥ 龚思怡.国际分校——新加坡的经验与启示[J].辽宁教育研究,2005(10):51-52+82.
⑦ 林金辉.中外合作办学基本规律及其运用[J].江苏高教,2012(1):47-50.
⑧ 林金辉.中外合作办学发展报告(2010—2015)[M].厦门:厦门大学出版社,2016.

策为主题,分析了国家中外合作办学政策的历史演进和江苏省高等教育中外合作办学的发展历程,并对江苏省的合作办学案例做了分析研究。[①] 民盟上海市委课题组结合对宁波诺丁汉大学、西交利物浦大学的实地考察,分析了中外合作办学运行机制中存在的一些问题,并在此基础上,以上海纽约大学为例,提出了完善中外合作办学运行机制的建议。[②] 龚思怡也曾基于上海的合作办学实践案例,研究了中外合作办学院校的运行机制。[③] 陈大立、李晓辉先后以中外合作办学的法律制度为议题,分别出版了《中外合作办学法律问题研究》和《中外合作办学:法律制度与实践》,对相关问题做了深入的分析研究。[④] 谭瑜从跨文化适应的角度对高校中外合作办学项目中学生的跨文化适应进行了研究,并尝试构建了高校中外合作办学项目学生跨文化培训模式。[⑤] 与上述研究不同的是,尹玥将社会网络分析理论应用于中外合作办学研究,专注于中外合作办学项目效率评价及优化,构建中外合作办学总体项目的社会网络矩阵,建立适合中外合作办学项目效率评价及优化的指标体系,为提高中外合作办学效率及其未来发展提供效率优化路径模型,并将支持向量机和粒子群优化算法相结合,为高校招生等提供判别方法。[⑥]

在"一带一路"倡议背景下,我国高等教育"走出去"日益受到广泛关注。张天雪以教育资源为分类依据,分别从理念与规划、人力资源、财务资源等六个维度构建了六维19级的指标体系,从而建立了我国第一套"教育走出去"的指标体系。[⑦] 鄢晓认为,我国高校开展境外办学,动因在

[①] 刘孙渊.高等教育中外合作办学的政策考察[M].北京:北京师范大学出版社,2016.

[②] 民盟上海市委课题组.关于中外合作办学运行机制的思考——以上海纽约大学为例[J].教育发展研究,2012(7):1-6.

[③] 龚思怡.高校中外合作办学模式与运行机制的研究[M].上海:上海大学出版社,2007.

[④] 陈大立.中外合作办学法律问题研究[M].厦门:厦门大学出版社,2014;李晓辉.中外合作办学实践:法律制度与实践[M].厦门:厦门大学出版社,2017.

[⑤] 谭瑜.高校中外合作办学项目学生跨文化适应研究[M].北京:中国社会科学出版社,2014.

[⑥] 尹玥.中外合作办学项目效率评价及优化研究[M].北京:知识产权出版社,2015.

[⑦] 张天雪."中国教育走出去"指标体系的架构[J].教育发展研究,2017(19):1-7.

于传播中华文化、开展区域研究、拓展海外教育市场等方面,并针对我国高校境外办学存在的问题提出了相应的对策。① 蒋继彪则从发展来华留学生教育和推进境外办学两个方面论述了推进我国高等教育"走出去"的应对策略。② 赵叶珠和谢子娣基于美国跨国教育研究小组(Cross-Border Education Research Team)的研究报告和通过各校官网等途径搜集到的信息,分析了我国大学国际分校的发展现状与特点,并认为我国高校国际分校未来仍有较大的发展空间。③ 王光荣和骆洪福通过 SWOT(strength,weakness,opportunity,threat,优势、劣势、机会、威胁)分析模型综合分析了我国一流大学境外办学面临的机遇与挑战。④ 郭洁也运用 SWOT 方法,对厦门大学在马来西亚的办学实践做了多方位的分析⑤,并从马来西亚高等教育招生、华语的语言地位两个角度分析了厦门大学马来西亚分校办学的重要意义⑥。

高职教育"走出去"是我国高校境外办学的重要组成部分,也是我国高等教育"走出去"的重要研究主题。李传彬以无锡商业职业技术学院柬埔寨办学为例,分析和论述了"一带一路"背景下高职院校境外办学的成效、困难及对策。⑦ 张慧波和祝蕾基于宁波职业技术学院的案例分析,进一步审视了高职院校"走出去"的困局。⑧ 赵鹏飞等立足于校企协同办

---

① 鄢晓.我国高校境外办学的动因分析和对策建议[J].高校教育管理,2016(3):66-70.
② 蒋继彪.我国高等教育"走出去"的若干对策研究[J].教育理论与实践,2016(3):3-5.
③ 赵叶珠,谢子娣.我国大学海外分校的发展现状及其特点[J].山东高等教育,2018(1):17-23.
④ 王光荣,骆洪福.我国一流大学发展海外分校的 SWOT 分析[J].煤炭高等教育,2017(1):5-10.
⑤ 郭洁.厦门大学马来西亚分校办学之 SWOT 分析[J].西南交通大学学报(社会科学版):59-65.
⑥ 郭洁.高校创设海外分校的意义及前景——以厦门大学马来西亚分校为例[J].教育评论,2017(3):39-44.
⑦ 李传彬."一带一路"背景下高职院校海外办学成效、困难与对策——以无锡商业职业技术学院柬埔寨办学为例[J].中国职业技术教育,2017(18):37-41.
⑧ 张慧波,祝蕾."一带一路"倡议下高职院校"走出去"的实践探索与思考——以宁波职业技术学院为例[J].职教论坛,2018(2):125-130.

学,探讨了"一带一路"背景下我国职业教育校企协同境外办学模式。[①]赵光辉则以专门类别的教育机构——交通教育机构,即设有交通运输类专业,且主要为交通运输业培养人才和提供服务的高等院校和交通职业技术学院为研究对象,探讨和分析了其"走出去"的风险机制。[②]

(三)高校跨国办学的教育监管与质量保障

1. 跨国办学教育质量保障一般研究

关于跨国办学教育质量保障相关研究可见于江彦桥等编著的《跨境教育监管与质量保障》、刘尔思的《跨境高等教育质量风险体系控制与管理》、叶林的《跨国学位项目的质量保障》以及郭丽君的《中国跨国高等教育质量保障体系研究》等文献资料。江彦桥等编著的《跨境教育监管与质量保障》可以看成是由教育输出国、输入国和跨国高等教育质量保障、认证的国际体系组织组成的三维模型研究。其分别论述了典型的教育输出国和输入国的跨境教育监管与质量保障体系,以及国际组织对跨境教育质量保障的推动,并进一步对我国跨境教育监管与保障,以及跨境远程教育质量保障做了分析和研究。[③] 与其他文献资料不同的是,刘尔思的《跨境高等教育质量风险体系控制与管理》提出了跨境教育质量风险的概念,并对跨境教育质量风险形成机理和构成要素做了研究分析,最后构建了我国跨境高等教育质量风险控制体系,提出了完善跨境教育质量风险的对策建议。[④] 叶林的《跨国学位项目的质量保障》从不同的角度对我国跨国学位项目现状进行剖析,并选择了英国、马来西亚等六个典型的项目输出国和输入国(地区),考察其在质量保障上的观点和做法,论述了跨国学位项目质量保障工具及其在质量保障中的作用,最后针对我国实际提出了若干政策建议。[⑤] 郭丽君的《中国跨国高等教育质量保障体系》

---

① 赵鹏飞,曾仙乐,黄河,等."一带一路"背景下职业教育校企协同海外办学模式探索[J].中国职业技术教育,2017(18):33-36+41.

② 赵光辉."一带一路"背景下交通教育机构"走出去"风险机制研究[J].中国职业技术教育,2018(13):59-65.

③ 江彦桥,等.跨境教育监管与质量保障[M].北京:高等教育出版社,2014.

④ 刘尔思.跨境高等教育质量风险体系控制与管理[M].北京:经济科学出版社,2014.

⑤ 叶林.跨国学位项目的质量保障[M].杭州:浙江大学出版社,2012.

基于跨国高等教育基本理论和国际与比较分析,以及从内外部质量保障两个维度对跨国高等教育在我国的实践与发展的深入考察和分析,提出了构建我国跨国高等教育质量保障的对策建议。①

在期刊文章方面,张民选从利益相关者的分析视角论述了跨境教育及其质量保障,认为各国跨境教育质量保障呈现出教育出口国制度及机制相对完善,但进口国保障机制建设缓慢;出口国国内质量保障机制相对完善,但海外保障机制发展缓慢等特点。② 郭朝红以质量监控为主题,分别分析了输入国和输出国的跨境高等教育质量监控类型,并分别举例进行介绍和论述。③ 陈大立则将跨境教育规范上升到法律法规的高度,提出围绕质量保障构建跨境教育法规和政策体系。④ 丁丽军将跨境教育质量保障研究进一步细化,专门以跨境高等教育项目质量保障为研究主题,认为其保障需求来自三个方面——教育输出机构或输出院校、教育输入机构或输入院校、跨境教育消费者(即学生及其家长),最后提出建立一个以政府机构认证、行业专家评估以及学校内部审核共同构成的跨境教育质量保障系统。⑤ 此外,还有学者以发展策略、机构和项目评价等为主题,分别对美国高校跨国办学教育质量保障体系、英国高等教育跨国办学机构和项目评价,以及澳大利亚技术与继续教育(Technical and Further Education,TAFE)院校跨国办学监控做了相应的介绍和分析。

2.高校跨国办学法律法规及市场准入

关于高校跨国办学法律法规、市场准入的研究主要有李晓述的《跨境教育法律问题研究》、韩秀丽的《跨境高等教育的国际法规制》、唐海涛

---

①郭丽君.中国跨国高等教育质量保障体系研究[M].北京:社会科学文献出版社,2014.

②张民选.跨境教育与质量保障的利益相关者分析[J].教育发展研究,2007(23):34-38.

③郭朝红.国际视野下的跨境高等教育质量监控[J].教育发展研究,2006(23):21-23.

④陈大立.以质量保证为主轴制定跨境教育服务法规和政策[J].教育发展研究,2007(5):27-29+80.

⑤丁丽军.论跨境高等教育项目质量保障体系的构建[J].教育学术月刊,2008(8):30-32.

的《GATS下教育服务市场准入问题研究》,以及张卫国的《跨国高等教育市场准入制度研究》等。李晓述从全球性和区域性国际组织到具体国家和地区内部,对相关法律法规做了较全面的整理和梳理,并对中外合作办学、我国教育输出、国际资格互认、汉语国际推广等方面的法律问题和制度提出了相应的思考和建议。① 韩秀丽从GATS对商业性跨境高等教育的硬性规制、双边区域性服务贸易协定对跨境高等教育的规制、"保障跨境高等教育质量指南"对跨境高等教育质量的软法规制等方面对跨境高等教育的国际法规制做了详细的阐述和分析。② 唐海涛、张为国都以市场准入为切入点,对跨境教育市场准入制度和法律问题进行了研究。通过对 GATS 下教育服务市场准入发展进程的梳理,唐海涛总结了当前教育服务市场准入发展面临的法律障碍,并提出未来可能的突破方向及我国的应对之策。③ 张卫国从跨国高等教育市场准入制度的基本范畴切入,对 WTO 和 UNESCO 的两种国际规划体系做了比较分析,并对跨国高等教育市场准入的制度环境、制度理念、规则、规制措施以及制度模式做了国际比较研究,最后立足于我国存在的障碍及问题,提出了完善我国跨国高等教育市场准入制度的对策建议。④

3.国际分校教育质量保障

据已搜集到的文献资料,目前专门以国际分校等高校跨国办学实践为对象研究其教育质量保障的偏少,主要包括分校监管体制与质量保障、基于分校案例分析的学校内部学业评价体系等方面的研究。杨琼基于教育输入国的视角,分析了肯尼亚、智利、阿根廷、南非和菲律宾等国对国际分校的监管框架及影响监管方法的因素,并对输入国国际分校监管机制与举措、监管特征做了评析,最后从完善我国相关教育法律法规及管理体制、加强对国际分校的监管等方面提出了一些启示建议。⑤ 王焕芝在对

---

① 李晓述.跨境教育法律问题研究[M].武汉:武汉大学出版社,2011.
② 韩秀丽.跨境高等教育的国际法规制[J].比较教育研究,2007(11):79-84.
③ 唐海涛.GATS下教育服务市场准入问题研究[M].北京:中国财富出版社,2016.
④ 张卫国.跨国高等教育市场准入制度研究[M].北京:中国财政经济出版社,2014.
⑤ 杨琼.跨境高等教育海外分校的监管体制评述——教育输入国的视角[J].高教发展与评估,2009(3):75-82+123.

阿联酋构建区域高等教育枢纽的研究中,分析了其境内国际分校的分布情况和各酋长国对国际分校的监管与质量保障措施,发现阿联酋在吸引国际分校以及质量监管方面没有联邦层面的计划或者协调战略,质量保障机构之间缺乏协调机制,学校教育质量不高。① 赵风波和沈伟其以宁波诺丁汉大学为个案,从质量标准、荣誉学位制、年度升学制三个方面介绍和分析了该校学业评价体系的制度依据,并介绍了其学业评价的核心内容——口头表达能力、批判思维能力以及团队合作能力。基于对宁波诺丁汉大学制度文本分析和学生访谈调研,他们认为学业评价体系是跨国高等教育发展的关键。②

4.中外合作办学质量保障

关于中外合作办学质量保障的研究,较早的著作可见于张民选等编著的《中外合作办学认证体系的构建与运作》。近年来,还有林金辉主编的《中外合作办学质量建设研究》、赵彦志和孟韬的《中外合作办学质量保障体系研究》、罗尧成和肖纲领的《高职院校国际合作办学质量保障研究》等。张民选等编著的《中外合作办学认证体系的构建与运作》分借鉴、现状、体系、探索四篇对国内外跨境教育质量保障、认证体制与具体实践做了分析和研究,并结合我国的现状与问题,构建了我国中外合作办学质量保障的宏观框架,对中外合作办学认证加强国际交流与合作提出了建议和努力方向。③ 林金辉主编的《中外合作办学质量建设研究》为2013年中外合作办学质量建设国际学术研讨会论文集,主要论述中外合作办学质量观和质量标准、中外合作办学分类管理和监管机制构建,以及中外合作办学评估与认证机制建设等诸多方面的内容。④ 与其他文献不同的是,赵彦志和孟韬的《中外合作办学质量保障体系研究》在对中外合作办学质量保障体系现状和质量保障体系建设国际经验的分析基础上,利用

---

①王焕芝.阿联酋构建区域高等教育枢纽的路径与挑战[J].比较教育研究,2018(4):29-38.

②赵风波,沈伟其.构建学业评价体系:跨境高等教育发展的关键——基于宁波诺丁汉大学的案例[J].黄河科技大学学报,2014(5):93-98.

③张民选,李亚东,等.中外合作办学认证体系的构建与运作[M].北京:高等教育出版社,2010.

④林金辉.中外合作办学质量建设研究[M].厦门:厦门大学出版社,2014.

网络治理理论对中外合作办学质量保障进行分析和研究,并梳理了中外合作办学质量保障体系建设思路。① 罗尧成和肖纲领的《高职院校国际合作办学质量保障研究》是我国较早和较为全面的研究高职高专层次合作办学项目的著作。作者对专科层次的中外合作办学项目和外国同层次的国际合作办学项目质量保障进行了案例分析与专题研究,最后基于利益相关者理论、学习型组织理论、PDCA(plan,do,check,act,计划、执行、检查、行动)循环质量管理理论以及品牌建设理论,从内外部两个维度和背景保障、投入保障、过程保障、结果保障以及系统保障等环节提出了构建高职院校国际合作办学质量保障体系的系统构想与建议。②

当前我国中外合作办学已经迈入提质增效、服务大局、增强能力的新历史阶段③,推进评估制度建设是中外合作办学质量建设与保障的现实选择。薛卫洋基于《高等教育第三方评估报告》的思考,总结了我国高等教育中外合作办学质量建设五年来取得的进展与成效,针对质量建设进程中仍存在的问题提出了相应的对策建议。④ 刘梦今和林金辉指出,构建我国中外合作办学评估制度建设应注意教师群体与学生群体的特殊性、课程体系与教学方法的特殊性,遵循分类推进、主体性、针对性以及以"我"为主原则。⑤ 基于中外合作办学发展现状,汪建华提出了开展选优评估的设想,并结合中外合作办学的特性构建了中外合作办学选优评估指标体系。⑥ 此外,刘梦今从国外经验借鉴的角度,介绍和分析了新加坡教育信托认证的过程及其特点,在此基础上提出,完善中外合作办学评估

---

①赵彦志,孟韬.中外合作办学质量保障体系研究[M].沈阳:东北财经大学出版社,2015.

②罗尧成,肖纲领.高职院校国际合作办学质量保障研究[M].上海:上海三联书店,2014.

③郭伟,张力玮.新时期中外合作办学发展趋势:提质增效、服务大局、增强能力——访厦门大学中外合作办学研究中心主任林金辉[J].世界教育信息,2016(15):6-11.

④薛卫洋.质量建设进程中的高等教育中外合作办学——基于《高等教育第三方评估报告》的思考[J].中国高教研究,2016(2):12-19.

⑤刘梦今,林金辉.构建中外合作办学评估制度的基本依据与原则[J].教育研究,2015(11):123-128.

⑥汪建华.中外合作办学选优评估指标体系的构建[J].全球教育展望,2014(8):49-55.

制度应探索中外合作办学"优选评估",提升评估标准的科学性和针对性,合理设置评估周期,加强动态监控,以及增强服务能力,提高评估效率和效益。①

以上关于中外合作办学质量保障的研究主要为从外部质量保障视角展开的分析和论述。宗平、林金辉等学者还从中外合作办学内部较为微观的视角对中外合作办学质量保障做了相应研究。宗平认为,教学质量是中外合作办学成功的关键;教学质量监控则是中外合作办学可持续发展的重要保证。他在论述中外合作办学实施过程中的基本原则基础上,提出了"三横五纵"的教学质量保障系统框架,并阐述了相关阶段和组成部分的作用与具体实现途径。② 林金辉和刘梦今指出,内部教学质量保障是高等学校中外合作办学项目质量保障体系的基础;人才培养质量是判断中外合作办学质量高低的关键。他们对高校中外合作办学内部教学质量保障的基本要素——师资、生源、课程、教学条件、教学环境、教学管理逐一进行分析,并在分析这些要素存在的问题的基础上,探讨高校中外合作办学项目内部教学质量保障的基本路径。③

二、国外相关研究

(一)教育服务贸易与动因

20世纪80年代,高校跨国办学以教育服务贸易的面貌呈现,随后在全球范围内迅速发展,成为高等教育领域的研究热点。高校跨国办学的蓬勃发展离不开WTO的斡旋和推动。作为《关税及贸易总协定》乌拉圭回合谈判达成的多边协定,《服务贸易总协定》提出的最惠国待遇、国民待遇、市场准入、透明度、逐步自由化,以及发展中国家更多参与等原则,对教育服务贸易的发展具有重要影响。该协定要求成员提出各自教育服务贸易具体承诺减让表,并列明市场准入的规定、限制和条件以及国民待

---

① 刘梦今.新加坡教育信托认证的制度设计对中外合作办学评估的启示[J].中国高教研究,2016(12):79-82.

② 宗平.中外合作办学中教学质量保障机制的研究[J].江苏高教,2015(1):76-78.

③ 林金辉,刘梦今.高校中外合作办学项目内部教学质量保障基本要素及路径[J].中国大学教学,2014(5):62-66.

遇的条件和资格等内容。①

　　服务贸易有四种不同的提供方式,在高等教育中主要体现为远程教育、在线学习、虚拟大学、学生和教师的跨国流动、国际分校、合作项目等诸多不同形式。② 莱恩(Jason E. Lane)等认为,商业存在是高等教育跨国实践中规模不大,但正迅速发展的一种教育服务形式。③ 随着教育服务贸易的发展及其在发展过程中遇到的问题,跨国教育的概念被提出。在已搜集到的文献中,得到广泛认可和较多引用的是加拿大著名学者奈特(Jane Knight)提出的概念框架。在其个人论文和著作等文献中也曾多次提及和论述。在2006年的一份报告中,奈特除了对《服务贸易总协定》相关内容和问题做了较为详细的介绍,还对跨国教育、跨国教育的新发展、机构及项目的跨国流动进行了全面的分析和论述。④

　　OECD将跨国高等教育的扩张归因为五个主要方面,即高等教育大众化、信息传媒技术带来的有利技术和经济环境、知识经济的发展、劳动力市场的持续国际化和对高级技工的需求、交通与交流成本的降低。⑤ OECD和世界银行(World Bank, WB)2007年出版的《跨国高等教育:能力建设之路》(*Cross-Border Tertiary Education: A Way Towards Capacity Development*)从国家、教育机构/提供者、学生等层面分析了跨国高等教育的发展动因,主要包括人力资源、战略联盟、创收、国家和能力建设、社会文化发展与国际理解、研究与知识生产、学生与教师发展、国际地位与声誉、质

---

①WTO. General Agreement on Trade in Services[EB/OL].(1998-11-17)[2019-05-18]. https://www.wto.org/english/docs_e/legal_e/26-gats.pdf.

②Knight J. GATS-Higher Education Implications, Opinions and Questions[C]// UNESCO. First Global Forum on International Quality Assurance, Accreditation and the Recognition of Qualifications in Higher Education. Paris: UNESCO,2002:141.

③Lane J E, Owens T, Kinser K. Cross Border Higher Education, International Trade, and Economic Competitiveness: A review of policy dynamics when education crosses borders[R]. Toronto, Geneva and Brighton: ILEAP, CUTS International Geneva and CARIS,2015:7-8.

④Knight J. Higher Education Crossing Borders: A Guide to the Implications of the General Agreement on Trade in Services (GATS) for Cross-Border Education[R]. Vancouver & Paris: COL/UNESCO,2006.

⑤OECD. Internationalization and Trade in Higher Education: Opportunities and Challenges[M]. Paris: OECD,2004.

量提升等方面。① 阿特巴赫(Philip G. Altbach)和奈特认为,创收是营利部门(for-profit sector)和一些有财务问题的传统非营利性大学最重要的动因。② 此外,莱瓦蒂诺(Antonina Levatino)③、欧文斯(Taya L. Owens)和莱恩④、苏特里斯诺(Agustian Sutrisno)和皮莱(Hitendra Pillay)⑤等学者也从多个不同视角对跨国教育的动因做了分析和论述。

(二)机构与项目的跨国流动

关于跨国教育机构和项目的数据资料过去非常缺乏,直到 21 世纪初,一些国家和国际组织才开始跟踪机构和项目流动的发展情况。⑥ 相较于机构的跨国流动,项目的跨国流动在数量和规模上虽然已有非常大的发展,但仍无完整的公开统计数据。在机构的跨国流动方面,美国跨国教育研究小组和英国无疆界高等教育观察组织(The Observatory on Borderless Higher Education)都对全球国际分校进行过相应的调查统计和后续更新。2016 年,英国无疆界高等教育观察组织发布了关于国际分校的第五份研究报告。该报告由其与美国跨国教育研究小组共同完成,分析和论述了国际分校的历史发展、趋势、动因、类型、模式以及内外部质量保障等内容,并对全球国际分校的名称等基本信息做了详细的统计整理。⑦ 2017 年,报告的第二部分发布,主要聚焦于国际分校的成功因素,分别从

---

①Vincent-Lancrin S. Cross-Border Tertiary Education:A Way Towards Capacity Development[M]. Paris:OECD,2007:31-37.

②Altbach P G, Knight J. The Internationalization of Higher Education:Motivations and Realities[J]. Journal of Studies in International Education,2007(3-4):290-305.

③Levatino A. Transnational Higher Education and International Student Mobility:Determinants and Linkage[J]. Higher Education,2017(5):637-653.

④Owens T L, Lane J E. Cross-Border Higher Education:Global and Local Tensions within Competition and Economic Development[J]. New Directions for Higher Education,2014(168):69-82.

⑤Sutrisno A, Pillay H. Purposes of Transnational Higher Education Programs:Lessons from two Indonesian Universities[J]. Studies in Higher Education,2013(8):1185-1200.

⑥Knight J. Crossborder Education:Programs and Providers on the Move[R]. Ottawa:Canadian Bureau for International Education,2005:11.

⑦Garrett R, Kinser K, Lane J E, et al. International Branch Campuses:Trends and Developments,2016[R]. London:OBHE & C-BERT,2016.

院校整合与领导、东道国的支持与资源、监管环境与学术人员,以及学生体验等方面进行分析和论述。报告最后指出,成功的国际分校并不遵循一种特定的公式。这些学校都注重学生数量的增长、研究能力的提高以及基础设施建设等方面,并且不牺牲其教育质量。① 虽然近年来关注国际分校发展的学者和相关文献日益增多,但对这一主题的研究远不及高等教育领域的其他主题。希利(Nigel Healey)指出,研究国际分校的困难主要在于以下三个方面:(1)国际分校相对来说还是一种新生事物,许多国际分校仍处于初创阶段。(2)国际分校的运营具有典型的商业敏感性,其母校(home universities)通常不会发布诸如关于其分校成本与收益的报告。(3)由于地理位置,如英国大学的国际分校主要位于中东和亚洲,增加了质性研究人员的研究困难和支出。②

国际教育枢纽(或称区域教育枢纽)是在高校跨国办学的历史进程中逐渐形成的一种新的发展形式。它既是以机构和项目等为主的跨国流动而带来的结果,也是高校跨国办学在东道国发展状况的反映和参考。奈特认为,跨国教育已由人员的跨国流动发展到项目流动、机构流动、政策流动,最后向国际教育枢纽发展。③ 美国跨国教育研究小组曾对全球教育枢纽进行梳理,并将其界定为:一个指定区域,旨在吸引外国投资,留住本土学生,通过为国内和国际学生提供高质量的教育与培训,以及创造知识经济来建立区域声誉。教育枢纽可以包括指定区域内的国内/国际机构,分校和外国伙伴关系的不同组合。④ 对于国际教育枢纽,没有一成不变的模式,不同的国家有着不同的驱动因素、方法和期望。⑤ 奈特和莫

---

①Garrett R, Kinser K, Lane J E, et al. International Branch Campuses: Success Factors of Mature IBCs, 2017[R]. London: OBHE & C-BERT, 2017.

②Healey N. Managing International Branch Campuses: What Do We Know[J]. Higher Education Quarterly, 2015(4): 386-409.

③Knight J. Education Hubs: International, Regional and Local Dimensions of Scale and Scope[J]. Comparative Education, 2013(3): 374-387.

④C-BERT. Education Hubs (Updated November 9, 2016) [EB/OL]. (2016-11-09) [2018-08-10]. http://cbert.org/? page_id=32.

⑤Knight J. Education Hubs: International, Regional and Local Dimensions of Scale and Scope[J]. Comparative Education, 2013(3): 374-387.

什迪(Sirat Morshidi)则简要分析了中东三国和东南亚三国建设区域教育枢纽的动因和战略,并提出了教育枢纽的三种类型——学生中心、培训和熟练劳动力中心、知识/创新中心,最后详细介绍了马来西亚的跨国教育计划及其建设教育枢纽的行动。[1] 此后,在《国际教育枢纽:学生、人才、知识创新模式》一书中,奈特、李(Jack Lee)、伊布诺夫(Arwa Ibnouf)等专门对教育枢纽做了较为全面的研究,涉及卡塔尔、阿联酋、马来西亚、新加坡、博茨瓦纳等诸多国家和地区的教育枢纽建设,并辟专章对不同国家和地区的教育枢纽进行了比较分析。[2]

从教育资源输入的角度看,机构与项目的跨国流动在我国主要是指中外合作办学。根据搜集到的国外相关文献,有关中外合作办学的研究虽不及国内文献丰富,但也已形成一个独立的研究分支,涉及多个方面的研究主题。如伊夫特卡(Syed Nitas Iftekhar)和卡永博(Joel Jonathan Kayombo)基于四框架政策分析模型(Four Frame Policy Analysis Model)对中外合作办学政策进行研究,分析其对我国高等教育改革的影响。[3] 庄(Lee Zhuang)则基于三个跨国办学案例对中英合作办学进行分析,论述合作办学四个阶段,即初始接触阶段、启动阶段、持续运行阶段和终止阶段的挑战及应对这些挑战的经验。[4] 张(Li Zhang)和金泽(Kevin Kinser)认为,高校跨国办学存在外来者劣势及文化差异带来的风险,而组织理论主张合法性是一个组织成功与否的关键。他们结合斯科特(William R. Scott)和萨奇曼(Mark C. Suchman)的合法性理论,从规制合法性(regulative legitimacy)、规范合法性(normative legitimacy)、认知合法性(cognitive legitimacy)及实用合法性(pragmatic legitimacy)等方面考察和论述了独立

---

[1] Knight J, Morshidi S. The Complexities and Challenges of Regional Education Hubs: Focus on Malaysia[J]. Higher Education,2011(5):593-606.

[2] Knight J. International Education Hubs: Student, Talent, Knowledge-Innovation Models [M]. Dordrecht: Springer,2014.

[3] Iftekhar S N, Kayombo J J. Chinese-Foreign Cooperation in Running Schools (CFCRS): A Policy Analysis[J]. International Journal of Research Studies in Education,2016 (4):73-82.

[4] Zhuang L. The Challenges Facing Sino-UK Transnational Education: An Institutional Experience[J]. Journal of Knowledge-Based Innovation in China,2009(3):243-255.

的中外合作大学获取相应合法性的发展策略。①

（三）高校跨国办学教育监管与质量保障

1. 高校跨国办学行为准则与质量指南

高校跨国办学行为准则和质量指南在跨国教育的发展进程中具有重要的作用，其健康、可持续发展离不开这些准则和质量指南。各国相应的行为准则一般由其大学协会、质量保障机构及政府部门等研究制定。它们通常通过一系列原则条款来规范和指导跨国办学行为。各国的行为准则在名称、内容、立场及视角等方面虽有差异，但有着相同的目的和目标——保障跨国教育质量。例如，美国的《非美国公民海外国际教育项目良好实践原则》（Principles of Good Practice of Overseas International Education Programs for Non-US Nationals，以下简称《实践原则》）、英国的《合作提供和灵活与分布式学习实践准则》（Code of Practice for Collaborative Provision and Flexible and Distributed Learning，以下简称《实践准则》）、澳大利亚的《国际学生教育——澳大利亚大学实践准则与指南》（Provision of Education to International Students-Code of Practice and Guidelines for Australian Universities，以下简称《准则与指南》）等。这些行为准则都是非强制性的，扮演着教育指南的角色。

美国的《实践原则》最初由中学后认证理事会（Council of Postsecondary Accreditation）②制定，并得到了六个区域认证委员会的背书。1997年和2003年曾两度对其进行修正。《实践原则》侧重于相关机构应特别关注的海外办学方面，如学生、道德、信息公开以及录取和记录。英国的《实践准则》由英国高等教育质量保障署（Quality Assurance Agency for Higher Education）负责制定，最初于1999年发布，2004年进行了修订更新，主要为合作办学的学术管理良好实践提供指南。澳大利亚的《准则与指南》由澳大利亚大学副校长委员会（Australian Vice-Chancellors' Committee）负责制定，文本撰写于1998年，修订于2004年。在1998年之前，

---

①Zhang L, Kinser K. Independent Chinese-Foreign Collaborative Universities and Their Quest for Legitimacy[J]. Chinese Education and Society, 2016(4-5):324-342.

②现为高等教育认证理事会（Council for Higher Education Accreditation）。

规范澳大利亚跨国教育的主要是海外学生教育法和离岸教育与教育服务等政策文件。史密斯(Karen Smith)利用话语分析法(discourse analysis)对上述三个世界主要教育输出国的实践行为准则进行分析,探讨了相应文件是如何表述输出国教育机构的角色与责任的。此外,他还研究了与输入国文化、习俗及学生人口的关系是如何体现的。[①] 奈特在《跨国高等教育：质量保障与认证的问题及启示》("Cross-Border Higher Education: Quality Assurance and Accreditation Issues and Implications",以下简称《问题及启示》)一文中也曾论及美国、英国、澳大利亚等国的跨国办学行为准则。[②]

此外,在国际层面还有 OECD 和 UNESCO 于 2005 年共同发布的《跨国高等教育质量保障指南》(*Guidelines for Quality Provision in Cross-Border Higher Education*,以下简称《指南》)等国际性质量保障建议文件。该指南与各国制定的行为准则一样,也是非强制性的,鼓励各国以最适合其国情的方式参考使用。[③] 霍巴赫(Achim Hopbach)结合跨国高等教育的历史背景和高等教育框架条件的变化,探讨了《指南》在跨国高等教育质量保障发展中的作用,并集中讨论了有关质量保障与监管的问题。[④] 自《指南》出台实施后,OECD 还进行了跟踪监测,并于 2012 年和 2015 年先后发布了两份《指南》实施情况调查报告。

2. 高校跨国办学教育质量监管与认证

健全、透明的教育质量保障体系是学生、教师、合作伙伴、输入国和输出国相关机构及政府等利益相关者的重要保障。为了帮助教育输入国和

---

① Smith K. Assuring Quality in Transnational Higher Education: A Matter of Collaboration or Control[J]. Studies in Higher Education,2010(7):739-806.

② Knight J. Cross-Border Higher Education: Issues and Implications for Quality Assurance and Accreditation[EB/OL]. (2006-10-11)[2018-11-30]. https://upcommons.upc.edu/bitstream/handle/2099/8109/knight.pdf?sequence=1&isAllowed=y.

③ OECD/UNESCO. Guidelines for Quality Provision in Cross-Border Higher Education[Z]. Paris: OECD/UNESCO,2005.

④ Hopbach A. The OECD/UNESCO Guidelines for Quality Provision in Cross-Border Higher Education: Its Relevance for Quality Assurance in the Past and the Future[M]//Rosa M J, Sarrico C S, Tavares O, et al. Cross-Border Higher Education and Quality Assurance: Commerce, the Services Directive and Governing Higher Education. London: Palgrave Macmillan,2016.

输出国建立国家监管框架,UNESCO和亚太地区质量保障网络组织(Asia-Pacific Quality Network,APQN)联合完成了一份跨国教育质量监管工具——《联合国教科文组织—亚太质量网络工具包:跨国教育质量监管》(*UNESCO-APQN Toolkit: Regulating the Quality of Cross-Border Education*),论述了需要注意的重要问题、不同的监管框架模式、实用步骤以及潜在的困难或风险等。[1] 奈特在《问题及启示》中也分别阐述了美国、中国等输出国和输入国的监管规定,并认为质量保障与认证监管框架有助于降低风险和扩大效益。[2]

正式、严格的认证程序以及质量保障相关要求可以说明高校跨国办学能够达到一定的标准或受到相应的外部监管。齐古拉斯(Christopher Ziguras)和麦克伯尼(Grant McBurnie)在《跨国高等教育治理》(*Governing Cross-Border Higher Education*)一书中,分析了政府在高校跨国办学中的角色与作用,包括鼓励和促进其海外扩张及质量监管,并对已经实施的监管框架类型以及影响政府监管外国提供者方式的国内政治因素做了细致的研究。[3]

在东道国司法体系下,高校跨国办学常常会受到国家监管框架的限制,包括课程内容、招生、师资招聘以及学术研究等诸多方面。内部和外部因素,如国家监管框架、教师、职员、学校声誉、合作伙伴以及办学地点等会最终决定一所国际分校的成败。[4] 其中有三个主要的挑战需要面对和克服。首先,母校和分校之间存在行政管理上的差异与隔阂[5];其次,国际分校项目的质量控制非常艰难,包括课程设计、教师资格、入学要求及学习

---

[1] UNESCO, APQN. UNESCO-APQN Toolkit: Regulating the Quality of Cross-Border Education[Z]. Bangkok: UNESCO Bangkok,2006.

[2] Knight J. Cross-Border Higher Education: Issues and Implications for Quality Assurance and Accreditation[EB/OL]. (2006-10-11)[2018-11-30]. https://upcommons.upc.edu/bitstream/handle/2099/8109/knight.pdf?sequence=1&isAllowed=y.

[3] Ziguras C, McBurnie G. Governing Cross-Border Higher Education[M]. Arbingdon & New York: Routledge,2015.

[4] Lane J E. The QA of Trans-Border Education: From Quality Providers to Quality Assured Provision[R]. Taipei: INQAAHE 2013 Biennial Conference (Keynote Speech),2013.

[5] Lane J E, Kinser K. Multinational Colleges and Universities: Leading, Governing and Managing International Branch Campuses[M]. San Francisco: Jossey-Bass,2011.

成果评估；最后，母校和分校在文化、政治及社会问题上也存在巨大差距，如风俗习惯、政府支持等①。这些问题必须得到清醒的认识和谨慎处理。东道国环境或两个校区之间的障碍可能会影响这种质量控制机制的效力。②

横山（Keiko Yokoyama）基于对美国纽约州及其大学的考察分析，探讨了境内和境外两种不同背景下质量保障机制的转变，认为纽约州的大学强调实质上的自治和管理、专业和市场问责，但其海外校区的自治与问责的含义要比美国境内校区复杂得多，主要原因是国家监管机制的转变、中部州高等教育委员会（Middle States Commission on Higher Education, MSCHE）的实践对问责制含义的不同影响，以及东道国（host countries）新监管机构的参与。③

3. 高校跨国办学内部教育质量保障

内部教育质量保障被视为外部教育质量保障的一部分，母体高校及其跨国办学机构必须先做好相应的内部质量保障工作，才能顺利完成外部质量保障程序。跨国办学机构乃至所有高校应确保为学生提供适当且有效的教学、支持、评估及学习资源，确保提供的学习机会受到监控，并且教育提供者负责思考如何改进它们。④

希利聚焦于国际分校的内部管理，从教师管理、学生管理、学术质量管理、课程管理等七个不同的方面做了全面论述。全文虽以管理为主题和关键词，但教师、学生、课程以及学术质量管理等皆是国际分校内部教育质量保障的核心。希利认为，在异国文化环境背景下，国际分校的质量管理更为困难。他指出，国际分校的一个特殊复杂性在于，其必须同时满

---

①Lane J E. The QA of Trans-Border Education: from Quality Providers to Quality Assured Provision[R]. Taipei: INQAAHE 2013 Biennial Conference (Keynote Speech),2013.

②Coelen R. International Branch Campuses and Institutional Control[J]. International Higher Education,2014(78):24-25.

③Yokoyama K. Quality Assurance and the Changing Meaning of Autonomy and Accountability Between Home and Overseas Campuses of the Universities in New York State[J]. Journal of Studies in International Education,2011(3):261-278.

④QAA. UK Quality Code for Higher Education Part B: Assuring and Enhancing Academic Quality[EB/OL]. (2012-07-03)[2018-11-16]. https://www.qaa.ac.uk/quality-code/the-existing-uk-quality-code/part-b-assuring-and-enhancing-academic-quality.

足母国政府和东道国政府双方的监管要求。[1]

查普曼(Anne Chapman)和派维斯(David Pyvis)合著的《提高跨国高等教育质量：澳大利亚海外项目的教学经验》(Enhancing Quality in Transnational Higher Education: Experiences of Teaching and Learning in Australian Offshore Programs)是为数不多的从内部两大利益相关者群体——教师和学生的角度来关注和研究高校跨国办学教育质量的著作。他们认为，学生体验的本质与质量构成探讨教育质量保障的一个重要视角，是教育质量的关键指标。虽然不是全部，但跨国教育项目的诸多方面都需要从学生的视角进行审视。[2] 同样，教师也是教育质量保障的重要群体。他们的研究同时包含了输出国和输入国双方教师的观点。派维斯通过对中澳两国合作办学项目的研究分析发现，对于澳方教师，提供标准化的课程相对较易，但通过教与学来推动质量最具挑战。[3]

三、研究述评

高校跨国办学在历经了多年的快速发展之后，已涌现出大量相关文献。这些文献从不同的方面既为我们认识和理解高校跨国办学提供了多种视角，也为本书提供了翔实的背景资料和研究基础。从上述文献的梳理情况来看，相关文献虽然非常丰富，但相关术语和概念比较复杂与多元化。在不同国家、不同学者的文献中没有统一的界定和规范，如跨国教育、跨境教育、国际分校、海外分校、中外合作办学、境外办学、海外办学、跨国办学等。这些术语在概念内涵和外延上存在一定的差异，但在相近概念的使用上很少做细致的区分，经常会被交替或当作相同概念使用。不仅如此，在有的文献中，其研究对象属于国际分校、中外合作办学、跨国办学等范畴的也会使用跨国教育、跨境教育等进行表述。

---

[1]Healey N. Managing International Branch Campuses: What Do We Know[J]. Higher Education Quarterly,2015(4):386-409.

[2]Chapman A, Pyvis D. Enhancing Quality in Transnational Higher Education: Experiences of Teaching and Learning in Australian Offshore Programs[M]. Lanhan: Lexington Books,2013.

[3]Pyvis D. The Need for Context-Sensitive Measures of Educational Quality in Transnational Higher Education[J]. Teaching in Higher Education,2011(6):733-744.

总体上，国内学者在中外合作办学的使用和语言表述上较为一致，但在境外办学、海外办学和跨国办学，以及跨国教育与跨境教育的使用上存在一定的混用，即使有时候指代的是相同的研究对象；国外学者多用跨国教育、跨境教育或更为具体的术语进行表达，在与国内学者或海外华人学者合作的文献中也会使用与国内一致或相似的表达，如中外合作大学、中外合作教育、中外合作办学等。随着高校跨国办学的日益发展和普遍化，学界相关学术研究及实践运用中对这些概念已经形成一定的习惯，并达成共识，因而虽然存在交替使用或混用的情况，但在认识和理解上一般不会造成相应困难和混淆。

已有文献最大的特点在于，与高校跨国办学实践和实际需求联系较为紧密，基于实践而又服务于实践，具有较强的问题导向、实用导向和政策导向，构成了高校跨国办学发展的重要智力支持，高校跨国办学由此得以从总体上健康、有序地不断发展。然而，这同时也带来一定的负面作用，即高校跨国办学及其质量保障的相关理论性研究相较于实践性研究偏少，且存在一定的滞后性。相较于国外文献，国内相关文献在比较与借鉴、国别研究等方面占有较大比例。在质性研究和量化研究方面，国内外文献具有较大的一致性，即皆以质性研究为主，相关量化研究较少。然而，基于对国内外文献的比较分析，国内相关文献在实证研究方面少于国外相关文献。如果我们将高校跨国办学的相关研究做内部和外部区分，国内外相关文献对高校跨国办学的内部研究略显不足。这与高校跨国办学的商业性、保密性及地缘位置带来的障碍等存在一定的关联。有关高校跨国办学教育质量保障方面的研究也是如此。

具体而言，在高校跨国办学教育质量保障问题上，主要有以下几个方面可以构成本书的突破口。其一，对高校跨国办学教育质量保障的理论探讨有较大的研究空间。其二，对国际与区域组织在高校跨国办学教育质量保障中的作用与影响，以及质量保障的国际合作还可以做进一步的研究。其三，输出国和输入国政府及第三方质量保障机构对高校跨国办学的监管与质量保障，在许多文献中是单独或分开进行研究的，与其他不同层面和维度的质量保障力量没有形成关联，因而仍有较大的研究价值。其四，高校跨国办学内部教育质量保障，包括母体高校层面和跨国办学机构内部的相关研究较为缺乏,尤其是实证研究,因而可以做更系统和深入的探析。这也是本书的重要突破口。不仅如此,本书拟采用网络治理理论和利益相关者理论,将上述主要质量保障主体串联起来,形成一项更为完整、系统的多视角、多层面和多维度的高校跨国办学教育质量保障研究。

第三节 概念界定

一、跨国办学

跨国办学,或称境外办学,是我国特有的一种表述,在不同的文献中也有学者使用海外办学、跨国合作办学等类似表述。根据不同的视角,高校跨国办学行为与实践具有输出和输入的双重含义。

我国《高等学校境外办学指南(试行)(2019年版)》从高等教育"走出去"的角度将境外办学界定为:"中国高等学校独立或者与境外政府机构、具有法人资格并为所在地政府认可的教育机构或其他社会组织合作,在境外举办以境外公民为主要招生对象的教育机构或者采用其他形式实施高等学历教育的教育教学活动。"[1] 从引进国外教育资源,以我国为办学目的地的角度出发,跨国办学活动被称为"中外合作办学",是指"外国法人组织、个人以及有关国际组织同中国具有法人资格的教育机构及其他社会组织,在中国境内合作举办以招收中国公民为主要对象的教育机构,实施教育、教学的活动"。[2]

上述定义以我国为立足点和出发点,分别采用"境外办学"和"中外合作办学"的概念从输出和输入两个方面对跨国办学做了界定。在此基础上,本书将跨国办学定义为一国高校在本国之外的其他国家(地区)与其本土高校合作创办跨国办学机构,以东道国(地区)公民为主要招生对

---

[1] 中国高等教育学会.高等学校境外办学指南(试行)(2019年版)[EB/OL].(2019-09-26)[2019-09-26]. http://www.hie.edu.cn/news_12577/20190926/t20190926_994231.shtml.

[2] 教育部.关于发布《中外合作办学暂行规定》的通知[EB/OL].(1995-01-26)[2019-10-02]. http://www.moe.gov.cn/s78/A20/s8359/moe_864/tnull_4510.html.

象,开展正规学历教育,且拥有满足办学所需的实体场所及设施①,输出和输入相关方共同对办学活动及其教育质量负责,符合条件的毕业生可获得双方母体高校颁发的相应(学历)学位证书。

二、教育质量

质量是各行各业生存的基础。它对于各级各类组织机构十分重要,是一个内涵与外延非常广泛的专业术语,在不同的领域有着完全不同的解释和界定。在企业或服务行业中,质量常被理解为一种"符合性",即产品符合规定或满足设计要求。② 国际标准化组织(International Organization for Standardization,ISO)将质量界定为"一组固有特性满足要求的程度"。③

根据《教育大辞典》的解释,教育质量是指:"对教育水平高低和效果优劣的评价。影响它的因素主要是:教育制度、教学计划、教学内容、教学方法、教学组织形式和教学过程等的合理程度;教师的素养、学生的基础以及师生参与活动的积极程度。"④UNESCO 发布的《21 世纪高等教育世界宣言:展望与行动》(World Declaration on Higher Education for the Twenty-First Century: Vision and Action)从高等教育层面提出,教育质量是一个多维的概念,它应该包含高等教育的所有职能和活动:课程与教学、学术研究、教师、学生、建筑、设施、设备、社区服务等。⑤ 有学者认为,教育质量是"学校根据国家教育方针政策要求,为满足特定社会和学生发展需要而确立的教育目标,设计、组织、实施的旨在实现这一目标的教育活动达到预期效果的度量"⑥。

---

①这里的"拥有"既可以是所有权意义上的拥有,也可以是相关资源使用权意义上的拥有。

②黎武廷飞.中越高等教育质量保障的比较研究[D].南京:南京师范大学,2018.

③ISO. ISO 9000[EB/OL]. (2015-02-17)[2018-12-06]. https://www.iso.org/files/isoorg/archive/management-standards/iso_9000.html.

④顾明远.教育大辞典(第 1 卷)[M].上海:上海教育出版社,1990.

⑤UNESCO. World Declaration on Higher Education for the Twenty-First Century: Vision and Action[EB/OL]. (1998-10-09)[2021-01-16]. http://www.un-documents.net/wd-he21c.htm#article-11.

⑥沈玉顺.现代教育评价[M].上海:华东师范大学出版社,2002.

教育质量是一个模糊的概念,既有其主观性,也有其客观性,难以准确衡量和评价。① 换言之,教育质量是一个非常复杂的概念。随着教育内外部发展环境的变迁,教育质量的内涵也会不断发生变化。在不同的语境下,其概念也不同。本书中的教育质量是高校跨国办学语境下的一个概念,主要是指与高校跨国办学定位及其教育目标的适切性和目标实现程度,其核心是教育教学质量和人才培养质量。

三、质量保障

质量保障(quality assurance),又译为质量保证,源于质量管理学领域。有学者指出,质量保障是指制造商或生产商向顾客或用户保证相关商品或服务能够持续符合标准的过程。② 也有学者认为,质量保障是指为满足产品或服务的质量要求而实施的有计划、系统的活动。③

质量保障在高等教育中是一个较为年轻的概念,20世纪90年代以后才逐渐风靡于世界各国,成为全球性的普遍概念和现象。基于教育学的角度,质量保障被认为是为确保教育、学术和基础设施的标准得到保持和提高,对机构或项目进行的有计划、系统的评审过程。④ 质量保障也可以被理解为一种复杂的国家框架,包括质量保障机构或其他专门实体,以及高等教育机构和(或)学术项目层面正式的质量标准与具体评审过程和程序。⑤ 我国学者在对中外合作办学质量保障的研究中分别从外部和内部两个方面对质量保障进行界定,认为外部质量保障是指"学校以外的机构为保证高等教育质量所进行的一切活动",内部质量保障是指"学

---

① 张应强.高等教育质量建设:创新体制机制与培育质量文化[J].江苏高教,2017(1):1-6.
② Ellis R. Quality Assurance for University Teaching[M]. Maidenhead: Open University Press,1993.
③ Gardner T. History of Thought in Quality Assurance[EB/OL]. (2012-05-13)[2021-04-17]. https://asq.org/asd/2012/05/history-of-thought-in-quality-assurance.pdf.
④ GUNI. Higher Education in the World 2007-Accreditation for Quality Assurance: What is at Stake[M]. New York: Palgrave Macmillan,2007.
⑤ Matei L, Iwinska J. Quality Assurance in Higher Education: A Practical Handbook[Z]. Budapest: Central European University,2016.

校自身作为质量保障主体机构对校内开展的一切涉及教学、管理等方面的评估"。[①]

基于上述定义,本书将质量保障界定为发生在高校跨国办学领域,围绕共同或特定的目标,在相应的制度规范或规则体系下,由相关高校及其跨国办学机构内外部主要利益主体共同参与,形成一个有目的、有计划、有组织、共同发挥作用的系统,从而确保学术标准与要求得以实施、保持或改进的活动过程,以持续维持或不断促进教育质量的提高。

综上所述,研究者分别对跨国办学、教育质量和质量保障三个概念进行界定。这三个概念的界定皆围绕高校跨国办学或在高校跨国办学语境下做出。不同于普通高校(针对非跨国办学而言)教育质量保障,高校跨国办学的教育质量保障具有跨国性、国际联结性,涉及的质量保障维度和主体更加多元、复杂。其核心在于,对双方母体高校及其跨国办学机构进行监管和约束,以及通过包括双方母体高校及其跨国办学机构在内的不同层面、不同维度主要利益相关者的共同作用,保障教育教学质量和人才培养质量。

第四节　研究问题、内容与方法

一、研究问题

高校跨国办学,须质量先行。质量问题是影响高校跨国办学成功与否的重要因素,也是高校跨国办学可持续发展的重要基础,关系广大学子的未来发展和高等教育的生态健康。然而,由于跨国办学的复杂性及办学动因和目的各异,一些学校或跨国办学机构并未给予质量足够的重视。因此,本书将聚焦于教育质量,对高校跨国办学教育质量保障进行研究,包括外部教育质量保障和内部教育质量保障。

为此,本书拟提出以下几个主要研究问题:高校跨国办学的内外部主要利益相关者在教育质量保障中的角色和作用是什么?它们如何保障高

[①]赵彦志,孟韬.中外合作办学质量保障体系研究[M].大连:东北财经大学出版社,2015.

校跨国办学教育质量？高校跨国办学中网络治理是如何形成的？其教育质量保障架构是什么样的,有何作用机制？

根据研究需要和所具备的研究条件,本书在内部教育质量保障方面拟以 A 大学国际校区两个跨国办学机构——AB 联合学院和 AC 联合学院为例(含母体高校层面)进行分析;在外部教育质量保障方面拟围绕国际与区域组织、英国、美国和中国进行分析。在国别上将研究范围限定于英国、美国、中国三国,一方面是由于这三者具有一定的典型性和代表性;另一方面是由于英国、美国分别为 AB 联合学院和 AC 联合学院的输出国,中国是两个联合学院的输入国,从而使得本书的逻辑关联更加紧密,更具系统性。

本书的目的不在于关注两个案例本身,而是将其作为认识高校跨国办学内外部教育质量保障的工具,通过利益相关者组织视角对高校跨国办学进行解构,分别从内外部不同层面进行分析,最后进行重构,并提出高校跨国办学教育质量保障网络治理架构,探讨高校跨国办学教育质量保障的作用机制。在此基础上,本书最后对高校跨国办学教育质量保障进行反思,并对改进和完善我国高校跨国办学教育质量保障进行思考。

二、研究内容

本书共分为七章。第一章绪论,首先,根据选题交代研究缘起,并说明研究的理论与实践意义;其次,围绕高校跨国办学及其教育质量保障的诸多方面,从多个不同主题着手,分别对国内外相关文献进行梳理和综述,并在此基础上做简要述评,进而提出研究的四个突破口;再次,分别对跨国办学、教育质量和质量保障三个核心概念进行界定;最后,提出和阐明主要研究问题、研究内容和研究方法。

第二章为理论基础与分析框架,根据研究问题与需要,选取网络治理理论和利益相关者理论作为研究的理论基础。这两种理论都不是高等教育学领域的内生理论,但是在高等教育及高校跨国办学领域已有一定的研究和应用。本章首先分别对两种理论的主要内容与内涵及其在高等教育研究中的应用进行介绍和论述,然后阐明这两种理论在本书中的运用,最后提出本书的理论分析框架。

第三章为高等教育国际化与高校全球扩张的历程及动因。本章首先阐述对于高等教育国际化的认识和理解,然后论述服务贸易语境下的高等教育国际化和作为跨国教育的高等教育国际化;在第二节中,进一步对高校的全球扩张进行分析,分别围绕高校全球扩张的历史进程和动因进行论述。

第四章为高校跨国办学教育质量监管与政策规制。本章从国际与区域组织、输出国与输入国政府及质量保障机构等主要外部利益相关者视角出发,对教育质量监管和政策约束进行分析,对高校跨国办学的外部教育质量保障进行解构。

第五章为高校跨国办学组织行动与教育质量保障。本章从内部利益相关者视角出发,以 A 大学国际联合学院两个跨国办学机构为例,分别从中外双方母体高校及其跨国办学机构层面,对高校跨国办学的内部教育质量保障进行解构。

第六章为高校跨国办学网络治理生成、教育质量保障架构及作用机制。本章首先基于高校跨国办学治理环境的四重维度进行分析,探讨网络治理的生成;进而重构高校跨国办学教育质量保障,提出高校跨国办学教育质量保障的网络治理架构和网络形态;最后从结构嵌入、制度嵌入和关系嵌入三个方面对高校跨国办学教育质量保障的作用机制进行分析。

第七章为结论与思考。本章先提出研究结论,进而对高校跨国办学教育质量保障进行反思,并从改进我国高校中外合作办学教育质量保障的角度进行思考。

三、研究方法

研究范式的选择及研究的问题与内容深刻影响着具体研究方法的选择与应用。定性和定量是社会科学领域的两种基本研究范式。本书属于定性研究范畴。基于前期研究和实际需要,本书确定并采取了访谈、质性文本分析和案例研究法。在研究的过程中,研究者坚持全方位与多渠道相结合,尽可能掌握研究所需的各种材料。一方面,在前人基础上尽量避免重复研究;另一方面,避免预设框架,先入为主,力求基于实际资料进行客观的分析和研究,将主观影响因素降至最低。

（一）访谈法

访谈是指研究性交谈，以口头形式，根据访谈对象的答复客观收集研究所需资料。[①] 研究者根据研究需要，对 A 大学国际联合学院（国际校区）和 AB 联合学院、AC 联合学院的行政管理人员、教师和部分学生进行了访谈。在访谈之前，研究者基于已有文献资料和两个联合学院及其中外方母体高校的公开信息设计访谈提纲，并与 A 大学国际校区相关部门领导建立联系，进行初步访谈，进而根据初步访谈获得的信息调整访谈提纲。在此基础上，研究者一方面通过该部门领导与其他部门行政人员及两个联合学院相关人员建立联系；另一方面通过联合学院官网公布的教师和行政人员信息，直接联系并提出访谈和课堂观察请求。

访谈方式包括正式访谈和非正式访谈，以半结构化访谈为主，辅以开放式访谈。在每次半结构化访谈之后，研究者一般会准备一两个开放性问题，以降低遗漏重要信息的概率。开放式访谈多在非正式访谈情境下进行，如在国际校区食堂、往返班车上，或在会议结束后的其他场景下。非正式访谈虽然具有一定的偶然性，访谈的问题也更为开放，但并非完全随机或随性提问，而是有意识地根据研究的需要和提前准备的问题，以及临时想到的相关问题进行。

在正式访谈之前，研究者会为每一位受访者准备一份纸质"知情同意书"，并在征得受访者同意后进行录音；访谈结束后第一时间将录音全部整理成文字材料。在所有受访者中，有部分受访者口头同意接受访谈，但未在"知情同意书"上签字。研究者可以根据其口述做笔记，但不录音。其余非正式访谈全部在访谈过程中即时做笔记或访谈结束后记录。

针对不同的对象，研究者采用字母和数字的组合方式进行编码，如 I-M101。其中，第一个字母是指访谈类型，第二个字母为访谈对象类别，数字为编号。在访谈类型上，用 I 代表面对面访谈，E 代表电子化方式访谈；在访谈对象类别上，用 M 代表包括部门（学院）领导、行政主管等在内的所有行政人员，T 代表教师，L 代表实验室工程师或实验员，U 代表外方高校人员（外方本部领导、在职和荣休教师），C 代表认证咨询专家，S

---

① 裴娣娜.教育研究方法导论[M].合肥：安徽教育出版社，1995.

代表学生（以非正式访谈为主）。

（二）文献与政策文本分析法

通过对相关文献和政策文本的收（搜）集、梳理以及分析，对研究问题与事实形成科学认识。研究者主要通过国内外图书馆的电子数据库、馆藏和相关政府部门与高校（含跨国办学机构）、质量保障机构、国际与区域（质量保障）组织官网和实地调研等多种途径收（搜）集研究所需的相关文献和一手资料。其中，调研的整个过程持续一年半。在A大学国际联合学院调研过程中，获得了大量的内部资料。收（搜）集到的资料包括本书所运用的理论基础，高校跨国办学与教育质量保障的已有研究成果，AB联合学院和AC联合学院（含中外双方母体高校）的办学过程与实践探索，输出和输入双方国家、国际与区域层面的教育质量保障实践与经验等相关文献资料，以及国际与区域组织、输出国和输入国政府、输出国和输入国质量保障机构、双方母体高校及其跨国办学机构等出台或制定的相关法律法规、政策文件及其他文本材料等。本书通过综合运用基于内容和层次的分析方法，对搜集到的研究文献和各级各类政策文本进行全面分析。

（三）案例研究法

案例研究法是社会科学研究中的一种常用研究方法。本书根据研究的目的、需要及所具备的条件，以A大学国际联合学院为例，通过对其下两个跨国办学机构（联合学院）及其中外方母体高校的考察，对高校跨国办学内部教育质量保障进行分析。本书中的两个跨国办学机构均为非独立法人中外合作办学机构，共涉及一所中方高校、一所英方高校和一所美方高校。本书将这三所高校分别编码为A大学、B大学和C大学，相应的合作办学机构编码为AB联合学院和AC联合学院。A、B、C三所大学皆为世界著名的公立研究型大学。其中，A大学是我国教育部直属的综合性大学，也是国家"双一流"建设高校；B大学是英国较为古老的一所综合性大学，是罗素集团成员之一；C大学被誉为"公立常春藤"，是美国公立大学三巨头之一。本书案例涉及的三个国家——英国、美国和中国，在全球跨国高等教育中具有重要地位，皆具有较为成熟的教育质量保障体系和较强的教育质量保障能力，具有一定的典型性和代表性。

第二章

理论基础与分析框架

高校跨国办学是一种需要众多利益相关者携手合作,共同推动和完成的教育活动。同样,高校跨国办学教育质量保障也离不开诸多利益相关者的共同参与。这些利益相关者之间的合作与互动形成网络联结,构成了质量保障网络整体。其中,每一个利益相关者代表一个具有活性的网络节点,发挥着质量治理——保障高校跨国办学教育质量的作用。基于此,本书选取了网络治理理论和利益相关者理论作为研究的理论基础,构建分析框架。

第一节 网络治理理论

网络治理的概念最先源于经济与企业管理中的理论研究与实践。在经济全球化和后工业化进程加速发展的背景下,世界不同经济体之间的联系日益紧密,共同形成一个庞大的全球市场。与此同时,知识激增、社会分工愈加细化以及互联网经济的产生和迅速发展,导致企业治理环境发生变化,从而引发治理形式的渐变,向网络治理方向演化。[1]

一、网络治理理论的主要内容

作为一个学术概念,网络是指"联结一组人、物或事件的特殊关系形式",其中的人、物或事件则是网络中的行动者或节点。[2] 网络也可以被理解为一种或多种关系的集合,是包括经济组织关系外部和内部因素的集合,且可以进一步细分为正式网络关系和非正式网络关系。[3] 网络有

---

[1] 彭正银.网络治理理论探析[J].中国软科学,2002(3):51-55.
[2] 张康之,程倩.网络治理理论及其实践[J].新视野,2010(6):36-39.
[3] 李维安,周建.网络治理:内涵、结构、机制与价值创造[J].天津社会科学,2005(5):59-63.

一定的共同价值作为链接和中介,不是完全自愿的和个体化的。[①] 对应于网络,市场和科层是极具意义的一对反义词,都可以被视为一种协调模式,彼此相互关联,而非孤立。[②]

鲍威尔(Walter W. Powell)最早提出市场、企业和网络三分法,并将网络视为一种经济活动协调形式。相应地,他分别从规范基础(normative basis)、交流方式(means of communication)、冲突解决方式(methods of conflict resolution)等八个方面对三种经济组织形式进行程式化比较(见表2-1)。然而,市场、科层和网络的程式化模型虽不能完美地描述经济现实,但有助于对工业世界经济安排的理解。[③] 拉森(Rikard Larsson)进一步推动相关研究,提出"看不见的手"与"看得见的手"握手的观点,即市场是"看不见的手",科层是"看得见的手",网络则是两者之间的"握手"。[④]

表2-1 经济组织形式比较

关键特征	形式		
	市场	科层	网络
规范基础	合约—产权	雇佣关系	优势互补
交流方式	价格	惯例	关系
冲突解决方式	讨价还价—诉诸法院强制执行	行政法令—监督	互惠准则—声誉影响
灵活度	高	低	中
各方承诺额	低	中到高	中到高
格调或环境	精确和/或怀疑	正式的、官僚的	开放、互惠互利
行动者选择偏好	独立	依赖	相互依存
混合形式	重复交易,合约作为分级文件	非正式组织,市场化特征:利润中心、转移定价	地位等级,多个合作伙伴,正式规则

资料来源:Powell W W. Neither Market nor Hierarchy:Network Forms of Organization[J]. Research in Organizational Behavior,1990(12):295-336.

---

①鄞益奋. 网络治理:公共管理的新框架[J]. 公共管理学报,2007(1):89-96+126.
②Hay C. The Tangled Webs We Weave:The Discourse,Strategy and Practice of Networking[M]//Marsh D. Comparing Policy Networks. Buckingham:Open University Press,1998.
③Powell W W. Neither Market nor Hierarchy:Network Forms of Organization[J]. Research in Organizational Behavior,1990(12):295-336.
④Larsson R. The Handshake between Invisible and Visible Hands:Toward a Tripolar Institutional Framework[J]. International Studies of Management & Organization,1993(1):87-106.

在经济学领域,将网络引为一种交易方式,突破了"企业和市场作为可替代的两种交易方式"的"两分法"结构,进而与拉森的"三极制度框架"(tripolar institutional framework)相对应,即在企业和市场之间存在双边、多边和杂交的中间组织交易形态。① 如图2-1所示,三种不同的组织形态对应着不同的治理形式,分别为市场治理、网络治理和科层治理。其中,中间性组织与网络治理相对应,是不同于市场治理和科层治理的新治理形式。

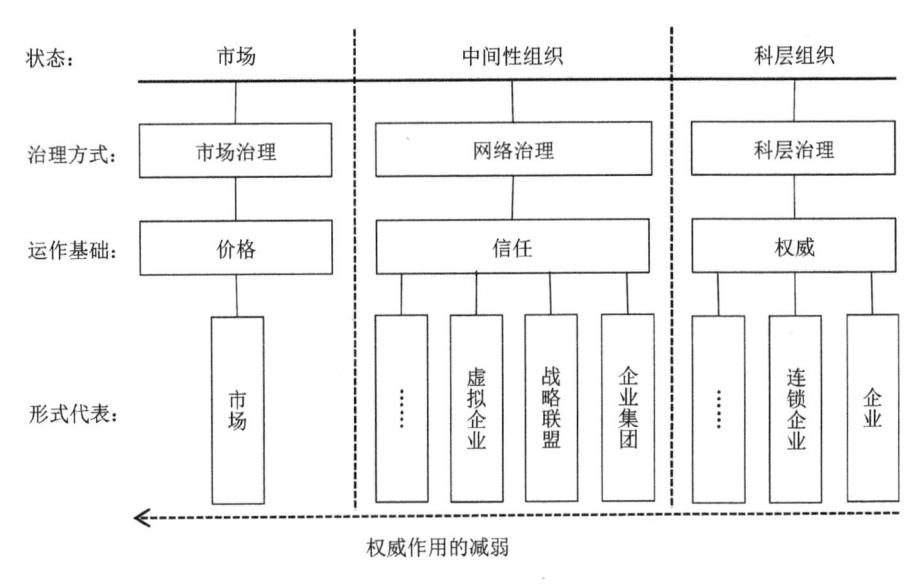

图2-1 三分法与组织的演化

网络治理作为一种新的治理形式,其理论研究和探索受到了国内外许多学者的关注。学者们从不同学科出发所做的大量研究,形成了理论研究的"丛林"现象。② 其中诸如交易成本理论,在国内外皆有较大的学术影响力。基于交易成本的网络治理理论探索源于威廉姆森(Oliver E. Williamson)混合治理的观点及其三重维度理论分析框架。威廉姆森认为,在企业和市场之间存在混合组织形态,因而在科层治理和市场治理之间存在混合治理形式。他将交易作为基本分析单位,创造性地提出交易成本理论,认为交易由

---

① 李维安.网络组织:组织发展新趋势[M].北京:经济科学出版社,2003.
② 任志安.网络治理理论及其新进展:一个演化的观点[J].中大管理研究,2008(2):94-106.

维度限定,并从资产专用性、不确定性、交易频率三个维度对交易进行分析。①

由于威廉姆森的三重维度理论存在结构性缺陷,缺乏组织的基础支撑,且难以解释治理的目的和目标,无法直接应用于网络治理模式上。② 琼斯(Candace Jones)等对威廉姆森的三重维度理论做了调适和扩展,并引入了任务复杂性维度,从而形成网络治理的四重维度分析框架,即供给稳定情况下的需求不确定性、定制交易的人力资产专用性、时间紧迫下的任务复杂性和网络成员间的交易频率四个维度。③ 这四个维度构成了网络治理生成所需的治理环境,是网络治理生成和发展的必要条件。

在此基础上,琼斯等提出结构嵌入是社会机制的基础,对于我们理解社会机制如何协调和维护网络中的交易至关重要。社会机制包括限制进入、宏观文化、联合制裁和声誉,结构嵌入通过这些社会机制实现网络中交易问题的协调和维护。由此,他们构建了以结构嵌入为基础的网络治理理论框架(见图2-2)。④ 我国学者在琼斯等的基础上,对网络治理理论框架做了进一步调适或修正。例如,在李维安的《网络组织:组织发展新趋势》和彭正银的《网络治理:理论与模式》等著作中,皆可看到相关的阐述、探讨及修正后的网络治理理论框架。

网络治理的研究丰富和充实了利益相关者理论。⑤ 罗利(Timothy J. Rowley)曾尝试构建一个"利益相关者影响"网络理论,探讨多元、相互依赖的利益相关者需求,并预测组织对多元利益相关者共同影响的反应。⑥

---

① Williamson O E. The Economic Institutions of Capitalism: Firms, Markets, Relational Contracting[M]. Beijing: China Social Sciences Publishing House,1999.

② 彭正银.网络治理、四重维度与扩展的交易成本理论[J].经济管理,2003(18):4-12.

③ Jones C, Hesterly W S, Borgatti S P. A General Theory of Network Governance: Exchange Conditions and Social Mechanisms[J]. The Academy of Management Review,1997(4):911-945.

④ Jones C, Hesterly W S, Borgatti S P. A General Theory of Network Governance: Exchange Conditions and Social Mechanisms[J]. The Academy of Management Review,1997(4):911-945.

⑤ 彭正银.网络治理:理论的发展与实践的效用[J].经济管理,2002(8):23-27.

⑥ Rowley T J. Moving Beyond Dyadic Ties: A Network Theory of Stakeholder Influences[J]. Academy of Management Review,1997(4):887-910.

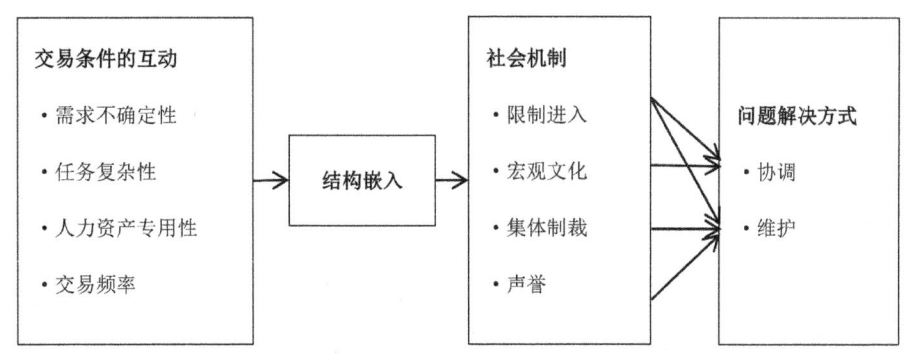

图 2-2 琼斯等的网络治理理论框架

资料来源:Jones C, Hesterly W S, Borgatti S P. A General Theory of Network Governance: Exchange Conditions and Social Mechanisms[J]. The Academy of Management Review, 1997(4):911-945.

罗利的研究使利益相关者理论得以拓展,将利益相关者与组织的关系由单个利益相关者与组织的双边关系扩展到多元结构关系。[①] 根据利益相关者网络密度和组织权力集中度的不同,两者可以构成不同的网络治理结构类型(见图 2-3)。

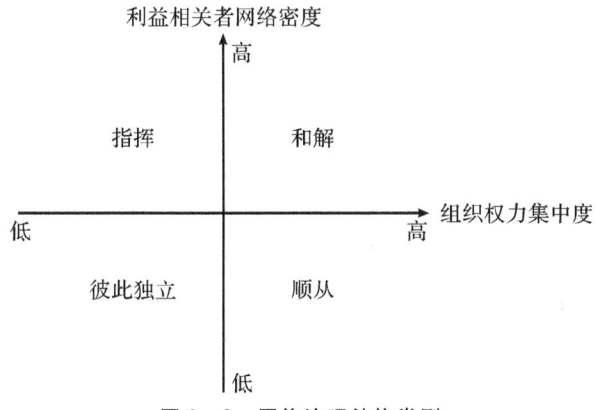

图 2-3 网络治理结构类型

资料来源:Rowley T J. Moving Beyond Dyadic Ties: A Network Theory of Stakeholder Influences[J]. Academy of Management Review,1997(4):887-910.

基于对网络治理的理论分析和理解,不同学者对网络治理做出了不

[①] 李维安.网络组织:组织发展新趋势[M].北京:经济科学出版社,2003.

同的界定,如将网络治理定义为"正式或非正式的组织和个体通过经济合约的联结与社会关系的嵌入所构成的,以企业间制度安排为核心的参与者间的关系安排"[①],又或认为网络治理是指"关键资源所有者基于网络结构进行合作,为实现协同目标进行的规则生成、合规运行和违规问责的过程",即网络组织中关键资源的拥有者围绕协作目标进行的制度设计和过程[②]。此外,也有学者综合前人的研究提出,组织成员之间以信任为基础相互交换资源,彼此间既相互独立又相互依存。网络治理就是不同对象之间通过合作性协调实现组织目标的过程。其本质是在平等、自由和自治的基础上,为多元主体提供谈判、协商与合作的平台。[③]

综合来看,不同学者对网络治理的认识和理解存在较大差异。由于研究对象和研究视角的不同,这种差异不可避免;也因此使得网络治理理论得以不断发展,适用范围更广、包容性和张力更强。本书的理论基础除了网络治理理论,还包括利益相关者理论。不同的利益相关者所掌握的资源不同,其所拥有的能力也不同。基于这一认识,本书结合两者,将高校跨国办学网络治理理解为高校跨国办学中具有实质联系的主要利益相关者在相互依存的环境中基于信任和资源交换,围绕特定目标进行合作与协调,以正式和非正式制度为核心的一种关系安排。根据这一界定和对高校跨国办学内外部教育质量保障的分析,本书最后提出高校跨国办学网络治理质量保障的三个作用机制并在第六章中进行论述。这三个作用机制分别为结构嵌入、制度嵌入和关系嵌入。

二、网络治理理论在高等教育研究中的应用

网络治理理论在企业管理、公共管理等领域已有广泛的研究和应用,并不断向高等教育等研究领域延伸。刘波认为,治理理论无法很好地应用于我国高等教育治理,但网络治理理论提出了更具实践性的操作方案,能够弥补治理理论诸多局限。他在《基于网络治理的高等教育运作机制

---

①彭正银.网络治理理论探析[J].中国软科学,2002(3):50-54.
②李维安,林润辉,范建红.网络治理研究前沿与述评[J].南开管理评论,2014(5):43.
③孟韬.基于网络治理理论的中外合作办学质量保障体系研究[J].高教探索,2017(7):19.

研究》一文中引入网络治理理论,将高等教育网络治理定义为"与高等教育运作相关的各个主体,如政府、高校、高等教育第三方组织、学生、职业界(公司企业等就业单位)、社区等多个组织联合在一起,通过合作网络相互沟通、相互合作共同管理高等教育事务",并提出了高等教育的网络治理研究框架。①

大学既是一个利益相关者组织,也是一个网络组织。赵彦志和周守亮认为,大学组织的复杂性、自相似性、整体性和学习性,以及相关联的动态性、自组织性、自适应性表明大学组织正在向网络化演进。其组织特征符合网络组织的内涵。他们在《网络视域下的大学组织特征与治理机制》一文中,基于大学的组织特征和网络治理理论,提出了大学网络治理理论架构,并指出大学网络治理机制的核心是在组织成员之间建立互动机制和整合机制。② 孟韬认为,大学是一种介于企业和市场之间的网络组织,既是由内部多元主体作为节点构成的网络,同时也是一张更为宏大的网络中的节点,借助于嵌入理论和网络治理理论,能够更好地重新审视大学的社会属性,为我国现代大学制度建设提供新思路。③ 作为高等教育治理的理论基础之一,网络治理理论适合大学这类复杂组织的研究。借鉴"合作网络"治理理论,能够更系统、深入地探讨高等教育内外部不同主体之间的复杂权力关系。④

民办高校与公立院校一样,都可以被理解为是一种网络组织。网络治理理论对于民办高等教育同样具有适用性。郑扬波从网络治理理论视角对我国民办高校外部治理做了深入研究。他认为,我国民办高校外部治理存在治理目标分歧、治理主体混乱、治理模式失灵、治理结构松散等现实困境,导致这些困境的原因在于,外部治理结构中信任、协调与合作的缺失,网络中共同行为规范的落后,以及网络主体对资源依赖与权力共

---

① 刘波.基于网络治理的高等教育运作机制研究[J].中国软科学,2009(S2):62-66.
② 赵彦志,周守亮.网络视域下的大学组织特征与治理机制[J].教育研究,2013(12):84-90.
③ 孟韬.嵌入视角下的大学网络治理机制解析[J].教育研究,2011(4):80-84.
④ 左崇良.高等教育治理的法权网络探究[J].河北科技大学学报(社会科学版),2015(4):90-96.

享的忽视。最后,他基于网络治理理论重构了民办高校的外部治理结构。[1]

李莹认为,在网络治理理论的视角下,政府的能力就是"治理能力"。一方面,网络治理理论重新界定了政府的角色,强调政府的调控能力;另一方面,强调多中心的公共行动体系和政策行为主体的多元化,以及政策执行的双向性。她借鉴网络治理理论中关于政府能力的核心内容,分析我国研究生教育管理体制和投资体制中政府的能力现状,并指出,网络治理理论为研究生教育活动中政府能力的合理构建提供了可能的选择。[2]周社育和黄晶在《网络治理视野下美英高校社会服务途径研究与启示》一文中运用网络治理理论分析了美国和英国高校实现其社会服务的网络治理模式。其中,美国政府扮演着引导者的角色,通过政策引导促进产学研合作;英国政府则通过搭建校企合作平台、出台系列财政和税收鼓励政策优化合作治理环境。[3]

陈娟将网络治理理论应用于高校技术转移研究,提出高校的技术转移网络是"以高校为组织节点而连接的外部技术联盟和官产学研合作创新网络以及内部治理网络的总和",治理的目标在于"整合和协调网络中的各异质资源,维护和规范各级关系的顺利进行,提升转移效率"。[4] 网络治理理论同样也被应用于高校内部审计研究。郎付山从网络治理理论视角,指出网络治理对高校内部审计的挑战,即关注内部审计的主体增多,提高了内部审计的难度,以及加重了内部审计的责任,由此提出了高校内部审计的转型发展路径。[5]

在高校跨国办学方面,我国也有学者做了一些应用探索和尝试。例如,孟韬将网络治理理论应用于中外合作办学的治理保障体系研究之中,

---

[1] 郑扬波.我国民办高校外部治理结构研究——基于网络治理的视角[D].北京:首都师范大学,2011.

[2] 李莹.网络治理理论视角下政府在研究生教育中行为模式的变迁[J].辽宁教育研究,2006(2):34-36.

[3] 周社育,黄晶.网络治理视野下美英高校社会服务途径研究与启示[J].宁波工程学院学报,2016(2):78-83.

[4] 陈娟.高校技术转移系统的职能研究[D].南京:东南大学,2016.

[5] 郎付山.基于网络治理视角的高校内部审计转型研究[J].财会通讯,2019(25):81-84.

为高校跨国办学及其质量保障相关研究提供了新的理论思路和参考。在《基于网络治理理论的中外合作办学质量保障体系研究》一文中,他借鉴国外学者的网络治理模型,提出了一个由政府、办学者、社会构成的中外合作办学质量保障体系网络治理架构,并论述了中外合作办学质量保障体系中的网络治理机制。[①]

第二节 利益相关者理论

利益相关者是一个广为熟知而又较为复杂的名词。自相关概念被提出以来,相同或不同学科、同一时期或不同时期的许多学者都曾对其做过相应界定,并尝试从不同的维度或基于不同的依据进行分类。学者对利益相关者的界定和分类既体现了彼此在认识上的差异,也体现了利益相关者及其利益的复杂性。然而,这恰恰构成了利益相关者理论不断发展的重要基础,使其在诸多研究领域都能够具有较好的适用性。

一、利益相关者理论的主要内容

利益相关者的概念首次出现于美国斯坦福研究院(Stanford Research Institute,现为 SRI International)1963 年内部备忘录中的一篇管理文献中,用来表示与企业有密切关系的团体,如果企业失去他们的支持,将会不复存在。[②] 利益相关者理论此后能形成一个独立的理论分支,得益于瑞安曼(Eric Rhenman)和安索夫(Igor Ansoff)的开创性研究及后续诸多学者的共同努力,使得该理论能够形成较为完善的理论框架,并受到越来越多的关注。[③]

1965 年,安索夫提出:"要制定理想的企业目标,必须综合平衡考虑企业的诸多利益相关者之间相互冲突的索求权,包括管理人员、工人、股

[①]孟韬.基于网络治理理论的中外合作办学质量保障体系研究[J].高教探索,2017(7):19-22+38.

[②]Freeman R E. Strategic Management:A Stakeholder Approach[M]. Cambridge:Cambridge University Press,2010.

[③]李洋,王辉.利益相关者理论的动态发展与启示[J].现代财经,2004(7):32-35.

东、供应商以及顾客。"①1984年,弗里曼(R. Edward Freeman)在《战略管理:利益相关者方法》(Strategic Management: A Stakeholder Approach)一书中,从广义的意义上将利益相关者界定为"任何能够影响企业目标的实现,或受企业目标的实现所影响的团体或个人",包括政府、地方社团组织、所有者、消费者权益代言人(consumer advocates)、消费者、竞争者、媒体、雇员、特殊利益集团、环保主义者、供应商等(见图2－4)。② 这一定义呈现了一幅企业与利益相关者之间联动与相互影响的动态图像。他既把能够影响企业目标实现的团体和个人视为利益相关者,也把在企业目标实现过程中受到影响的团体和个人纳入利益相关者范畴。

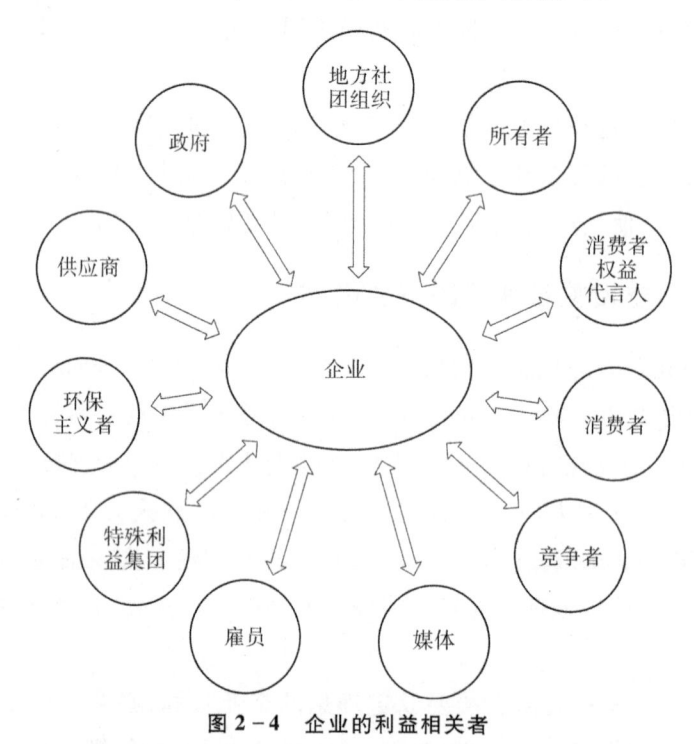

图2－4 企业的利益相关者

资料来源:Freeman R E. Strategic Management: A Stakeholder Approach[M]. London: Pitman Publishing,1984.

---

①尹晓敏.利益相关者参与逻辑下的大学治理研究[M].杭州:浙江大学出版社,2010.

②Freeman R E. Strategic Management: A Stakeholder Approach[M]. London: Pitman Publishing,1984.

弗里曼的定义虽然宽泛,但具有代表性。其著作《战略管理:利益相关者方法》的出版被视为利益相关者理论形成的标志,为利益相关者理论的发展做出了开创性贡献。① 与弗里曼的这种宽泛界定不同的是,有一些学者认为凡是与公司有直接关系的团体或个人才是利益相关者。例如,科奈尔(Bradford Cornell)和夏皮罗(Alan C. Shapiro)将利益相关者界定为"有合约关系的债权人(claimants)"。还有一些学者的定义则更加狭义,认为只有在公司中下了"赌注"(stake)的人或团体才是利益相关者。例如,卡罗(Archie B. Carroll)将利益相关者界定为"在企业中拥有一种或多种股份(stakes)"的人。②

以上可以对利益相关者的复杂性做一个初步管窥,不同学者有不同理解,多达几十种甚至更多,很难从总体上对利益相关者的特点或特性做全面的认识和把握。因而不同学者尝试从多个维度或从不同的依据出发,对利益相关者提出了一些比较有代表性的分类(见表2-2)。其分类维度或依据主要包括:所有权、经济依赖性、社会利益;威胁潜力、合作潜力;与企业间交易关系的性质;与企业是否存在交易性合同关系;与企业联系的紧密程度;与公司关系的正式性;对企业经营的重要程度;影响力、合法性、紧迫性;社会维度的紧密性差别;等等。

表2-1 利益相关者分类(节选)

学者	维度/依据	分类
弗里曼 (R. Edward Freeman)	所有权、经济依赖性、社会利益	持有公司股票的董事、经理人员等,领取薪酬的经理人员、债权人、雇员、消费者等,特殊群体、政府领导人和媒体等
萨维奇 (Grant T. Savage)	威胁潜力、合作潜力	支持型利益相关者、边缘型利益相关者、混合型利益相关者、反对型利益相关者
弗雷德里克 (William C. Frederick)	与企业间交易关系的性质	与企业直接发生市场交易关系的利益相关者,与企业发生非市场交易关系的利益相关者

①陈宏辉.企业利益相关者的利益要求:理论与实证研究[M].北京:经济管理出版社,2004.
②尹晓敏.利益相关者参与逻辑下的大学治理研究[M].杭州:浙江大学出版社,2010;Mitchel R K, Agle B R, Wood D J. Toward a Theory of Stakeholder Identification and Salience: Defining the Principle of Who and What Really Counts[J]. The Academy of Management Review,1997(4):853-886.

续表

学者	维度/依据	分类
查克汉姆 (Jonathan P. Charkham)	与企业是否存在交易性合同关系	契约型利益相关者、公众型利益相关者
克拉克森 (Max B. E. Clarkson)	与企业联系的紧密程度	自愿利益相关者、非自愿利益相关者,主要利益相关者、次要利益相关者
卡罗 (Archie B. Carroll)	与公司关系的正式性	由于契约和其他法律承认的利益进而能提出索取权的团体或个人;基于非正式关系的利益团体
	对企业经营的重要程度	核心利益相关者、战略利益相关者、环境利益相关者
米歇尔 (Ronald K. Mitchell)	影响力、合法性、紧迫性	确定型利益相关者、预期型利益相关者、潜在型利益相关者
维勒 (David Wheeler)	社会维度的紧密型差别	首要社会利益相关者、次要社会利益相关者、首要非社会利益相关者、次要非社会利益相关者

资料来源:根据国内外相关文献整理制成。

从不同学者的研究可以看出,利益相关者理论经历了不同的认知发展历程,既有广义的,也有狭义的。不同学者对利益相关者的分类及采用的分类依据也大相径庭。利益相关者理论作为一个舶来品,在我国的研究和发展稍晚于西方国家学界和企业界。我国的研究与实践主要是在对西方国家已有研究和应用的学习借鉴基础上发展起来的。总体上,利益相关者理论经历了由 20 世纪 60 年代的初创到 80 年代至 90 年代初期的广义认识和多视角细分热潮;但 90 年代初期之后,定量评分法则使该理论具有了很强的操作性。[1]

然而,关于利益相关者理论本质的讨论仍然存在争议。例如,有的学者认为利益相关者理论还不能被称为理论;又或作为一种理论,其对诸多关键术语的界定尚含糊不清,是对应于企业股东理论的另一种企业理论。[2] 但这并不影响利益相关者理论在不同学科或不同研究领域中发挥

---

[1] 李洋,王辉.利益相关者理论的动态发展与启示[J].现代财经,2004(7):32-35.
[2] Freeman R E, Harrison J S, Wicks A C, et al. Stakeholder Theory: The State of the Art[M]. New York: Cambridge University Press,2010.

理论作用及不断发展。或许正是因为该理论存在的欠缺和不足,为不同学科、不同领域的研究应用、理论探讨等提供了更大的空间。本书将利益相关者理论视为一种分析的视角,围绕高校跨国办学主要利益相关者或在高校跨国办学教育质量保障中具有一定影响力或发挥较大作用的利益相关者进行分析。这里的利益相关者是指利益相关者组织。本书主要基于不同层面的利益相关者组织展开。

二、利益相关者理论在高等教育研究中的应用

利益相关者理论引入教育领域始于高等教育的相关研究。王战军和孙锐的《我国研究型大学的发展动力简论》一文是我国较早将利益相关者理论应用于高等教育研究的文献。他们从利益相关者理论视角分析了研究型大学发展的中观和微观动力。[①] 2005年,胡赤弟的《高等教育中的利益相关者分析》一文的发表在一定程度上推动了国内学界对大学利益相关者的关注。此后,相关研究文献逐年增长。

利益相关者理论与高等教育研究的结合离不开高等教育市场化和大众化的发展。在后大众化或普及化时代,高等教育的中心地位日益增强,使高校成为一个典型且复杂的利益相关者组织。梅纳德(Emerson Wagner Mainardes)等认为,高等教育由于其战略重要性,在近几十年经历了巨大的扩张;而且高校扩张导致市场竞争日趋激烈,进一步推动了利益相关者与高等教育的联结。[②] 高等教育在高度竞争的社会环境中不断发展,将利益相关者分析引入对高校的研究之中,有利于更好地理解、预测主要利益相关者的兴趣、需要及要求。[③]

基于弗里曼的利益相关者概念,胡子祥认为高等教育的利益相关者主要包括"政府部门、高校的行政人员、教学人员、研究人员、学生、职业

[①] 王战军,孙锐.我国研究型大学的发展动力简论[J].中国高等教育,2003(Z1):18-19.

[②] Mainardes E W, Alves H, Raposo M. An Exploratory Research on the Stakeholders of a University[J]. Journal of Management and Strategy,2010(1):76-88.

[③] Marić I. Stakeholder Analisys of Higher Education Institutions [J]. Interdisciplinary Description of Complex System,2013(2):217-226.

界、捐赠者、校友、中学生、社会、媒体、银行界等,他们要么受到高等教育的影响,要么有能力对高等教育施加影响,或者是二者皆有"①。潘海生在弗里曼的定义基础上,结合我国大学特点,将大学的利益相关者界定为"任何可以确认的大学组织持续生存所依赖的群体和个人"。基于这一定义,他认为我国大学利益相关者主要包括"政府、学校行政人员、教师、学生、学生家长和企业等"。②李超玲和钟洪将"与大学组织特定联合作业过程中有联系的主体(资源所有者)"称为大学的利益相关者,主要包括"政府、教师、管理层、学生及其家长、校友、债权人、捐赠者、中间组织、社区以及各种特殊利益团体",都是大学的资源投入者。③胡赤弟和田玉梅认为,利益相关者是由"利益"和"相关者"构成的概念,并提出高等教育的利益相关者是指在"对大学有一定'投入'的基础上,能从大学获得一定利益并产生一定影响的各类主体(个人或群体)"。④

哈佛大学前文理学院院长罗索夫斯基(Henry Rosovsky)在《美国校园文化——学生·教授·管理》(The University: An Owner's Manual)一书提出了"拥有者"的概念,用来指与大学具有紧密关系或一定联系的多元利益相关者。他将大学的利益相关者分为四个层次,即最重要群体,教师、行政主管、学生;重要群体,校友、捐赠者、董事;部分拥有者,政府等,包括联邦政府、州政府、地方政府;次要群体,普通民众等。⑤我国学者李福华根据利益相关者与大学的密切程度,将大学(主要指公立大学)的利益相关者分为核心利益相关者、重要利益相关者、间接利益相关者和边缘利益相关者四个层次。其核心利益相关者包括教师、学生和管理人员,重

---

① 胡子祥.高校利益相关者治理模式初探[J].西南交通大学学报(社会科学版),2007(1):15-19.

② 潘海生.作为利益相关者组织的大学治理理论分析[J].中国地质大学学报(社会科学版),2007(5):17-20.

③ 李超玲,钟洪.基于问卷调查的大学利益相关者分类实证研究[J].高教探索,2008(3):31-34.

④ 胡赤弟,田玉梅.高等教育利益相关者理论研究的几个问题[J].中国高教研究,2010(6):15-19.

⑤ 罗索夫斯基.美国校园文化——学生·教授·管理[M].谢宗仙,周灵芝,马宝兰,译.济南:山东人民出版社,1996.

要利益相关者包括校友和财政拨款者,间接利益相关者包括与学校有契约关系的当事人(如科研经费提供者、产学研合作者、贷款提供者等),边缘利益相关者包括当地社区和社会公众等。① 上述两位学者采用的都是同一种分类依据,属于一维分类法。

也有学者采用二维分类法,根据高校与利益相关者关系的重要性和影响力两个维度对高校利益相关者进行分类。例如,高伟等根据这两个维度将高校分为四个不同类别。第一类为影响力强、重要性高的利益相关者;第二类为影响力低、重要性高的利益相关者;第三类为影响力低、重要性低的利益相关者;第四类为影响力强、重要性低的利益相关者。他们认为,高校的管理者、教职员工和学生属于第一类利益相关者,家长、社区、潜在的或者预期的用人单位属于第二类利益相关者,校友、社会公众属于第三类利益相关者,政府、科研经费提供者、产学研合作者、贷款提供者属于第四类利益相关者。该分类主要针对我国高校与政府的特殊关系,从可操作角度(基于调研对象理解能力的考量)简化处理后,对高校利益相关者所做的二维分类。②

比较有代表性的还有多维评分法,即根据合法性、权力性和紧急性对可能的利益相关者评分来确定高等教育利益相关者及其类型。例如,胡子祥借鉴美国学者米歇尔(Ronald K. Mitchell)等的多维评分法,将高校的利益相关者分为确定型利益相关者、预期型利益相关者和潜在利益相关者三类。其中,确定型利益相关者同时具有合法性、权力性和紧急性,如政府部门、教学人员、研究人员、学生等;同时满足上述三个维度中的两项的则为预期性利益相关者。这类利益相关者又可细分为同时拥有合法性和权力性的群体、对高校拥有合法性和紧急性但无权实施其要求的群体、对企业拥有紧急性和权力性但不具备合法性的群体。只拥有其中一项的群体被归类为潜在的利益相关者,如中学生、家庭、社区、社会、工商界、校友、媒体等。这类利益相关者除非拥有一定的合法性或获得某种权力,否则高校管理层无须关注。③

---

①李福华.利益相关者理论与大学管理体制创新[J].教育研究,2007(7):36-39.
②高伟,张燚,聂锐.基于价值链接的高校利益相关者网络结构分析[J].现代大学教育,2009(2):94-100.
③胡子祥.高校利益相关者治理模式初探[J].西南交通大学学报(社会科学版),2007(1):15-19.

除了上述一维、二维和多维分类法,实证调研分析法和理论借鉴质性分析法也是高等教育利益相关者分类的重要方法。例如,李超玲和钟洪基于问卷调查和利用统计分析软件对我国大学利益相关者的分类进行实证研究,从而得出三类利益相关者:关键利益相关者,主要包括教师、管理人员、学生和政府;一般利益相关者,主要有债权人、校友和中间组织;边缘利益相关者,如捐赠人、社区以及特殊团体等。[①] 李平认为大学利益相关者与中国的人际关系一样,是一个由里到外、由亲及疏的"差序格局"网络。他借鉴社会学家费孝通的"差序格局"理论,将大学的利益相关者分为"亲人"层次、"熟人"层次和"生人"层次。"亲人"层次包括教师、学生、管理人员等;"熟人"层次包括政府、校友、学生家长、用人单位等;"生人"层次包括考生家长、当地市民、媒体、企业界等。[②]

国内外不同学者对高等教育利益相关者分类采用的方法虽然不同,但其分类结果却具有较大的一致性。这对利益相关者理论在高等教育研究领域的推广和应用具有较大的积极作用。从国内外数据库文献检索情况来看,利益相关者理论已被广泛应用于高等教育管理、大学治理、民办高等教育、高等职业教育、高等教育质量保障等诸多不同的高等教育领域。

除了在传统高等教育领域的研究应用,利益相关者理论也同样被学界接受,应用于跨国高等教育研究之中。例如,我国学者张民选将利益相关者理论应用于跨境教育与质量保障研究,分别对教育输出国和输入国利益相关者的动机、风险进行分析,并基于所做的利益相关者分析,提出跨境教育的风险防范和利益保护机制。[③] 周虹和陈时见从利益相关者理论的视角,分别论述了中外双方核心利益相关者的利益诉求及利益博弈的现实困境,并提出完善利益协调机制、平衡各方利益诉求以及建立核心

---

①李超玲,钟洪.基于问卷调查的大学利益相关者分类实证研究[J].高教探索,2008(3):31-34.

②李平.高等教育的多维质量观:利益相关者的视角[J].国家教育行政学院学报2008(6):53-58.

③张民选.跨境教育与质量保障的利益相关者分析[J].教育发展研究,2007(23):34-38.

利益相关者参与制定的高等教育中外合作办学发展策略。① 此外,利益相关者理论还被应用于"一带一路"背景下区域高等教育中外合作办学的相关研究。例如,李晓华和刘静芳基于利益相关者的理论视角,分析了在"一带一路"建设背景下,我国西北地区高等教育中外合作办学的现实困境,并提出了相应的改进策略。②

由此可见,利益相关者理论不仅具有广泛的适用性和旺盛的生命力,随着高等教育和学术研究的不断发展,利益相关者理论在高等教育领域的应用范围也在不断地拓展。同时这也更好地体现了利益相关者理论的应用价值和学术价值。

第三节　理论运用与分析框架

随着高等教育由社会边缘走向中心,大学不再是游离于社会之外的传统精英教育机构,而是一个由诸多利益相关者共同构成的网络组织,其教育质量问题受到所有利益相关者的共同关注。在跨国办学语境下,高校的办学行为被置于一个更大的环境背景,受到输出国、输入国以及国际层面上更多利益相关者的约束和影响。在双方母体高校层面及其跨国办学机构内部也是如此,同时也在更大范围内影响着更多的利益相关者。

首先,本书将利益相关者定位为利益相关者组织,通过国际层面、输出国和输入国政府层面、中介组织层面及办学者层面的主要利益相关者对高校跨国办学教育质量保障进行解构,分别围绕国际与区域组织、输出国和输入国政府、输出国和输入国质量保障机构、双方母体高校及其跨国办学机构进行分析和论述。

其次,根据网络治理的四重维度,对高校跨国办学治理环境进行分析,并探讨在这四重维度作用下高校跨国办学网络治理的生成。在此基础上,从网络的整体视角,基于上述利益相关者对高校跨国办学的教育质

---

① 周虹,陈时见.高等教育中外合作办学的现实困境与发展策略——基于利益相关者的视角[J].清华大学教育研究,2017(1):31-36.

② 李晓华,刘静芳."一带一路"建设背景下西北地区高等教育中外合作办学研究——基于利益相关者视角[J].民族教育研究,2019(6):79-84.

量监管与保障分析,对高校跨国办学教育质量保障进行重构,从而提出高校跨国办学教育质量保障的网络治理架构。

再次,根据本书对网络治理的理解和网络的嵌入性,提出并分别从结构嵌入、制度嵌入和关系嵌入三个方面探讨高校跨国办学教育质量保障的作用机制。

最后,基于网络治理和利益相关者理论,对高校跨国办学教育质量保障进行反思,并从中外合作办学的视角,提出几点关于改进我国高校跨国办学教育质量保障的思考。

综上所述,本书理论分析框架如图2-5所示。

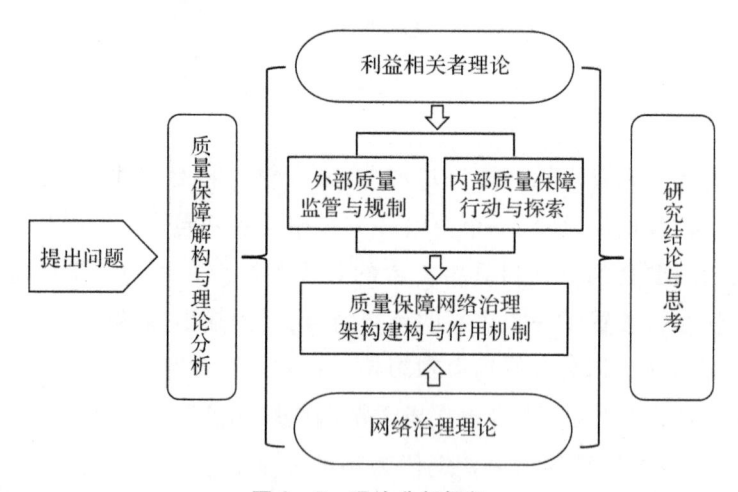

图2-5 理论分析框架

第三章
高等教育国际化与高校全球扩张的历程及动因

教育国际化滥觞于2000年前文明古国之间的文化交流以及古希腊、古罗马以来的"游学"与"游教"之风,是一种由来已久的教育现象。其背后深深地镌刻着不同文明的烙印。[1] 高等教育国际化的大发展始于20世纪90年代高等教育发达的欧美国家,在国际组织的推动下,迅速在世界范围内展开。与此同时,高校全球扩张的历史进程在不同的内外部因素作用下开始加速,高校跨国办学的规模不断扩大。

第一节 高等教育国际化、教育服务贸易与跨国教育

教育国际化是一个不断发展的动态概念,过去有作为和平与国际理解教育的国际化、作为发展教育的国际化、作为多元文化教育的国际化等概念[2],进入20世纪90年代以来,还有作为教育服务贸易和跨国教育的国际化。本节主要从对高等教育国际化的认识出发,重点关注服务贸易语境下的高等教育国际化和作为跨国教育的高等教育国际化。

一、高等教育国际化

国际化是一个颇为复杂的概念,在不同的领域,对国际化的关注点及理解有着本质上的不同。在教育领域,不同国家和学者对国际化的理解也存在较大差异。究其原因,离不开其所处的文化与社会背景的影响。

---

[1]马健生,等.教育国际化政策及其实施效果的国际比较研究[M].北京:北京师范大学出版社,2018.
[2]杨启光.教育国际化进程与发展模式[M].北京:社会科学文献出版社,2011.

通常,理解高等教育国际化的内涵并对其进行界定,是为了学术研究、交流及实践的需要。然而,要确保其适用于世界上广泛的背景环境和不同国家是一件极具挑战的事情,因为国际化的动因、利益、成果、行动者、活动或利益相关者等要素在不同国家和不同机构之间有所不同。①

国际化,就词义而言,"国际"是指国与国之间的、世界各国之间的,而"化"表示转变成某种性质或状态。② 国际化强调空间的开放、思想的包容、观念的融合与形式的多元。它包括外向国际化和内向国际化两个方面,即包括"走出去"和"引进来"两重含义,是不同国家和不同地区之间的动态互动与彼此之间产生的影响。③ 这意味着高等教育国际化是一种双向的国际化,是一种开放、包容、融合、多元的国际化,是一种平等交流与合作互鉴的国际化,但也是一种理想状态的国际化。

从理性和现实的角度来看,高等教育国际化受国内外政治、经济、科技、文化等因素的影响和制约。以政治因素为例,政治因素一直以来是影响高等教育国际化的主要因素之一。这可以由国家政府的行为决策得到反映。例如,澳大利亚出于政治利益及提升自身在亚太地区的国际地位与影响力的考量,于20世纪50年代提出"科伦坡计划"并积极参与实施。在"科伦坡计划"实施的前六年提供了3125万英镑信贷,另拨325万英镑作为奖学金,以支持亚洲大学生在澳大利亚的大学、师范学院和专业技术学校学习。④ 此外,由于政府的霸权行为,或国家间的冲突与冷战,高等教育国际化也会受到严重的负面影响。

回归高等教育本身,国际化是其自身所蕴含的一种特性。教育的"国际化"既是教育本质特征的必然要求,也是一种国际现象,其实质表现为不同文化间的交融。⑤ 这一定程度上也是对高等教育国际化的一种

---

①Knight J. Updating the Definition of Internationalization[J]. International Higher Education,2003(33):2-3.

②中国社会科学院语言研究所词典编辑室.现代汉语词典[M].7版.北京:商务印书馆,2016.

③马健生,等.教育国际化政策及其实施效果的国际比较研究[M].北京:北京师范大学出版社,2018.

④张天.澳洲史[M].北京:社会科学文献出版社,1996.

⑤杨启光.教育国际化进程与发展模式[M].北京:社会科学文献出版社,2011.

解释。高等教育的国际化还体现于其教育目的与目标、教育职能和教育过程之中。这一切都源自人类文明与知识的自发性、流动性和共享性，也源自应对人类文明在历史发展进程中产生的或未来可能出现的世界性难题的需要。具体到高等院校，高等教育的国际化可体现为课程与教材对国内外不同文化、社会问题、学术理论及思想等方方面面的融合、传播与发展，教师和学生自身的知识结构与知识体系所包含的国际元素，以及现代大学本身的建立、发展与改革，等等。概言之，高校办学及教育过程中的所有国际经验和要素都是对高等教育国际化的体现。

奈特关于高等教育国际化的定义既是对高等教育国际化的一种反映，也是对高等教育国际化的概念界定。她将高等教育国际化定义为"将国际的、跨文化或全球的维度融入高等教育的目的、功能（教学/培训、研究、学术活动以及社会服务）和供给的过程"[①]。奈特的高等教育国际化是一种广义上的国际化。她将高等教育国际化视为一个行动过程，囊括了国际的、跨文化及全球的维度。从更微观的角度来看，高等教育国际化还有狭义的国际化之分。例如，我国学者王英杰认为，狭义的国际化是指"把国际化局限于人员的国际交流，包括教师出国学习、参会和讲学，以及吸引国际学生等可以量化的国际维度"[②]。

高等教育国际化是一个包罗万象、非常复杂的概念，不同的角度和出发点往往会给学者带来不同的理解和观点，从而使他们做出不同的论述和界定。邵光华等经过梳理、概括，认为目前比较有代表性的观点主要包括以下三种：高等教育国际化是一种体系；高等教育国际化是一种标准；高等教育国际化是一种过程。[③]陈学飞在对国内外学者关于高等教育国际化概念界定的分析基础上，总结了四种界定高等教育国际化的角度或方法：活动方法，是指从各种具体活动出发来描述高等教育国际化；能力方法，该方法侧重于人，是指从培养发展学生、教师和其他雇员的新技能、

---

① Knight J. Internationalization Remodeled: Definition, Approaches, and Rationales[J]. Journal of Studies in International Education, 2004(1):5-31.
② 王英杰.广义国际化与世界一流大学建设[J].比较教育研究,2018(7):3-10.
③ 邵光华,施春阳,周国平.区域高等教育国际化研究[M].杭州:浙江大学出版社,2016.

态度和知识的角度来界定国际化;精神气质方法,注重跨文化的、国际的观点,强调国际化的精神气质和氛围;过程方法,把国际化视为将国际维度或观念融入高校主要功能之中的过程。①

不论从何种角度或采用何种方法对高等教育国际化进行阐释和界定,都不能脱离教育中的核心要素和主要要素。首先,教育的旨归在于促进人的发展,高等教育的国际化也需要人来推动,高等教育国际化中不能没有"人"这一核心要素;其次,施加教育影响离不开课程、教材、教学方法、教育技术及教学组织形式等所有联系教育者和受教育者的媒介;最后,高等教育的发生和发展不能独立于高校(或其他高等教育机构)、高等教育系统、政府职能部门、国内外社会环境等有形或无形、微观或宏观的各种场域。此外,高等教育国际化是一个随着时间的流逝而不断发展变化的概念,因而还必须注意高等教育国际化的动态性。

综合上述观点和国内外的相关研究,可以将高等教育国际化理解为发生在特定社会环境背景下和各自独立而又相互关联的高等教育系统中的一种动态历史过程。这一过程以人的发展与需求为中心,由人的认知和实际行动所推动,跨文化的、跨国的及全球性的维度被有意识或无意识地融入教育实践的各个环节,并通过各种教育媒介施加影响和发挥作用,在不同的群体和范围内形成一种国际化的氛围和精神文化,国际组织、政府职能部门、高校及其内部各组织机构提供组织保障,并通过政策工具、各类项目和计划等参与国际化实践。

二、服务贸易语境下的高等教育国际化

教育服务贸易是以 WTO 和西方发达国家为主导推动的一种服务贸易类型,是教育国际化发展的一个重要历史阶段。服务贸易的概念限定了服务贸易的提供模式,服务贸易的提供模式则奠定了教育服务贸易的基本模式。由于高等教育所具有的准公共产品属性和巨大的国际市场,高等教育服务在教育服务贸易中的发展最突出。

(一)教育服务贸易的概念

服务贸易一般是指国际服务贸易,是一种服务交换行为,目前尚无公

---

①陈学飞.高等教育国际化:跨世纪的大趋势[M].福州:福建教育出版社,2011.

认的、一致的定义。① 在《服务贸易总协定》语境下,服务是指除行使政府权力所提供的服务之外,任何部门的任何服务。这里的"行使政府权力所提供的服务"既不以商业为基础,也不与一个或多个服务提供者相竞争。服务贸易被界定为:从某一成员境内进入任何其他成员境内提供服务;在某一成员境内向任何其他成员的服务消费者提供服务;某一成员的服务提供者以商业存在的方式在任何其他成员境内提供服务;某一成员的服务提供者以自然人的存在方式在任何其他成员境内提供服务。② 这一描述性定义为国际服务贸易确定了一个基本的概念框架。

教育服务贸易是经济全球化背景下教育与服务贸易相结合的产物,属于国际服务贸易的范畴。教育服务贸易的形成主要在于两个方面:一方面,20世纪80年代以来,教育服务被视为服务贸易的一部分而被纳入国际经贸机构或组织的国际服务贸易统计范围;另一方面,英国、澳大利亚等西方发达国家陆续调整海外留学生学费政策,开始强调教育的经济效益,以营利为目的。③ 这两点标志着现代教育服务贸易的形成。

关于教育服务贸易的概念,《服务贸易总协定》或WTO并未做明确的界定。教育服务贸易是一种特殊的服务贸易,是"国际贸易以服务的形式在教育领域的一种反映,即世界各国(地区)之间进行的商品交换活动以服务的形式在教育领域中的反映"④。靳希斌认为,教育服务贸易是指发生在国家(地区)与国家(地区)之间的教育服务交易活动和交易过程。⑤ 有学者从高等教育服务贸易视角出发,认为服务贸易是指"国与国之间主要出于经济目的而进行的高等教育输入与输出"⑥。张亚将高等教育

---

① 姚震祥,陈世瑛.高等教育服务贸易内涵论[J].华东经济管理,2004(6):103-105.
② WTO. General Agreement on Trade in Services[EB/OL].(1998-11-17)[2019-05-18].https://www.wto.org/english/docs_e/legal_e/26-gats.pdf.
③ 庞守兴,李淑俊.现代国际教育贸易的形成与理论探源[J].教育发展研究,2002(12):17-21.
④ 胡晓莺,许明.略论国际教育贸易的发展动因、现状和特点[J].教育研究,1997(1):37-41.
⑤ 靳希斌.国际教育服务贸易研究——理论、规则与行动[M].福州:福建教育出版社,2005.
⑥ 熊庆年,王修娥.高等教育国际贸易市场的形成与分割[J].教育发展研究,2001(9):44-49.

服务贸易界定为"国家与国家之间(地区与地区之间)主要出于经济目的,在高等教育的一定领域,以特定方式进行的高等教育服务的输入和输出"[①]。

综上所述,可以将教育服务贸易理解为发生在教育领域,出于经济和营利的目的,在《服务贸易总协定》或其他双边、多边协议的规则与框架下将教育服务商品化的行为过程和贸易实践。其至少涉及两个不同主权国家的相关参与方。

(二)教育服务贸易的分类

根据 WTO(时为关贸总协定)秘书处制定的"服务部门分类清单",服务贸易被分为 12 个类别,包括:商业服务,通信服务,建筑及相关工程服务,分销服务,教育服务,环境服务,金融服务,健康与社会服务,旅游及相关服务,娱乐、文化和体育服务,运输服务,其他服务。根据该分类,教育服务又被进一步细分为初等教育服务、中等教育服务、高等教育服务、成人教育服务及其他教育服务五类(见表 3-1)。[②]

表 3-1 《服务贸易总协定》一览表指南和《中心产品分类》(CPC)中的教育服务

类型	临时 CPC 中的定义/范围
初等教育服务 (CPC 号:921)	学前教育服务:小学之前的教育服务。此类教育服务通常由托儿所、幼儿园或小学附属的特殊部门提供。目的是使非常小的儿童适应预期的学校环境。不包括儿童日托服务(属于 93321 子类) 其他初等教育服务:其他第一层次的小学教育服务。这类教育服务旨在为学生提供不同学科的基础教育。其特点是专业水平相对较低。不包括成人扫盲项目相关服务〔属于 92400 子类(成人教育服务)〕
中等教育服务 (CPC 号:922)	普通中等教育服务:第二层次第一阶段普通学校教育服务。这类教育服务包括在初等教育基础课程上延续的教育,但通常学科导向更强,并开始教授专业知识 高级中等教育服务:第二层次第二阶段普通学校教育服务。这类教育服务包含更多的,比第一阶段更专业化的学习科目。旨在使学生具备接受技术或职业教育,或进入大学学习的资格 职业技术中等教育服务:大学层次以下的职业技术教育服务。这种教育服务包括强调学科专业化和理论与实践技能指导的课程。它们通常适用于特定的职业 为残疾学生提供的中等职业技术教育服务:为满足大学层次以下残疾学生的教育机会和需要而专门设计的中等职业技术教育服务

---

①张亚.高等教育服务贸易理论与政策研究[M].北京:中国经济出版社,2009.
②WTO. Services Sectoral Classification List[EB/OL].(1991-07-10)[2019-05-18]. http://www.wto.org/english/tratop_e/serv_e/mtn_gns_w_120_e.doc.

续表

类型	临时 CPC 中的定义/范围
高等教育服务 （CPC 号:923）	中学后职业技术教育服务:中学后副学位职业技术教育服务。这种教育服务包括各种学科课程,强调实践技能的教学,同时也涉及大量的理论背景知识指导 其他高等教育服务:大学学位或同等学力的教育服务。这些教育服务由大学或专科学校提供,不仅强调理论教学,还强调研究训练,旨在为学生参与原创性工作做准备
成人教育服务 （CPC 号:924）	成人教育服务:为非普通学校和大学的成人提供的教育服务。学校或者专门的成人教育机构可以在日间或夜间提供教育服务,包括通过广播、电视或通信方式提供的教育服务,还包括与成人扫盲计划有关的服务。课程可涵盖一般科目和职业科目。除外:普通教育系统内提供的高等教育服务属于92310子类（中学后职业技术教育服务）或92390子类（其他高等教育服务）
其他教育服务 （CPC 号:929）	其他教育服务:其他未分类的第一和第二层次特定学科的教育服务,以及其他所有无法界定教育层次的教育服务。除外:主要涉及娱乐活动的教育服务属于9641类（体育服务）,由家庭教师提供的教育服务属于第98000子类（私人家庭雇用服务）

资料来源:WTO. Education Services[EB/OL]. (1998-09-23)[2019-05-19]. https://www.wto.org/english/tratop_e/serv_e/w49.doc.

其中,初等教育服务包括学前教育服务和其他初等教育服务,但不包括儿童日托服务和成人扫盲项目(literacy programs)相关服务;中等教育服务包括普通中等教育服务、高级中等教育服务、职业技术中等教育服务以及为残疾学生提供的中等职业技术教育服务;高等教育服务包括中学后职业技术教育服务和其他高等教育服务,前者是指副学位(sub-degree)层次的职业技术教育,后者是指大学学位或同等学力层次的教育;成人教育服务涵盖普通教育体系(regular education system)之外的成年人教育服务;其他教育服务包含所有其他未分类的教育服务,但不包括娱乐事务方面的教育服务,如体育和游戏学校提供的服务属于体育和其他娱乐服务。[①]

(三)教育服务贸易模式与高等教育服务贸易

《服务贸易总协定》为教育服务贸易框定了四种基本的提供模式,即跨境交付(cross-border supply)、境外消费(consumption abroad)、商业存在

[①] WTO. Education Services[EB/OL]. (1998-09-23)[2019-05-19]. https://www.wto.org/english/tratop_e/serv_e/w49.doc.

(commercial presence)和自然人流动(movement of natural persons)。这四种提供模式类似于商品的四种不同的交易方式——出口,即《关税及贸易总协定》中的跨境贸易(模式1);消费者的流动(模式2);外国直接投资,即商业存在(模式3);服务提供者的流动(模式4)。① 表3-2简明地对教育服务的四种模式做了进一步阐释。从中不难看出,高等教育或称中学后教育,在教育服务贸易中具有重要地位,是主要的教育服务贸易类型。

表3-2 教育服务提供模式

提供模式	教育列举	市场规模、潜力和主要障碍
跨境交付	远程教育、虚拟教育机构、教育软件、通过信息通信技术(ICT)提供的企业培训	目前市场规模相对较小,但增长迅速。通过使用ICT,尤其是互联网,具有很大的潜力
境外消费	学生前往其他国家的学校注册课程或学位项目学习	目前在全球教育服务市场中份额最大,尤其是在中学后教育领域。然而,由于普遍缺乏限制,且涉及的相关问题诸如学生签证和资助等属于非《服务贸易总协定》(GATS)问题,GATS的承诺对于未来的学生来说意义不大。GATS可能有助于鼓励母国机构更多地承认学位
商业存在	当地大学或卫星校园语言培训公司、私人培训公司(如微软、思科等)	未来增长潜力巨大,但许多国家极不愿意做出具有约束力的承诺。在这种模式下,只有七个WTO成员对高等教育做了完全承诺
自然人流动	教授、教师、研究人员暂时在国外工作	鉴于对高技能专业人员流动性的重视或需求的日益增长,这是一个潜在的强劲市场。该模式通常比其他三种模式更具政治敏锐性,而且商业重要性更低。大多数WTO成员在横向基础上保持限制(如适用于所有服务部门的移民规则)。学术人员在这一领域往往很少遇到困难,因为他们的流动性是由需求驱动的,而且他们的技能是独一无二的

资料来源:Sauvé P. Trade, Education and the GATS: What's In, What's Out, What's All the Fuss About[R]. Paper prepared for the OECD/US Forum on Trade in Educational Services, Washington, D. C. ,2002.

①Sauvé P. Trade, Education and the GATS: What's In, What's Out, What's All the Fuss About[R]. Paper prepared for the OECD/US Forum on Trade in Educational Services, Washington, D. C. ,2002.

自 1994 年《服务贸易总协定》签署以来,高等教育和专业培训领域的服务贸易增长迅速,极大地改变了中学后教育的传统发展面貌。中学后教育服务贸易具有非常广阔的市场,涵盖全球大部分发达国家和发展中国家。索维(Pierre Sauvé)为我们呈现了一个巨大的、多样的、具有创新性和快速发展的中学后教育服务贸易"市场"(见表 3-3)。

表 3-3 中学后教育与培训服务新提供者

提供者类型	解释	列举	说明/案例
企业培训	通常是跨国公司的独立分支(spin-offs),主要在世界各地为公司培训员工,也为终身学习者、供应商和客户提供培训,有时还颁发学位	通用电气克劳顿管理学院、摩托罗拉大学、麦当劳汉堡大学、太阳计算机系统公司教育服务福特之星、微软认证技术教育中心	1998 年在北美超过 1600 家;42%的美国"企业大学"提供可以在教育机构获得学位的课程;微软:1700 家国际特许私人培训公司(CTECs),使用微软认证培训师和微软官方课程
营利机构	采用严格的商业经营原则,如针对特定客户(如成人)或开发标准化和有限的教育"产品"	阿波罗集团、西尔文学习系统公司、德维利公司	西尔文学习系统公司:4.85亿美元营业额;通过收购私立中等后教育机构(墨西哥、智利、西班牙、法国、瑞士)实现西尔文国际战略;测试世界第一;语言培训世界第二
虚拟大学	通过信息通信技术提供传统大学教育服务	国家技术大学(西尔文)、澳大利亚开放学习机构、美国西部州长大学、世界开放大学(英国)、在线陆军大学	
传统大学(或非营利性中学后教育机构)		莫纳什大学、英国开放大学	在教学中越来越多地使用信息通信技术,在教学操作中使用 ICT,开设数字化学习课程以及建立海外校园
传统大学的营利部门	应对营利性和虚拟大学竞争;将教育服务扩大至在职成年人	纽约大学继续与职业学院、马里兰大学学院(UMUC)、康奈尔在线教育	UMUC:面向在职人员授予学位,包括面授和远程教育

续表

提供者类型	解释	列举	说明/案例
伙伴关系	私立/公立、私立/私立、公立/公立	U21大学联盟、U21全球（U21和汤普森学习）、特里姆EMBA（纽约大学斯特恩商学院、伦敦政治经济学院、巴黎高等商学院）	数字化学习与国际项目的合作伙伴和商业经营数量不断增加；U21全球：专注于新加坡、马来西亚研究生商业教育的在线大学。其扩展计划针对非洲、中国和拉丁美洲学生

资料来源：Sauvé P. Trade, Education and the GATS: What's In, What's Out, What's All the Fuss About[R]. Paper prepared for the OECD/US Forum on Trade in Educational Services, Washington, D.C., 2002.

在经济全球化和市场化背景下，经济利益成为高等教育服务贸易的重要驱动力，使得高等教育自20世纪90年代以来出现了新一轮国际化发展，并迅速在世界范围内扩张。高等教育商品化、商业化及其服务贸易活动的全球发展成为这一时期高等教育国际化的主要特征。无论是企业、私立教育机构，还是传统高校，纷纷投入高等教育服务贸易活动，强调其经济价值，从而极大地促进了高等教育服务贸易的发展。

三、作为跨国教育的高等教育国际化

《服务贸易总协定》框架下的高等教育，是一种商业性的教育服务。虽然在WTO和西方发达国家的推动下，各国出于不同目的和需求的考量，使得高等教育国际化以教育服务贸易的面貌进一步发展，但争议和担忧并未消除。因而跨国教育的概念应时而生，使高等教育国际化发展迈入跨国教育时代，改变了过于强调教育商业价值的单一取向。

（一）教育服务贸易的争论

自WTO将教育纳入《服务贸易总协定》之后，高等教育服务成为一种可供交易的"商品"在世界范围内流动、扩张，从而使高等教育国际化在"新"的价值理念下得到了快速发展，但这并不意味着教育服务贸易被完全接受。不论是从国家层面（包括发达国家和发展中国家）、国内和国际组织机构层面，还是个人层面（如相关领域专家学者），对教育服务贸

易都存在不同的观点。

实际上,在服务贸易谈判过程中,各国对教育服务贸易便存在较大的分歧和争议。这可以从教育服务承诺中得到充分的体现。奈特在2020年指出,WTO 144个成员中仅44个成员对教育做出承诺,其中只有21个成员的教育承诺涵盖高等教育。她进一步指出,刚果、莱索托、牙买加、塞拉利昂等国对高等教育做了完全无条件承诺,欧盟虽然也将高等教育纳入其教育服务承诺中,但对除"境外消费"(通常指付费的外国学生)之外的所有其他贸易模式做了明确限制。[1]

从教育输入国的角度来看,支持教育服务贸易的考量主要在于:一是可以为一些国家提高教育供给能力,满足其国内高等教育建设与发展需求,为更多的人提供高等教育机会;二是增强本土高等教育机构及学生间的竞争,提高教育发展水平;三是减少人才流失,弱化因本国优秀人才向发达国家迁移而导致的问题和挑战;四是通过引入国外优质教育资源促进本国教育质量和水平的提高;等等。从教育输出国的角度来看,支持教育服务贸易的考量主要在于:一是获取经济收益,面对政府教育经费的紧缩和其他方面教育资源的不足,许多高校需要通过教育出口活动寻求替代收入,以满足发展需求和维持教育质量;二是输出本国过剩的教育服务,面对本国教育需求的减少和教育供给的过剩,将目光转向国外诱人的教育市场成为一种新的选择;三是进一步促进本国教育的国际化发展,如扩大高校教师和学生的国际化、课程与教学的国际化等。[2]

从辩证的角度来看,凡事都有一个对立面。反对教育服务贸易的观点主要在于教育的属性、教育主权以及国家安全等方面。有学者从教育的公共性和公益性出发,认为教育不能被视为一种商品或被商业化,在国际服务贸易市场进行交易。他们担心高等教育的"商品化"会削弱其公共利益性,过于追求商业利益,并危及学生的入学机会和质量。也有人担心《服务贸易总协定》会影响大学自治,并导致政府减少对高等教育的补

---

[1] Knight J. Trade in Higher Education Services: The Implications of GATS[R]. London: The Observatory on Borderless Higher Education, 2002.

[2] 俞培果,王大燕. 高等教育服务贸易有关问题的国际讨论及其启示[J]. 外国教育研究, 2005(10): 20-24.

贴。另外,有学者担心教育服务贸易自由化会威胁到本国的教育主权,并使本国教育制度与美国等西方发达国家教育制度同质化。从受教育者的角度出发,他们还担心教育服务贸易的自由化、商业化,可能会面临教育收费上涨,受教育成本增加的情况,从而使许多学生,尤其是发展中国家的学生无法负担相应的高等教育支出。[1]

(二)跨国教育的提出与跨国高等教育的发展

WTO将教育纳入服务贸易范畴,立刻在国际范围内引起了广泛关注。为应对国际各界对教育服务贸易的疑虑和争议,进一步推进教育服务的国际发展,OECD、UNESCO以及其他区域、国内相关组织举办教育服务贸易论坛和各种国际会议,针对教育服务贸易等相关问题展开讨论。例如,OECD和UNESCO于2002年至2004年先后与不同国家和不同部门(组织)召开了三届教育服务贸易论坛,通过国际交流和讨论的形式,为解决教育服务贸易中存在的诸多问题提供平台,从而促进教育服务贸易自由化和进一步推进教育国际化发展。此外,欧盟、英联邦等组织和部分国家也都曾举办过相应的国际论坛和学术会议,围绕教育服务贸易及相关主题开展广泛、深入的研讨。

第一次论坛由OECD和美国教育部、商业部等部门(组织)共同举办,于2002年5月在华盛顿召开。与会成员以发达国家为主。此次论坛主要围绕《服务贸易总协定》展开,对相关规定进行阐释和澄清。第二次论坛由OECD与挪威教育部共同举办,UNESCO等国际组织列席参加,于2003年11月在挪威举行。"跨国教育"的概念被正式提出,以代替商业味较浓的"教育服务贸易"。第三次论坛由UNESCO和OECD会同澳大利亚教育部举办,于2004年10月在悉尼召开,跨国教育与能力建设成为中心议题。[2] 三次论坛逐步改变了各国对教育服务贸易的认知和态度,使得跨国教育的未来发展变得更加明朗。

跨国教育的提出与《服务贸易总协定》谈判僵局紧密关联,许多国家

---

[1]Sedgwick R. The Trade Debate in International Higher Education [EB/OL]. (2002-09-01) [2019-05-24]. https://wenr.wes.org/2002/09/the-trade-debate-in-international-higher-education.

[2]高云,闫温乐,张民选.从"教育服务贸易"到"跨境教育"——三次国际教育服务贸易论坛精要解析[J].全球教育展望,2006(7):56-59.

出于对教育服务贸易的疑问和顾虑不愿意做出承诺,所以谈判无法取得新的进展。因而在这一背景下跨国教育的概念被提出,并在挪威论坛上被反复强调和频繁使用①,以减少教育的商业色彩并缓和教育贸易之说引起的矛盾与冲击②。为区别于 WTO 提出的四种教育服务贸易提供模式,跨国教育被归纳为人员跨国流动、项目跨国流动以及机构跨国流动三种主要形式。③ 人员跨国流动包括学生跨国学习、教师跨国授课或访学进修;项目跨国流动包括与国外机构的联合课程或项目、在线学习项目、向国外机构授权或特许经营等;机构的跨国流动包括建立海外分校、收购国外教育机构、海外办学等。④ 该分类模式基本参照了奈特提出的跨国教育框架(见表 3-4),并被 OECD 于 2004 年正式出版的《国际化与高等教育贸易:机遇和挑战》引用传播(见表 3-5)。⑤

表 3-4 跨国教育框架

	类型/模式	描述	安排	备注
人员	学生/学习者、接受培训者	完整学术项目、国外学习一学期或一年、实习项目、研究/田野研究	交换协议、奖学金/助学金、政府/公共/私人赞助、自费	包括基于学分的教育活动和项目
	教授、教师、学者、专家	教学和/或研究目的、技术支持/咨询、学术假/专业发展	自费或机构出资、政府/公共/私人资助、合同/服务费	
提供者	机构、提供者、组织、公司	国外提供者对项目具有学术责任,授予国外学位文凭,提供者在输入国以实体或虚拟方式存在	在输入国可能有学术/财务合作伙伴,但不要求,包括私立、公立、商业和非商业提供者	分校、特许、外国独立提供者、某些双联安排

---

①周满生.从教育服务贸易到跨境教育——第二届教育服务贸易论坛侧记[J].教育研究,2004(6):91-95.

②高云,闫温乐,张民选.从"教育服务贸易"到"跨境教育"——三次国际教育服务贸易论坛精要解析[J].全球教育展望,2006(7):56-59.

③周满生.从教育服务贸易到跨境教育——第二届教育服务贸易论坛侧记[J].教育研究,2004(6):91-95.

④OECD. Internationalization and Trade in Higher Education: Opportunities and Challenges[M]. Paris: OECD Publishing, 2004.

⑤江彦桥,等.跨境教育监管与质量保障[M].北京:高等教育出版社,2014.

续表

类型/模式	描述	安排	备注
项目 基于学分/学位授予的学术合作项目	包括输入国授予本国资格或双文凭/联合文凭;课程与项目流动,而不是学生流动	基于提供机构与接受机构之间的学术联系,可以是商业或非商业的	主要包括机构之间的联系、某些双联与特许安排
计划与服务 广泛的教育相关计划与服务	不涉及学位文凭授予项目,计划包括如研究、课程设计、专业发展、能力建设、技术支持与服务	包括发展/援助计划,合作伙伴项目和商业合同	包括各种类型的高等教育机构、提供者和教育组织/公司

资料来源:Knight J. GATS, Trade and Higher Education Perspective 2003-Where are we [R]. London: The Observatory on Borderless Higher Education,2003.

表3-5 跨国教育活动类型

类型		主要形式	列举	规模
人员	学生/学员	学生流动	出国留学(以获取外国学位或资格);作为获取国内学位或联合学位(交换项目)学术合作的一部分	在跨国教育中可能占最大份额
	教授/教员	学术人员/教员流动	专业发展、作为学术合作的一部分、在国外大学任职、在海外分校教学	应在更强调专业人员流动和教育国际化的基础上得到发展
项目		教育项目	学术合作、数字化学习	与国外机构的联合课程或项目、数字化学习项目、将课程销售/特许给外国机构	学术合作在这些活动中占比最大;数字化学习和特许经营规模小,但增长快速
机构/提供者		海外校园、外国投资	开办海外校园、购买(或部分购买)外国教育机构、在国外创建教育机构	起点不大,但呈迅速增长趋势

资料来源:OECD. Internationalization and Trade in Higher Education: Opportunities and Challenges[M]. Paris: OECD Publishing,2004.

至此,高等教育国际化主要沿着两条不同的路线发展。一条是美国等高等教育输出大国和WTO、OECD等国际组织所推动的国际化。这条线路注重教育服务的商品价值和经济收益,由《服务贸易总协定》等国际性制度和政策文件将教育服务贸易的商业化发展制度化、合法化。另一条是 UNESCO 和其他国际教育组织(如各国的、区域性的教师联盟及学生联合会)等所推动的国际化。这条线路注重教育的公共性,致力于以文化交流为宗旨的高等教育国际交流与合作。[①]

(三)跨国教育推动高等教育价值取向的转变

高等教育的国际化发展由服务贸易转向跨国教育,体现的是一种价值取向的转变,改变了高等教育的"重商"行为和"经济利益至上主义"。然而,以跨国教育的概念取代教育服务贸易,并不代表教育中的经商行为和利益取向的消亡。跨国教育的提出,一方面弱化了教育服务贸易所表现出来的商业色彩,另一方面体现了教育价值取向的多元化。

教育价值的取向与教育产品的属性密切相关,对教育产品属性的认识深刻影响着教育价值取向的选择,甚至能起到决定性的作用。教育,尤其是高等教育,具有准公共产品的属性。这意味着教育既不能完全市场化,也不能完全独立于市场,教育与市场具有不可分割的联系。教育的准公共产品属性使得教育兼具公共服务和商业服务的双重属性。WTO 承认这种双重属性,并认为教育商品化在许多国家已成事实,以高等教育领域为主的教育服务已经发展成为一个成熟的国际化产业。[②] 正是基于此认识,才使得教育的商业价值被突出和强调,从而被纳入《服务贸易总协定》,被视为一种产业在世界范围内"交易"。

跨国教育的提出是对一元化价值取向的修正,是教育产品公共属性的回归。跨国教育,特别是跨国高等教育,在不否认和排斥教育商业价值的同时,将非营利性教育并置,给予了非营利性教育应有的空间和地位。这使得跨国教育比教育服务贸易更具有包容性,内涵和外延也更加广泛。从学生和教师跨境流动的目的来看,主要在于对知识的追求或对优质教育资源的追寻,但归根结底,是满足个人发展的需求。与跨国教育相比,教育服务贸易容易忽视和掩盖这一层教育价值。此外,文化交流与国际理解也是许多国家和高校推进教育国际交流与合作的重要动因。跨国教

---

① 俞培果,王大燕.高等教育服务贸易有关问题的国际讨论及其启示[J].外国教育研究,2005(10):20-24.

② 兰军.跨境教育研究[M].北京:中国社会科学出版社,2012.

育被视为对外辐射本国文化价值观和对内借鉴外来文明的重要路径[①],既凸显了跨国教育的文化传播、交流与借鉴作用和功能,也体现了跨国教育的文化价值取向。

第二节 高校全球扩张的历程与动因

随着越来越多的高校加入全球扩张的行列,高校跨国办学成为广受瞩目的高等教育国际化发展形势和一种重要的国际趋势。高校跨国办学的大发展在时间上与教育服务贸易和跨国教育的提出具有高度的一致性。这也得益于输出国和输入国、高校自身以及国际组织的推动。

一、高校全球扩张的历史进程

近现代高等教育全球扩张与一些国家的海外入侵和殖民活动具有一定关联。例如,英国殖民者或移民于17世纪就已开始以其国内大学为范本在海外建立英式大学,包括1636年建立的美国第一所高等学府坎布里奇学院(哈佛大学前身),以及后来建立的多伦多大学、新西兰大学、孟买大学、好望角大学等。[②] 此外,法国、荷兰等国也先后在非洲、亚洲的殖民地按照本国大学模式相继建校办学。17世纪以来,大学在世界各地的发展也与传教士的传教活动和教会办学有关。例如,美国慈善机构在黎巴嫩创办的贝鲁特美国大学(American University of Beirut)、在埃及创办的开罗美国大学(The American University in Cairo)等,实质上都属于教会大学,分属各自教会或教堂。[③]

1858年,伦敦大学组建对外教育部,面向其所属殖民地和其他国家(地区)招生,实施校外学位制度,向符合条件的毕业生颁发该校学位,开创了英国高校跨国办学的先河。伦敦大学由此成为世界上最早开展跨国

[①]张宁.跨国教育动因分析及其本土关注[J].福建师范大学学报(哲学社会科学版):2010(4):157-163.

[②]Silver H. Tradition and Higher Education [M]. Winchester: Winchester University Press,2007.

[③]赵丽.跨国办学的理论与实践[M].上海:上海教育出版社,2014.

办学的高校。[①] 1921年,美国帕森设计学院(Parsons School of Design)在法国巴黎创建卫星学校(satellite school),成为美国第一所在国外建立校园的艺术设计类院校。[②] 帕森设计学院在巴黎办学离不开法国时尚产业及其国际地位的吸引,其目的是更好地与国际时尚产业接轨。进入20世纪中期,高校跨国办学开始出现新的增长,但依然十分缓慢。20世纪80年代,由于美国、日本两国政治家提议将美国大学赴日本办学作为消除双方贸易摩擦的一种手段,因此高校跨国办学出现了在同一个国家集中增长的现象。在此背景下,美国大学在日本创建的分校一度多达30余所。[③] 然而,由于各种原因,大量分校陆续倒闭。

到了20世纪90年代,在WTO等国际组织和美国等国家的推动下,高校对外扩张迎来了新的历史机遇,这一时期有近40所海外分校成立。根据美国跨国教育研究小组的统计资料,这一时期共有13个输出国,最大的输出国为美国,多达14所;其次是俄罗斯、法国、澳大利亚、英国等国,共涉及30个输入国(地区)。输入最多的为新加坡,共计4所;其次是中国、马来西亚、日本、黎巴嫩等国。[④] 同期,其他不同形式的高校全球扩张活动在此背景下也迎来了新的发展机遇,包括跨国远程教育、跨国学位项目教育等名目众多的办学实践。其中,仅跨国学位项目就至少有6种不同的办学类型。然而,这一时期各国关于高校跨国办学信息的统计机制并未建立或完善,第三方机构或研究组织也缺乏相应的全面数据统计。

到了21世纪,高校的全球扩张进入"黄金发展期",许多高校开始主动寻求国际发展机会。与此同时,亚洲、中东等地区的一些国家也希望引进国外教育资源,有的国家为此甚至提供了相当可观的政府补贴。在这一时期,中国、新加坡、马来西亚、阿联酋和卡塔尔吸引了大量的国外教育

[①] 张湘洛.英国大学海外办学实践及启示[J].高等教育研究,2008(5):99-103.

[②] Parsons. History[EB/OL].(2019-06-23)[2020-01-13]. https://www.newschool.edu/parsons/history/.

[③] 叶林.美国大学在日分校的历史、现状和将来[J].清华大学教育研究,2005(1):27-33.

[④] C-BERT. Branch Campuses[EB/OL].(2017-01-20)[2019-05-29]. http://cbert.org/resources-data/branch-campus/.

资源,成为外国高校跨国办学的集中增长区。①

除了海外分校的快速发展,这一时期其他形式的跨国办学活动也呈现出了较强的发展势头,但仍然只有少数国家对部分办学类型具有较为完善的数据统计。以跨国教育项目为例,据奈杜(Vik Naidoo)的统计,澳大利亚和英国的跨国项目于2006年就已达到千位数,分别为1569个和1005个。② 而且在更早的时候,在两国跨国教育项目中就读的学生数更是多达17万余人。③ 在输入国方面,我国是少数具有全面数据统计的主要高等教育资源输入国之一。以中外合作办学数据为例,能更好地管窥当前高校对外扩张的基本样貌。据统计,截至2020年12月,全国共有中外合作办学机构、项目2332个,其中约90%为高校中外合作办学机构和项目(含专科),合作对象涉及36个国家和地区,有800多所外方高校、700多所中方高校,覆盖了各个教学层次和类型,涉及11个学科门类200多个专业。④

从已有统计数据来看,虽然目前高校对外扩张的方向仍以西方发达国家向发展中国家输出为主,但越来越多的发展中国家高校也已出现新的发展转向,积极参与国际竞争,如中国、印度、马来西亚等。此外,在高校跨国办学快速发展的同时,"教育枢纽"(educational hubs)这一新生事物也随之诞生。例如,新加坡全球校园(Singapore's Global Schoolhouse)、韩国仁川全球校园(Incheon Global Campus)、卡塔尔教育城(Qatar's Education City)、迪拜国际学术城(Dubai's International Academic City)等。这些国际或区域教育枢纽已经发展成为重要的高校跨国办学集中地。

---

①Garrett R, Kinser K, Lane J E, et al. International Branch Campuses: Success Factors of Mature IBCs, 2017[R]. London: OBHE & C-BERT, 2017.

②Naidoo V. Transnational Higher Education: A Stock Take of Current Activity[J]. Journal of Studies in International Education, 2009(3): 310-330.

③McBurnie G, Ziguras C. Transnational Education: Issues and Trends in Offshore Higher Education[M]. London: Routledge, 2006.

④赵秀红. 第十一届全国中外合作办学年会举行[EB/OL]. (2020-12-17)[2021-02-27]. http://www.jyb.cn/rmtzcg/xwy/wzxw/202012/t20201217_382957.html.

二、高校全球扩张的动因分析

事物的发展总是由某种力量所推动,是对其背后不同作用因素的体现和反映。高校的全球扩张是由外因和内因共同作用的结果,主要可以概括为输出国的教育改革与利益驱动、输入国的发展需求与国际竞争、高校自身国际化发展诉求的推动,以及各国际组织的共同努力等方面。

(一)输出国的教育改革与利益驱动

在高等教育大众化背景下,高等教育对经费需求的不断增长与政府的有限支持(甚至缩减)之间的矛盾日益突出。一些西方发达国家在大众化与经济衰退双重困境下,开始将市场化机制引入高等教育,改革其经费资助和管理体制。例如,20世纪70年代,美国经济危机再次爆发,政府支持高等教育发展的财政能力严重受限,导致高等教育经费供求失衡。到了20世纪80年代,美国仍然在经济危机中挣扎,有三分之二的州政府面临财政困难,联邦政府的财政赤字也在不断攀升,仅州政府对公立高等教育总财政支出的缩减额度就高达260亿美元。[①] 面对此困境,高等教育改革势在必行。自1980年以来,美国经历了三次高等教育改革浪潮。[②] 改革使得美国高等教育市场化发展走在世界前列,成为非常具有代表性的国家。

约翰斯通(D. Bruce Johnstone)等认为,高等教育市场化取向主要包括四个方面:高校收取学费、杂费,以及通过拨款、合同和企业培训的方式出售科研与教学服务;私营部门提供高等教育服务,包括非营利和营利性高等教育提供者;地方分权或将权力从中央政府下放至地方;机构自治或权力从各级政府转移到高等教育机构。[③] 美国自20世纪80年代以来的市场化改革在上述四个方面都取得了较大的发展。这反映在高等教育领

---

① 杨明.政府与市场:高等教育财政政策研究[M].杭州:浙江大学出版社,2007.
② Chapman J D, Boyd W L, Lander R, et al. The Reconstruction of Education: Quality, Equality and Control[M]. New York: Continuum International Publishing Group,1996.
③ Johnstone D B, Arora A, Experton W. The Financing and Management of Higher Education: A Status Report on Worldwide Reforms[R]. Paris: UNESCO World Conference on Higher Education,1998.

域中,一个突出的方面便是高校对外自由扩张,包括传统公立和私立大学、教育公司等高等教育机构,纷纷走出美国,开展各种形式的跨国办学活动。

与美国一样,英国经济也于同期受到极大影响,滞涨严重,并于20世纪70年代爆发经济危机。在高等教育需求和规模不断扩张的情况下,英国的高等教育经费问题日益突出,产生了巨大的供求矛盾。1979年5月,撒切尔夫人上台,主张推行市场经济,减少甚至放弃政府干预。这直接导致英国高等教育市场化改革的兴起。英国政府开始削减高等教育开支,并鼓励高校通过市场化行为或商业活动来获取相应的财政资源。1981年至1983年,英国政府给大学的拨款经费减少了7100万英镑。在整个20世纪80年代,英国政府拨款占大学的经常性收入百分比降低了15.8%。[1]

1985年,英国发布《20世纪90年代英国高等教育的发展》绿皮书,指出希望高校减少对政府资助的依赖[2];1987年,发布《高等教育——应付新的挑战》白皮书,指出高校要有多种资金来源,应吸引政府以外的资金,政府及其主要的资金提供机构要竭尽所能鼓励和支持高校向工商界靠拢[3]。在国家高等教育市场化改革和系列政策的影响与推进下,英国高校的经费来源发生了巨大变化,最直接的当属留学生教育带来的经济收益。许多英国高校在尝到教育服务商业化的甜头之后,开始寻找更大的教育市场,在本土开展留学生教育的同时进一步向海外扩张,成为全球主要高等教育输出国之一。

与美国和英国同期实施高等教育市场化改革的还有澳大利亚等国。澳大利亚于20世纪80年代首次将市场化机制引入高等教育,并开始对留学生收取费用。这一时期政府对大学的拨款占学校办学成本的80%。

---

[1]杨明.政府与市场:高等教育财政政策研究[M].杭州:浙江大学出版社,2007.
[2]国家教育发展与政策研究中心.发达国家教育改革的动向和趋势(第一集)——美国、苏联、日本、法国、英国1981—1986年期间教育改革文件和报告选编[M].北京:人民教育出版社,1986.
[3]国家教育发展与政策研究中心.发达国家教育改革的动向和趋势(第二集)——美国、苏联、日本、法国、英国1986—1988年期间教育改革文件和报告选编[M].北京:人民教育出版社,1987.

到了1996年,政府对大学的经费投入已减少至57%左右。① 由澳大利亚政府推动的市场化改革为其境内高校带来了深刻的影响。正是在这一历史进程中,澳大利亚高校开始向海外教育市场寻求外部资源。澳大利亚统计局(Australian Bureau of Statistics)的数据显示,2016年其国际教育服务带来的总收入高达224.04亿美元②,成为澳大利亚第三大出口产业。澳大利亚海外教育在其高等教育市场化背景下迅速发展,是仅次于美国和英国的第三大高等教育输出国。

美国、英国、澳大利亚等西方发达国家的高等教育市场化改革改变了高校的办学行为。许多高校迫于财政压力,将目光投向海外教育市场,将对外扩张作为获取政府之外的经济资源,谋求自身发展所需经济利益的重要手段和方式。由此带来的结果是,美国、英国、澳大利亚等国迅速发展为高等教育输出大国。然而,高校的全球扩张带来的效益不仅仅惠及高校自身,还给国家带来了巨大收益,包括直接经济收益、优秀人才流入、国际影响力提升,以及国家文化外交的增强等诸多方面。因而进入21世纪以来,美国、英国、澳大利亚等高等教育输出大国积极调整国家高等教育国际化发展战略、修订或制定新的政策文件,鼓励其国内高校"走出国门",迈向全球。

(二)输入国的发展需求与国际竞争

经济全球化将世界各国紧密联系在一起,20世纪80年代以来的全球化浪潮带来的影响,比以往任何时候都要更加广泛和深刻。一些新兴工业化国家(地区)积极融入全球化进程,并取得较大发展。随着全球化进程的加深和国家经济的不断发展,教育的地位与作用愈发重要。在本国高等教育无法完全满足国内发展需求时,鼓励和加强国际教育合作,吸引国外高校到本国办学成为许多国家的一种选择。这主要表现在以下几个方面。

---

①诸园.澳大利亚高等教育市场化改革发展历程、影响及启示[J].高教探索,2012(6):40-46.

②Australian Bureau of Statistics. International Trade: Supplementary Information, Calendar Year,2016[EB/OL].(2017-05-24)[2018-01-19]. https://www.abs.gov.au/AUSSTATS/abs@.nsf/DetailsPage/5368.0.55.0042016? OpenDocument.

第一，为国家经济转型与发展培养所需人才。以阿联酋为例，由于拥有丰富的石油资源，其自1971年独立以来迅速发展成为十分富庶的国家。然而，过度依赖石油不利于阿联酋的经济健康、可持续发展。阿联酋希望能够减少对石油的依赖，实现国内经济从传统劳动密集型经济转变为以知识、技术和熟练劳动力为基础的经济，从而降低风险。[①] 为此，阿联酋设立了多个自由区，鼓励开放发展，促进经济多样化。随之而来的是其国内高等教育难以满足国家经济转型和发展需求，因而阿联酋通过丰厚的优惠政策大力吸引国外高校赴阿联酋办学，为阿联酋培养经济发展所需人才。此外，由于阿联酋的人口构成中超过80%为外籍人口，因此，引进海外教育资源也是为了满足大量外籍人员子女的教育需求。[②]

第二，应对人才流失，服务国家产业发展。人力资源是一个国家最重要的财富，培养、吸引及留住各种高级专业人才和熟练技能人才对于提高国家经济实力与竞争力具有十分重要的作用。然而，长时间以来，有大量来自新兴经济体的人才流向欧美等发达国家。例如，20世纪90年代，就有约65万人（主要来自亚洲）持工作签证流入美国。[③] 除了人才向欧美国家外流，在亚洲国家间人才竞争也导致了不同的流向。例如，2004年，就有超过300名韩国半导体产业的研究人员流向新加坡和马来西亚。[④] 为缓解国内人才流失问题，韩国政府制定了系列政策措施。除直接吸引国外人才来韩国，鼓励国内高校和中学在假期开展语言学习营，以留住计划出国学习外语的学生群体外，韩国政府还决定大力引进国外高校来韩办学，以吸引国内国际学子在韩学习，减少潜在的人才流失，甚至实现国外人才的流入。为此，韩国政府从2007年开始花巨资在仁川自由经济区

[①]Mackie C. International Branch Campuses Part Two: China and the United Arab Emirates[EB/OL].(2019-06-13)[2019-06-15]. https://wenr.wes.org/2019/06/international-branch-campuses-part-two-china-and-the-united-arab-emirates.

[②]王焕芝.阿联酋构建区域高等教育枢纽的路径与挑战[J].比较教育研究,2018(4):29-38.

[③]Lee F L. Brain Drain: Korea Exports Human Capital[EB/OL].(2011-05-25)[2019-06-16]. http://keia.org/publication/brain-drain-korea-exports-human-capital.

[④]Lee F L. Brain Drain: Korea Exports Human Capital[EB/OL].(2011-05-25)[2019-06-16]. http://keia.org/publication/brain-drain-korea-exports-human-capital.

打造松岛全球大学校园（2015年更名为仁川全球校园），提供便利条件和办学资源吸引国外大学加盟。

韩国大力引进国外教育资源也是为了支持其产业发展。作为韩国重要的经济和工业城市，仁川被韩国政府定位为未来经济首都。[1] 因此，韩国政府在仁川建设自由经济区，希望能够带动韩国产业与经济的发展和转型。仁川自由经济区的开发建设包括知识信息产业园区、尖端产业园区、松岛生物园区、国际业务园区等诸多方面。目前已有艾马克科技（Amkor Technology）、波音（Boeing）、三星生物（Samsung Biologics）、东亚制药（Dong-A Pharmaceutical）和赛尔群（Celtrion）等全球企业、尖端产业制造公司以及主要的韩国国际公司入驻，使仁川成为韩国重要的产业研发中心。引进海外高校资源，有助于为韩国培养产业发展所需人才，以及根据产业需要利用学校资源开展合作研究。此外，也有利于促进韩国本土高校和国外高校之间开展科研合作，共同为韩国产业发展提供学术支持。例如，纽约州立大学韩国校区（SUNY Korea）和浦项科技大学（Pohang University of Science and Technology）合作开展信息科技融合创新（IT Consilience Creative）项目研究，以及和高丽大学（Korea University）合作开展软件专业化（Software Specialization）项目研究等。

第三，引进优质教育资源，加强本国教育能力建设。经济全球化使得世界各国发生了极大的改变，各行各业日新月异，对教育提出了更高要求和更为严峻的挑战。许多国家，尤其是一些发展中国家，由于国内教育基础薄弱，教育体系不够完善，因而需要引进国外优质教育资源，以促进本国教育水平和教育质量的提升。另外，市场对人才的需求日益多样化，要求也越来越高，再加上大学的社会分层作用为更多人所认识，因而学生及其家长对教育的需求也日益多样化，对优质教育资源的需求也更加强烈。许多国家正是基于此，引进国外名校以提高本国教育满足大家对多样化、优质教育资源需求的能力。

在我国，引进国外优质教育资源还在于服务国家"双一流"建设。引

---

[1] 云朋.未来智慧生态城市探索——韩国仁川自由经济区研究[J].北京规划建设，2014(1):47-53.

进国外优质教育资源的方式主要是通过中外合作办学,其中包括引进国外大学来华创建中外合作办学机构。诚如教育部涉外办学与监管处王义在《中外合作办学推动"双一流"建设》一文中指出的:"中外合作办学要充分利用引进世界优质教育资源的天然优势,发挥示范引领作用……引进世界一流大学、一流学科和高水平师资,开展课程开发和科研创新,借鉴先进的管理理念,完善内部治理结构,推动高校的内涵式发展,切实推动'双一流'的服务。"①

第四,打造教育枢纽,参与国际教育竞争。当前,全球已有超过10个国际(区域)教育枢纽,其目的大多是引进国外教育资源,服务于国内经济和产业转型与发展,减少人才流失等。然而,这背后还有一个容易被忽视的原因——提高本国教育的国际影响力,在更大的国际教育市场上参与竞争。例如,新加坡作为位于东南亚的一个小型城市国家,一方面,该国政府认为外国教育机构和学生既能带动新加坡的经济发展,又能为其提供人才储备,因而大力引进国外高校;另一方面,该国政府基于这些国外教育资源及其国内现有教育资源打造亚洲教育枢纽,从而提高其教育的国际竞争力,参与全球教育市场竞争,试图把新加坡建设成大量外国学生,尤其是周边国家学生的留学目的国。

(三)高校自身国际化发展诉求的推动

高校跨国办学的动因非常多元,不同的学校通常有着不同的出发点和考量,大体上主要受到输出方和输入方双重力量的作用和影响。总体上,高校跨国办学的动因主要表现为以下几个方面。

其一,提高国际声誉和全球影响力。跨国办学是一所学校国际化发展的重要表征和体现,更能突出其教育的国际性。许多优秀大学的赛场早已突破国家范围,角逐全球,通过培养优秀的人才寻求或保持自身世界一流大学的声名与地位。此外,当前主流的世界大学排行榜,如上海交通大学世界大学排名、QS世界大学排名、泰晤士高等教育世界大学排名等,都将国际化因素作为计算大学世界排名的重要指标。通过走出国门,开

---

①王义.中外合作办学推动"双一流"建设[EB/OL].(2019-06-14)[2019-06-20].http://www.chisa.edu.cn/rmtnews1/guandian/201906/t20190614_241786.html.

展跨国办学活动,不仅有利于推动本校教师和学生的国际化,也有利于促进国际合作以带动更多科研成果产出。这些都有益于提升本校的世界排名,增强其国际声誉、地位和全球影响力。

其二,拓展国际教育市场,创造经济收益。国际化是当今高校发展的一个重要方面。其形式多样、内容丰富,使决策者在制定学校发展战略时拥有了巨大的选择空间。然而,通过跨国办学以寻求更为广阔的海外教育市场,比招收国外留学生等国际化形式风险更高、难度更大,若无经济利益的驱动,往往难以实现。例如,有的高校通过开展跨国办学,可以从东道国政府和输入方合作高校获得高额补贴或办学经费。另外,一些高校还通过各种交流项目等不同方式,从合作办学机构中获取更多东道国的生源,获取学费收入。

其三,引进输出国高校优质教育资源,实现高质量发展。当今世界复杂多变,处于社会中心的现代大学必须面对前所未有的挑战和风险。在自身发展成熟且日趋固化的情况下,如何把握全球变局中的"危"与"机",实现高质量发展的"破"与"立",是当前许多大学需要面对的问题。因此,基于我国高校中外合作办学的视角,引进国外优质教育资源,学习、借鉴对方有益经验和良好实践,是许多高校提升办学能力和学术影响力,实现高质量发展的重要路径。[①]

(四)国际组织的推动

国际组织如 WTO、OECD、UNESCO、国际与区域教育质量保障组织等在高校国际化过程中扮演着重要的角色,是高校全球扩张的主要推动力量与作用因素之一。国际组织主要通过提供沟通交流平台、制定国际性政策文件、调查研究与发布报告以及出版相关出版物等方式发挥作用。

WTO 对推动高校全球扩张最重要的贡献在于将教育服务纳入国际服务贸易体系中,并对教育服务贸易中的贸易壁垒问题,包括不同办学形式存在的贸易壁垒给予了充分的关注。通过长时间、多轮谈判,《服务贸易总协定》作为谈判成果于 1995 年开始生效,最终成为各成员共同遵守

---

① 周谷平,方华明,周金其,等.高校中外合作办学网络治理的生成与启示——以浙江大学国际联合学院为考察中心[J].教育发展研究,2021(3):36-44.

的一部"硬法",从商业化的角度为高校全球扩张奠定了合法性基础。OECD 和 UNESCO 通过三次教育服务贸易论坛、国际学术会议及其报告、出版物等,逐步改变了各国及社会和学界对教育服务贸易的认知与态度,并推动了跨国教育与教育服务贸易概念之间的交替,使得高校的"出国"之路更加顺畅和明朗。

国际组织的共同努力极大地促进了高校在全球范围内的发展——在《服务贸易总协定》签订并生效后,高校跨国办学很快便迎来了新的增长高峰。此后,高校跨国办学在服务贸易和跨国教育概念框架下继续保持高速增长。此外,这背后还离不开 OECD、UNESCO 以及其他国际和区域性教育质量保障组织在高校跨国办学教育质量保障方面的努力。不同国际组织的共同努力为高校跨国办学实践与发展提供了所需的国际环境。

第四章

高校跨国办学教育质量监管与政策规制：外部利益相关者视角

随着跨国高等教育的不断发展,高校在全球范围内迅速扩张,不仅对各国原有教育质量保障体系提出了挑战,也催生了教育质量保障跨国合作的迫切需求。本章主要从国际与区域组织、输出国和输入国政府、双方质量保障机构等主要外部利益相关者的角度对高校跨国办学教育质量保障进行分析。在国别上主要限定于两个跨国办学案例 AB 联合学院和 AC 联合学院的输出国和输入国,即英国、美国和中国。

第一节 国际与区域组织:高校跨国办学教育质量保障的国际联结和规约

高校跨国办学教育质量保障需要在国际层面构建合作网络,从而为各国提供交流对话平台,建立互信与合作基础;在国际层面构建质量保障标准与规范,形成质量保障共识和相互信任与认可;帮助质量保障能力薄弱国家提高教育质量保障能力和水平等。在国际层面上主要有两种比较有影响力的网络组织,一种是以 UNESCO 和 OECD 等为代表的已有国际组织,另一种是以国际高等教育质量保障网络组织(International Network for Quality Assurance Agencies in Higher Education,INQAAHE)、欧洲高等教育质量保障网络组织(European Network for Quality Assurance in Higher Education,ENQA)[1]和 APQN 等国际与区域质量保障组织为代表的新生力量。

---

[1] 后改为欧洲高等教育质量保障协会(European Association for Quality Assurance in Higher Education,ENQA)。

一、UNESCO 和 OECD 对跨国教育质量保障的推动

UNESCO 和 OECD 是全球教育治理的重要政府间组织,在跨国教育的推动和规则制定中扮演着重要的角色。随着高校的不断扩张,跨国教育质量保障成为一个全球性问题和国际广泛关注的主题。面对新的机遇和挑战及应对未来的发展趋势,UNESCO 认为不同的政府间机构能够通过制定国际和超国家框架发挥重要作用。[①] 2005 年,UNESCO 和 OECD 联合制定并发布《指南》,翌年与 APQN 联合完成《UNESCO-APQN 工具包:跨国教育质量监管》(UNESCO-APQN Toolkit: Regulating the Quality of Cross-Border Education,以下简称《工具包》)。OECD 对《指南》的实施做了跟踪监测,并于 2012 年和 2015 年先后发布《跨国高等教育质量保障指南:实施进展》(Guidelines for Quality Provision in Cross-Border Higher Education: Where Do We Stand,以下简称《2012 报告》)和《保障跨国高等教育质量》(Ensuring Quality in Cross-Border Higher Education,以下简称《2015 报告》)两份监测报告。

早在 20 世纪 90 年代,高校跨国办学的质量问题并未受到足够重视。到 20 世纪末、21 世纪初,高校跨国办学因其质量问题在国家和国际层面都受到了广泛关注。2001 年,UNESCO 和欧洲理事会(The European Council, EC)联合发布《跨国教育提供良好实践指南》(Code of Good Practice in the Provision of Transnational Education),将跨国高等教育列为重点工作事项。随后在《服务贸易总协定》谈判期间,跨国高等教育相关问题,尤其是法律、监管与质量保障等成为政治辩论的核心。主要问题在于,高等教育是否可以同《服务贸易总协定》下的其他服务一样进行交易。如果承认高等教育的服务贸易性,许多国家现行的监管、审批及质量保障相关政策可能不再适用,从而使高校跨国办学不受相关国家主权管理的约束。在这一背景下,《指南》顺势而生,成为跨国高等教育领域最

[①] UNESCO. Higher Education in a Globalized Society: UNESCO Education Position Paper [EB/OL]. (2004-10-25) [2020-06-10]. http://old.unesco.kz/publications/ed/HE_Glob_Society_en.pdf.

具影响的国际性政策、监管和质量保障建议文件。[1]

《指南》致力于支持和鼓励国际合作,增进对跨国高等教育质量及质量保障重要性的认识。基于国家间的相互信任与尊重和对高等教育国际合作必要性的认识,同时也承认国家权力机构和高等教育体系多样化的重要性,《指南》从政府、高等教育机构/提供者、学生团体、质量保障与认证机构、学术认可机构和专业协会六个利益相关者的角度提供建议。其目的在于,保护学生及其他利益相关者免于低质教育和声名狼藉的提供者的危害,并促进满足人类、社会、经济和文化需求的优质跨国高等教育的发展。[2]

为支持《指南》实施,UNESCO 和 APQN 合作开发了《工具包》。[3] 在《工具包》第一节的第一段,便开宗明义地指出,设计制定《工具包》是为了帮助各国制定跨国教育质量保障监管框架,无论从输出国角度还是输入国角度。《工具包》为建立监管框架探寻可能的选择,但不是提供所有跨国教育质量保障相关问题的确切和完整的答案。其服务对象主要包括政策决策者和有关跨国教育的政府人员、质量保障与认证机构、高等教育机构或其他已经参与或正考虑参与跨国教育的机构、证书评估和认可机构,以及对跨国教育感兴趣的学生团体、区域与国际组织、学术人员和学术协会。

《工具包》分别以中国、马来西亚、新西兰为输入国案例,以英国、美国、澳大利亚和新西兰(既是输出国也是输入国)为输出国案例,分别阐述了主要输入国和输出国的跨国教育质量保障监管框架。《工具包》为

---

[1] Hopbach A. The OECD/UNESCO Guidelines for Quality Provision in Cross-Border Higher Education: Its Relevance for Quality Assurance in the Past and the Future[M]//Rosa M J, Sarrico C S, Tavares O, et al. Cross-Border Higher Education and Quality Assurance: Commerce, the Services Directive and Governing Higher Education. London: Palgrave Macmillan, 2016.

[2] UNESCO/OECD. Guidelines for Quality Provision in Cross-Border Higher Education [EB/OL]. (2005-12-06)[2020-06-10]. https://www.oecd-ilibrary.org/education/guidelines-for-quality-provision-in-cross-border-higher-education_9789264055155-en-fr.

[3] UNESCO & APQN. UNESCO-APQN Toolkit: Regulating the Quality of Cross-Border Education[EB/OL]. (2008-04-08)[2020-06-12]. https://www.apqn.org/media/library/publications/unesco-apqn_toolkit-reprint.pdf.

教育输入国建立监管框架提供了详细的指导建议,认为监管框架可以帮助政府监管和维护跨国教育的质量及其对国内教育成果的影响;使政府具备监管教育供应的能力;使政府能够根据国家政策(教育、经济及其他政策)对跨国办学进行监管;使政府能够搜集关于跨国教育市场和运行的相关信息;帮助政府为学生和其他利益相关者提供信息。《工具包》详细介绍了几种不同的监管类型,并指出监管体系的设计会受到诸如现行政策和舆论、市场发展及规模、国内已有监管体系、跨国教育性质、资源等因素的影响。根据《工具包》,输入国制定监管框架需要考虑监管范围、监管标准,以及监管框架的类型、性质、资助等。在制定监管框架的准备阶段,需要做好四个方面的工作:背景研究,跨国教育相关分析和咨询;对监管问题和监管体系设计进行调研;执行准备;监管体系的对外宣传和推进。此外,《工具包》还对监管体系制定后的实施与执行做了详细阐述和说明。

《工具包》认为虽然输入国更希望对高校跨国办学的输入进行监管,如出于对本国教育成果和成就、国内学生(和/或在本国学习的留学生)福利与福祉的影响考虑,但是输出国也应对其高校跨国办学进行监管,主要体现在以下五个方面:本国教育体系、资格体系以及单个项目和资格的声誉;和国内教育的关系——对本国教育机构的影响(如海外办学出现财务困难)及对在国内所授文凭资格(授予国内学生和在国内学习的海外学生)地位和认可的影响;确保其国民、高校和公司在海外提供优质教育服务的诉求(这可能与外交关系、国际援助政策和理念相一致);在接受跨国办学计划之前,输入国可能要求某种外部教育质量保障形式或政府背书;总体国际声誉。为此,《工具包》基于主要英语国家的质量保障实践,提出了高校跨国办学教育质量保障遵循的基本模式:采用五年审计周期(对于新提供者或有特定风险的提供者有时审计周期更短);由独立质量保障机构采用四阶段质量评估模型:自我评估、同行评审、实地考察和公开报告。与此同时,质量保障机构的外部评估有利用区域框架提高合作和增进理解的趋势。在此基础上,《工具包》对高校跨国办学监管的覆盖范围和深度做了详细的界定,并进一步阐明认证标准、实施过程的关键因素和出现的一些关键问题。

为进一步跟踪和了解《指南》的建议在各国的接受和遵从情况，OECD 从 2010 年 6 月开始在所有成员中进行调研，并联合 UNESCO 向所有 UNESCO 的非 OECD 成员发送调查问卷，一共获得 22 个成员和 9 个非成员的反馈。OECD 同时还请各成员代表协调其他利益相关者对调研进行答复。2012 年，第一份《指南》实施情况调查报告——《2012 报告》正式对外公开，报告认为《指南》的实施程度很高——平均而言，OECD 成员对《指南》的主要建议遵从度达 72%，而对高等教育机构的建议则具有更高的遵从度，达到了 80%。政府、质量保障与认证机构平均遵守率分别为 76% 和 61%。[1] 2015 年，OECD 发布第二份《指南》实施情况调查报告——《2015 报告》。该报告扩展了 2012 年的第一份报告，纳入了 2012 年报告中各成员的修订数据以及 11 个新数据（10 个 OECD 成员和 1 个非成员）。与 2012 年的调查报告类似，第二份报告的调查结果也显示各成员对《指南》建议遵从度很高，对于《指南》建议的关键目标平均遵从度达 75%。这一数据说明，《指南》作为一份国际性政策文件，在发布近 10 年时间里，相关成员对《指南》建议的认可度总体上呈上升趋势。但报告同时也指出，下次还需对各成员实践进行深入摸底，以确保各种形式的跨国教育质量能够得到保障。[2]

二、国际与区域质量保障组织的角色与作用

国际与区域质量保障组织的诞生和发展与高校跨国办学的快速发展密切相关。在高校跨国办学的驱动下，各国质量保障机构日益关注其质量和质量保障问题，开始积极地对外寻求资源与合作，以提升自己的质量保障能力，更好地保障本国（地区）的跨国高等教育。1991 年，第一个全球性国际质量保障组织 INQAAHE 成立。此后，ENQA、APQN、阿拉伯高

---

[1] Vincent-Lancrin S, Pfotenhauer S. Guidelines for Quality Provision in Cross-Border Higher Education: Where Do We Stand[EB/OL]. (2012-03-20)[2020-06-12]. https://www.oecd.org/education/skills-beyond-school/49956210.pdf.

[2] Vincent-Lancrin S, Fisher D, Pfotenhauer S. Ensuring Quality in Cross-Border Higher Education: Implementing the UNESCO/OECD Guidelines[EB/OL]. (2015-11-19)[2020-06-12]. https://www.oecd-ilibrary.org/education/ensuring-quality-in-cross-border-higher-education_9789264243538-en.

等教育质量保障网络组织(Arab Network for Quality Assurance in Higher Education,ANQAHE)等区域质量保障组织相继成立,在高校跨国办学教育质量保障的国际舞台发挥重要作用。

成立于1991年的INQAAHE最初以非正式组织的形态存在。1994年INQAAHE完成章程制定并于1995年获得通过。1999年,INQAAHE在新西兰惠灵顿注册为非营利性组织,成为得到法律认可的正式组织。2005年,INQAAHE得到UNESCO的认可,正式获得非政府组织(non-governmental organization)身份。这意味着其国际地位的确立。[1] 包括正式成员(full member)、准成员(associate member)及个人成员等在内,INQAAHE的成员数量已由成立之初的8个发展到超过300个[2],成为全球最大的国际性质量保障组织。INQAAHE的所有成员构成中,以各国质量保障机构为主(正式会员)。

INQAAHE的使命主要在于鼓励各国质量保障机构之间共享信息和经验,引领质量保障理论与实践的发展,制定和推广质量保障标准,鼓励和帮助成员机构在专业发展和能力建设方面持续提高等。INQAAHE的角色与作用主要包括促进维持和完善高等教育质量保障的良好实践,推动高等教育质量管理实践及其有效性的研究,通过提供建议和专业服务帮助新建质量保障机构的发展,促进开展跨国办学教育质量保障活动的机构之间的联系,帮助成员确定跨国办学机构的标准,使国际社会能够更好地了解资格认可,使成员对可疑的认证实践和组织保持警惕等。[3]

INQAAHE的国际质量保障活动主要包括信息传播、人员专业发展、

---

[1] INQAAHE. Postcards to INQAAHE: Celebrating the 20th Anniversary of the International Network for Quality Assurance Agencies in Higher Education (INQAAHE)[EB/OL]. (2011-05-09)[2020-06-13]. https://www.inqaahe.org/sites/default/files/20AnniversaryBooklet.pdf.

[2] INQAAHE. Mission and Values[EB/OL]. (2019-05-29)[2020-06-13]. https://www.inqaahe.org/presentation.

[3] INQAAHE. Postcards to INQAAHE: Celebrating the 20th Anniversary of the International Network for Quality Assurance Agencies in Higher Education (INQAAHE)[EB/OL]. (2011-05-09)[2020-06-13]. https://www.inqaahe.org/sites/default/files/20AnniversaryBooklet.pdf.

规范引领和多方协作四个方面。在信息传播方面，主要通过简报与年报、网站、专业期刊、教育质量保障机构信息资源中心、年会和成员论坛，以及咨询服务等载体与路径收集和传播高等教育质量保障理论与实践相关信息；在人员专业发展方面，主要包括组织专家编写培训材料，供成员单位学习，并与澳大利亚墨尔本大学合作开展质量保障专业人员研究生证书项目教育，以及支持弱小国家相关人员的专业能力发展；在规范引领方面主要包括制定《质量保障良好实践指南》(Guidelines of Good Practice，以下简称《实践指南》)，应成员申请对成员单位提供外部评审服务，以及建立质量保障范例数据库；在多方协作方面主要包括与 ENQA、APQN 等区域质量保障组织开展合作，与 UNESCO 和 WB 等国际组织开展合作。[1]

《实践指南》是 INQAAHE 最重要的一份规则文件，为各国保障高校跨国办学教育质量提供了普适性的行为规范。其目的在于，为新建外部教育质量保障机构提供指导框架，提供用于外部教育质量保障机构自我评估和外部评估的标准，促进外部教育质量保障机构及其人员的专业发展；推进外部教育质量保障机构的公共问责(public accountability)。[2]《实践指南》最初于 2003 年正式公布，后经多次修订得以完善。INQAAHE 意识到，由于科学技术的快速发展，全球高等教育及其质量保障迎来巨大变化。为了保持《实践指南》的适切性和有效性，INQAAHE 于 2014 年至 2015 年成立审查委员会，对《实践指南》做进一步修订。2016 年公布的修订版充分重视高校跨国办学教育质量保障，为此增加了高校跨国办学教育质量保障相关标准。

在《实践指南》的第四部分，INQAAHE 提出了高校跨国办学教育质量保障的三条标准：输出国外部教育质量保障机构要明确学位(证书)授予机构负责提供同等质量的教育。该机构理解输入国的监管框架，并提供关于其专业(programs)及专业特点的明确信息。学生及其他利益相关者能够获取关于授予的学位(证书)清晰且完整的信息。明确制定关于

---

[1] 方乐. 国际高等教育质量保障组织(INQAAHE)介评[J]. 比较教育研究,2014(2)：90-92.

[2] INQAAHE. Guidelines of Good Practice (2016 revised edition) [EB/OL]. (2018-05-01)[2020-06-13]. https://www.inqaahe.org/sites/default/files/INQAAHE_GGP2016.pdf.

参与跨国办学各利益相关方的权利与责任,并被各利益相关方所悉知。[①] 此外,《实践指南》还强调输出国外部教育质量保障机构要与输入国当地相关机构开展合作,开展高校跨国办学的外部教育质量保障活动,建立质量保障结果的互认机制等。这既是 INQAAHE 对跨国高等教育发展趋势的回应,提醒各国质量保障机构拟定相关政策,确保各利益相关者,尤其是学生的权利与利益,也是对其自身政策制度的规范和完善,并以更严谨的方式促进机构间的跨国合作。[②]

除了 INQAAHE 等国际质量保障组织在高校跨国办学教育质量保障中发挥重要作用和影响外,在区域层面,区域质量保障组织对高校跨国办学教育质量保障也非常关注,并通过实际行动对存在的问题做深入研究,提出新的解决思路和方案。2013 年至 2016 年,ENQA 在伊拉斯谟计划(Erasmus Mundus Program)的支持下,牵头与 APQN、ANQAHE 等区域质量保障组织及部分国家的质量保障机构合作开展并完成跨国高等教育质量保障项目(Quality Assurance of Cross-Border Higher Education,QACHE)。经过大范围的调查、研讨等,QACHE 项目提出跨国高等教育质量保障的两个关键需求:解决目前关于国家在跨国高等教育管理上信息缺失和政策对话缺位的问题,以期增进各质量保障机构之间的相互理解并建立相互信任;寻找输出国和输入国质量保障机构合作与责任共担的切实可行的方式,以促进跨国高等教育质量保障,同时避免工作重复,减轻跨国提供者的负担。[③]

为解决这两个需求,ENQA 联合 APQN、ANQAHE 及其他质量保障机构在已有的国际政策基础上制定 QACHE 工具包——《跨国高等教育合作:质量保障机构工具包》(Cooperation in Cross-Border Higher Education: A Toolkit for Quality Assurance Agencies)。该工具包主要针对质量保障机构

[①] INQAAHE. Guidelines of Good Practice (2016 revised edition) [EB/OL]. (2018-05-01) [2020-06-13]. https://www.inqaahe.org/sites/default/files/INQAAHE_GGP2016.pdf.

[②] 侯永琪. 品质保证跨境合作发展模式与未来展望 [EB/OL]. (2018-09-01) [2020-06-14]. http://epaper.heeact.edu.tw/archive/2018/09/01/7020.aspx.

[③] ENQA. Cooperation in Cross-Border Higher Education: A Toolkit for Quality Assurance Agencies [EB/OL]. (2015-11-06) [2020-07-14]. https://enqa.eu/indirme/papers-and-reports/occasional-papers/QACHE%20Toolkit_web.pdf.

及其网络组织,就如何完善跨国高等教育信息共享和加强质量保障合作,提供实际指导和建议,从而提高跨国高等教育质量保障的效率和效力。QACHE报告认为,当前跨国高等教育质量保障实践中,有四个紧密关联的关键方面共同形成了一个恶性循环,即L-ITC恶性循环[①](见图4-1):跨国高等教育输出国或输入国的监管框架完全不同;缺乏关于不同质量保障机构的方法和国家框架的信息及知识;对于跨国高等教育质量,输出国和输入国之间存在"信任鸿沟"(trust gap),输入国通常对输入的教育质量及其质量保障比输出国更易心存疑虑;质量保障机构在跨国高等教育质量保障中的合作程度低。[②]

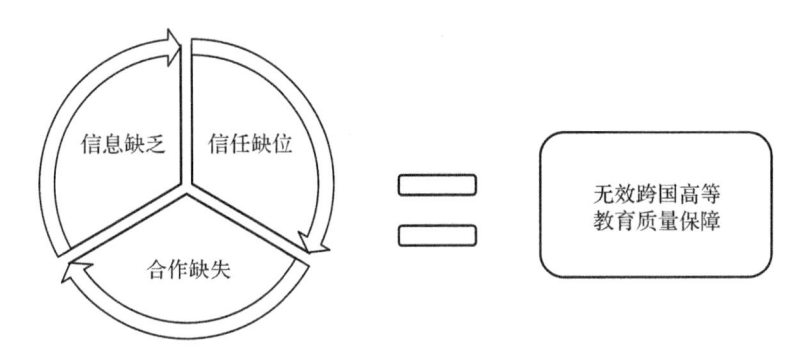

图4-1 跨国高等教育质量保障的L-ITC恶性循环

资料来源:ENQA. Quality Assurance of Cross-Border Higher Education:Final Report of the QACHE Project[EB/OL]. (2016-04-22)[2020-05-24]. https://enqa.eu/indirme/papers-and-reports/occasional-papers/QACHE%20final%20report.pdf.

在这个恶性循环中,对跨国高等教育质量保障不同方法及具体国家层面的保障方式相关信息和知识的缺乏,阻碍了在跨国高等教育质量与质量保障中相互信任的发展,从而影响跨国质量保障合作。[③] 其结果是

[①]L-ITC恶性循环,是指主要由信息缺乏(lack of information)、信任缺位(lack of trust)以及合作缺失(lack of cooperation)导致的跨国高等教育质量保障恶性循环。

[②]ENQA. Quality Assurance of Cross-Border Higher Education:Final Report of the QACHE Project[EB/OL]. (2016-04-22)[2020-05-24]. https://enqa.eu/indirme/papers-and-reports/occasional-papers/QACHE%20final%20report.pdf.

[③]Trifiro F. Inter-Agency Cooperation in the Quality Assurance of Transnational Education:Challenges and Opportunities[J]. Quality in Higher Education,2018(2):136-153.

导致跨国高等教育质量保障最优选择"失语",阻碍了质量保障效率和有效性的提高。因此,QACHE 项目在研究的基础上提出了 ITC-N 良性循环①,制定了质量保障工具包,为质量保障机构及其网络组织提供建议,以扭转变恶性循环的局面,实现跨国高等教育质量保障的良性循环(见图 4 - 2)。

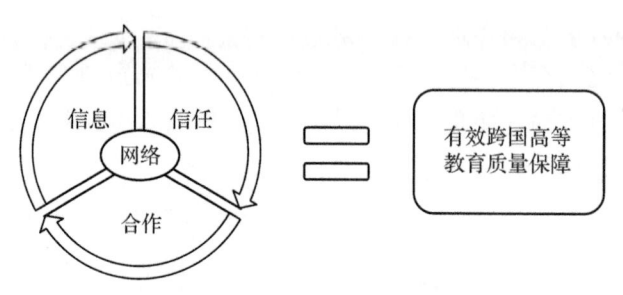

图 4 - 2 跨国高等教育质量保障的 ITC-N 良性循环网络

资料来源:ENQA. Quality Assurance of Cross-Border Higher Education: Final Report of the QACHE Project[EB/OL]. (2016-04-22)[2020-05-24]. https://enqa.eu/indirme/papers-and-reports/occasional-papers/QACHE%20final%20report.pdf.

通过改进包括跨国高等教育质量保障知识、政策、数据及良好实践等方面的信息共享,有助于质量保障机构间相互理解、相互信任,探索合作方式,以提高其对跨国高等教育监督的效率和有效性。其中,诸如 ENQA、APQN、ANQAHE 等区域质量保障网络组织对于激发、推动和维持跨国高等教育质量保障的良性循环至关重要。这些网络组织由不同的质量保障机构组成,是推动信息共享、政策对话、互信建设及相互合作的重要平台和媒介。

基于上述认识,QACHE 工具包从信息共享(information sharing)、质量保障合作(cooperation in quality assurance)和质量保障机构网络组织(networks of agencies)三个方面分别对质量保障机构及其网络组织提出了相应的原则和建议(见表 4 - 1)。前两个方面主要为质量保障机构完善跨国高等教育信息共享和加强质量保障合作提供指导,包括机构间联

---

①ITC-N 良性循环,是指由信息(information)、信任(trust)、合作(cooperation)以及质量保障机构网络(networks)等主要因素构成的跨国高等教育质量保障良性循环。

合审查和审查结果互认。第三个方面主要针对质量保障机构网络组织提供指导建议,强调和突出质量保障机构网络组织的责任与作用。

表 4-1 跨国高等教育质量保障原则和建议

原则	建议
信息共享:输出国和输入国质量保障机构应共享各自质量保障体系信息以及跨国教育提供者的海外办学信息,以促进相互理解和相互信任	1. 对跨国高等教育输入和输出的质量保障具有明确的相关政策且易于获取
	2. 制定易于获取的经质量保障过(quality assured)的院校名单,包括所有输出或输入的跨国高等教育提供信息,以及相关报告
	3. 寻求建立定期沟通渠道,促进信息共享,加强相互理解,探索在跨国高等教育质量保障方面的合作方式
质量保障合作:输出国和输入国的质量保障机构在跨国高等教育审查活动中应寻求协调与合作,以避免监管真空(regulatory gaps)和工作重复,并减轻跨国教育提供者的负担	1. 在对输入或输出的跨国高等教育进行审查时,与对方质量保障机构联系
	2. 寻求利用或依靠彼此收集的信息或质量保障决策的方法
	3. 寻求联合开展跨国高等教育审查的方法
质量保障机构网络组织:质量保障机构网络组织应促进机构间合作,并实施本工具包	1. 促进成员机构所在国质量保障和高等教育系统的信息共享
	2. 加强与其他质量保障网络组织的合作,促进有关跨国高等教育质量保障的政策对话、信息共享和良好实践的传播
	3. 开展旨在支持各质量保障机构执行本工具包中各项建议的项目和举措

资料来源:ENQA. Cooperation in Cross-Border Higher Education: A Toolkit for Quality Assurance Agencies[EB/OL]. (2015-11-06)[2020-07-14]. https://enqa.eu/indirme/papers-and-reports/occasional-papers/QACHEToolkit_web. pdf.

第二节 英国和美国高校跨国办学的"出口"保障

作为主要利益相关者,输出国政府和第三方教育质量保障机构是高校跨国办学教育质量保障的重要责任主体,共同关切教育质量问题。因而保障高校跨国办学教育质量,离不开输出国政府和第三方质量保障机构的共同作用。本节主要聚焦于英国和美国,分别围绕政府和第三方教育质量保障机构展开分析,论述高校跨国办学教育质量的"出口"保障。

一、政府与第三方机构主导的英国高校跨国办学教育质量保障

(一) 英国政府的政策驱动与约束

在国际教育市场中,英国占据重要席位,是主要的高等教育输出国。在英国高校对外扩张的背后,政府是其重要的外部推动力量。20 世纪 70 年代末至 80 年代高等教育市场化的改革,使英国及其高校同时获得了教育输出带来的经济收益和学术红利。此后,英国进一步提出打造高等教育品牌,维持其在国际教育市场中的地位和竞争力。

1999 年和 2006 年,英国先后发布两个首相计划,即第一阶段首相计划(Prime Minister's Initiative,PMI)和第二阶段首相计划(Initiative for International Education,PMI2)。前者提出要扩大英国国际学生规模,鼓励大学、政府及其他团体合作以促进英国海外教育;后者不仅强调提高国际学生的学习体验,还鼓励英国大学与其他国家相应机构建立可持续伙伴关系,进一步发展其跨国高等教育。[①] 正如英国原首相布莱尔(Tony Blair)所说,教育正不断跨越国家边界,英国要分享经验和知识,面向创新创造全方位开放。

2013 年,英国继续推动其国际教育发展战略,发布《国际教育:全球增长与繁荣》(*International Education: Global Growth and Prosperity*),指出教育是全球仅次于健康产业的第二大产业,并预计未来几十年将是英国教育出口快速增长的机遇期,因而鼓励和支持其跨国教育的不断发展,包括支持英国院校在海外运行,促进海外英语语言培训,与重点伙伴国家合作达成资格互认等。为了更好地实现其国际教育战略目标,英国还积极支持欧盟与第三方国家进行的系列自由贸易谈判,同时积极研究重大贸易谈判如何能够解决其教育服务提供者在一些第三方国家面临的市场准入壁垒,并与欧盟委员会(European Commission)合作,探讨如何将教育服

[①] Keely P. Prime Minister on Initiative to Promote International Education Awareness [EB/OL]. (2008-03-12) [2021-01-25]. https://www.fenews.co.uk/press-releases/25-sp-710/6189-prime-minister-on-initiative-to-promote-international-education-awareness.

务贸易作为谈判的优先事项。①

在政府国际教育战略的推动下,英国跨国教育发展迅速,不仅为国家带来巨大经济收益,还提高了其高等教育国际影响力。与此同时,英国面临着"脱欧"②的不确定性影响和全球教育市场的激烈竞争。在这一背景下,英国于2019年发布新国际教育战略——《国际教育战略:全球潜力、全球增长》(International Education Strategy: Global Potential, Global Growth),提出到2030年教育出口要达到350亿英镑的目标。作为其国际教育战略的重要组成部分,英国提出建立整体政府方法(whole-of-government approach)、确定优先发展区域、选任国际教育冠军(International Education Champion)、完善数据统计等战略措施。

在整体政府框架下,英国一方面推动整体政府行动,通过外交和联邦事务部、国际贸易部、文化协会、国际发展部,以及商业、能源和工业战略部的协同作用,促进国际教育的市场准入,以推动其教育的对外输出;另一方面加强由国际贸易部和教育部共同主持的教育部门咨询小组建设,为英国教育机构发展跨国教育提供服务。在此基础上,英国进一步确定优先发展区域,包括高价值区域(high-value regions)和潜在增长区域(potential growth regions);选任国际教育冠军,拓展英国海外教育发展机遇;完善教育出口的数据统计,包括扩大数据统计范围、提高数据的准确性、增强数据统计和发布的及时性,以及加强数据的可及性等。③

英国目前已发展成为全球第二大教育出口国,高校跨国办学活动在其教育出口中的重要性日益增强。英国跨国教育的发展得益于其政府在推进教育出口的同时,注重教育质量的提升和保障。从20世纪90年代末的首相计划到2019年新的国际教育战略,教育质量是其中不变的重要

---

①Department for Business, Innovation and Skills, Department for Education. International Education: Global Growth and Prosperity[EB/OL]. (2013-07-29)[2021-01-27]. https://www.gov.uk/government/publications/international-education-strategy-global-growth-and-prosperity.

②2013年1月,英国前首相卡梅伦首次提及脱欧公投;2016年6月,英国全民公投决定脱欧;2017年3月,英国正式启动脱欧程序。

③Department for Education, Department for International Trade. International Education Strategy: global potential, global growth[EB/OL]. (2019-03-16)[2021-01-28]. https://www.gov.uk/government/publications/international-education-strategy-global-potential-global-growth.

主题。首相计划的实施使英国的跨国教育开启了国家战略时代,也意味着政府在跨国教育质量保障中的作用和地位进一步增强,由国家推进,并协同高校和相关教育组织打造品质卓越的英国教育品牌。英国在2013年的国际教育战略中,明确提出跨部门合作促进和保障其跨国教育,并要求高等教育部门的代表实体审慎斟酌其跨国教育质量保障,以确保英国能够继续展现其海外教育提供(overseas provision)的质量。2019年的国际教育战略,虽未专门为跨国教育质量保障做出新的部署,但整体政府的提出,有利于英国跨国教育在更大规模和范围上得到有力保障。

在国际教育战略的实施和推进过程中,英国政府还试图通过科研和教学管理改革与制度调整,推动其高等教育质量全面提高。英国于2014年首次实施科研卓越框架(Research Excellence Framework)[①],并于2015年推出教学卓越框架(Teaching Excellence Framework)[②],为改进和提高英国高校的教学科研质量提供了引导和规范依据。其中,科研卓越框架由英格兰研究委员会(Research England)、苏格兰资助委员会(Scottish Funding Council,SFC)、威尔士高等教育资助委员会(Higher Education Funding Council for Wales,HEFCW)和北爱尔兰经济部(Department for the Economy Northern Ireland,ENI)主导和实施[③]。教学卓越框架是英国唯一由政府主导的国家高等教育教学质量评估体系,由教育部制定教学卓越框架实施指南及任命评审委员会主任,教育部所属英格兰高等教育资助委员会(Higher Education Funding Council for England,HEFCE)[④]负责实施并联合质量保障署组建工作团队。[⑤] 2017年,英国颁布《高等教育与研究法案》(*Higher Education and Research Act*),从国家法律层面为英国高等教育质量提供保障。此后,英国于2018年依据《高等教育与研究法案》分

[①] REF 2021. What is the REF[EB/OL].(2020-05-18)[2020-06-03]. https://www.ref.ac.uk/about/what-is-the-ref/.

[②] 郑浩.英国教学卓越框架(TEF):理念、标准与启示[J].外国教育研究,2017(8):90.

[③] REF 2021. What is the REF[EB/OL].(2020-05-18)[2020-06-03]. https://www.ref.ac.uk/about/what-is-the-ref/.

[④] 英格兰高等教育资助委员会已被英国研究与创新署和学生办公室取代。

[⑤] 崔军,汪霞,胡小芃.英国高等教育"教学卓越框架":形成、实施及评价[J].教育研究,2018(7):146-154.

别设立研究与创新署(UK Research and Innovation)和学生办公室(Office for Students)两个新的高等教育监管机构,突出竞争驱动的市场问责质量保障[1],规范高校的教学科研与人才培养。

以上国际教育战略措施和政策法规不仅使英国的教育出口得到大力发展,也使其跨国教育供给能力得到提升;政府对跨国教育的管理和监控能力在这一过程中得到了提升,使英国的跨国教育持续得到保障和国际认可,其学术声誉、质量和品牌形象得到有效维护,最终受益的是英国的社会经济及其高等教育整体。

(二)第三方机构质量标准与跨国教育评估

受高等教育市场化、大众化以及新公共管理思想的影响,英国高等教育发展环境急剧变化,引发各界对其质量的担忧。同时,英国面临着高等教育的二元评估困境,即英国高校既要接受高等教育资助委员会(Higher Education Funding Council,HEFC)的学科评估,也须接受高等教育质量委员会(Higher Education Quality Council,HEQC)的院校评估。这给高校带来了繁重的评估负担,从而受到高校的质疑和批评。[2] 在此背景下,英国于1997年成立高等教育质量保障署(Quality Assurance Agency for Higher Education,QAA),以解决不同类型评估活动导致的工作重复等问题。[3] QAA不仅负责制定英国高等教育质量标准并进行监督,如《英国高等教育质量准则》(*UK Quality Code for Higher Education*,以下简称《质量准则》),还负责对英国高校的海外办学活动进行评估。

1.高等教育质量准则

《质量准则》是英国高等教育的质量基石,是为所有高校提供的质量标准和办学参考。不论是在英国境内办学,还是在境外办学,《质量准则》都是英国高校的重要参考点(reference point)。其目的是保护公众和学生利

---

[1]陈慧荣."后脱欧时代"英国跨国教育发展趋势研究——基于《国际教育战略:全球潜力,全球增长》的分析[J].比较教育研究,2020(5):3-11.

[2]刘膺博,Lockett M.英国高等教育质量保障制度:起源、演变与发展趋势[J].现代教育管理,2020(7):116-122.

[3]孙科技.英国高等教育第三方评估及其启示——以高等教育质量保障署为例[J].外国教育研究,2020(6):42-54.

益,维护英国高等教育质量的世界声誉。《质量准则》由三大要素构成,即"期望"(expectations)、"实践"(practices)和"建议与指导"(advice and guidance)(见图4-3)。其中,"实践"包括核心实践(core practices)和一般实践(common practices)。"期望"和核心实践是对所有英国高校的强制性要求;一般实践是对所有苏格兰、威尔士和北爱尔兰高校的强制性要求。

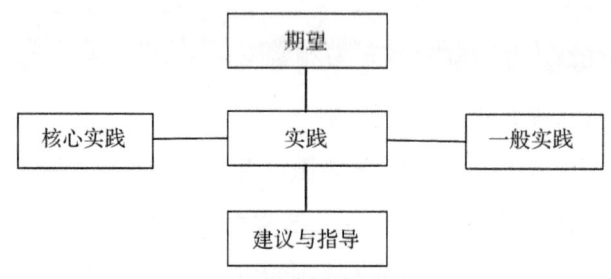

图4-3 《英国高等教育质量准则》构成要素

资料来源:QAA. UK Quality Code for Higher Education[EB/OL].(2018-03-02)[2021-01-30]. https://www.qaa.ac.uk//en/quality-code#.

"期望"阐明了高校在制定和维护学位授予的标准以及管理其教育质量方面应取得的成果。"实践"代表有效的工作方式,是对"期望"的进一步具体化和明确,以支持"期望"的实现,并为学生带来积极结果。核心实践作为保证其标准和质量的一部分,必须由所有英国高校展示和证明;一般实践聚焦于质量提升,是指根据其任务、监管环境和学生需求,高校采用的常见做法。这些是所有英国高校的共同质量支撑,但不作为对英格兰高校的监管要求。"建议与指导"在于帮助已有及新建院校开发和保持有效质量保障实践做法。

其一,对标准的期望(expectations for standards)。课程的学术标准符合相关国家资格框架的要求;在取得资格(qualifications)时以及在一段时间内授予学生资格的价值符合学界公认标准。为此,《质量准则》为英国高校提出了四条核心实践要求和一条一般实践要求。四条核心实践要求为:高校确保其资格的门槛标准(threshold standards)与国家相关资格框架一致;确保被授予资格的学生有机会超过门槛标准的水平;使用可靠、公平和透明的外部专家、评估和分类流程;如果高校与其他组织合作,则应制定有效安排,以确保其学位授予的标准可信和可靠,无论课程在何处、如何以及由谁提供(deliver)。一般实践要求为:高校定期审查核心实践标准(core practices for standards),并利用审查结果进行改进和提高。

其二,对质量的期望(expectations for quality)。精心设计课程,为所有学生提供高质量的学术体验(academic experience),并使学生成绩得到可靠评估;从录取到毕业,为所有学生提供他们获得学业成功所需的支持并从中受益。为此,《质量准则》为英国高校提出了九条核心实践要求和三条一般实践要求。九条核心实践要求为:高校具有可靠、公平和包容的招生体系;设计并(或)提供高质量的课程;拥有足够的合格及熟练的教职工为学生提供高质量学术体验;拥有办学所需设施、学习资源和学生支持服务以提供高质量的学术体验;积极主动让学生个人和集体参与其教育质量保障;拥有为所有学生提供的公平、透明的投诉和申诉处理程序;为所有学生取得成功的学术和专业成果提供支持;如果提供研究型学位,高校要提供合适的、支持性的研究环境;在与其他组织合作的情况下,无论课程在何处、如何以及由谁提供,高校具有有效的安排,以确保高质量的学术体验。一般实践要求为:高校定期审查核心实践质量(core practices for quality),并利用审查结果进行改进和提高;高校质量管理方法要考虑外部专家的作用;让学生个人和集体参与促进、保障和提高他们的教育体验质量。

其三,"建议与指导"。"建议与指导"是和英国高等教育部门合作制定的,包括指导原则、实际建议和进一步的资源,共分为12个主题(见表4-2),旨在支持新的和已有高校制定并维持有效质量保障实践,以满足《质量准则》的强制性要求。需指出的是,"建议与指导"对高校不是强制性的,也不是对法定要求的解释,但为它们提供了一些可能的方法,并且,国家监管机构和QAA不受"建议与指导"中信息的约束,也不会将其视为合规指标。从表4-2可以看出,"建议与指导"中的每一个主题都有其目的和作用,全部围绕对标准和质量的期望以及相应的核心实践和(或)一般实践展开,并在每一个主题中有针对性地提出指导原则(guiding principles)和实用建议(practical advice)。这些建议与指导涵盖了高校教育教学的诸多方面。其最重要的作用在于,为高校提高办学能力和教育质量的自我保障能力提供帮助,以实现全方位、全过程质量保障。

表 4-2 建议与指导的 12 个主题

主题	说明
招生、录取和扩大准入	旨在向高校提供建议,确保学生进入高等教育的多元与多样路径的质量
学生学习评价	提出学生学习评价指导原则,并提供切实可行的建议和有用资源
意见①、投诉和申诉	提供相关指导原则、建议和资源,解释了人们提出不满的作用和过程如何促进机会平等,以及所有学生从高质量学术体验中受益的权利和他们取得学习成功所需要的支持
课程设计与开发	旨在帮助高校有效设计和开发课程,通过创新、创造和持续改进的文化,创造独特和具有市场吸引力的课程
促进学生成绩	旨在为高校提供开发学生支持的有效方法,包括课程设计、学习与教学
外部专业支持	为利用外部、公正和独立的专业支持提供实际指导,以确保高校课程标准、质量符合相关国家资格框架、学科基准、特征陈述,以及任何相关专业或其他要求
学习与教学	聚焦于高校如何为所有学生提供高质量学习机会的支持,指导他们开展有效的学习和教学活动及环境
监测和评估	就需要监测和评估的方面向高校提供建议,使其能够思考如何改善学生的学习机会
伙伴关系	阐明高校如何有效管理和监督伙伴关系的安排
研究学位	这一主题与博士和研究型硕士学位的具体背景和特殊要求有关。它为高校提供关于研究环境和监督过程的建议
学生参与	描述了学生在质量保障与提升过程中的参与,帮助提高他们的教育体验,并使更广泛的学生群体、高校和教育部门受益
基于工作的学习	高校与教育部门之外的组织合作,为学生提供在真实、结构化的工作环境中学习的机会,因而该主题主要是就正式协议、设计、信息和监测提供切实可行的建议

资料来源:QAA. Advice and Guidance[EB/OL].(2018-11-29)[2021-01-31]. https://www.qaa.ac.uk/en/quality-code/advice-and-guidance.

2. 跨国教育评估②

QAA 在性质上属于独立的第三方质量保障机构,但实际上代表着英

---

①这里的"意见"英文原文是"concerns",是指学生通过口头、书面或社交媒体就所提供的学习机会或高校可能提供的任何服务发表意见(comment)。

②资料主要来源于英国 QAA 官网信息、QAA 跨国教育评估手册及 ENQA 高等教育质量保障机构(QAA)审查报告。

国政府对其高等教育的监管。为应对高等教育国际化背景下英国高校跨国教育活动的不断发展,英国四大高等教育资助机构①与 QAA 签订协议,委托 QAA 负责对全英跨国教育进行评估,以保障和促进其跨国教育质量。

QAA 的跨国教育评估适用于所有英国的学位授予机构,包括所有在英国境外开展并授予英方学位的办学活动,或相当于英格兰、威尔士和北爱尔兰高等教育资格框架(Framework for Higher Education Qualifications, FHEQ)4—8 级、苏格兰高等教育机构资格框架(Framework for Qualifications of Higher Education Institutions in Scotland, FQHEIS)7—12 级的英方课程学分,以及为使学生能进入或完成特定学位项目而设计的海外年度综合基础课程。评估范围包括通过跨国合作、分校、远程学习等方式提供的跨国教育活动。

评估的重点主要在四个方面:检验保障和提高跨国教育标准与质量的政策及流程(processes)实施情况,详细了解学生的跨国教育体验,向整个英国高等教育部门传播良好实践,与东道国质量保障机构加强合作。其目的在于为资助机构对英国高校维持和提高其跨国教育质量进行考察提供专业视角;保护学生的利益,加强他们的学习体验;维护和提升英国高等教育的国际声誉;提高英国跨国教育质量保障的效率和有效性,减轻英国高校的负担。②

QAA 跨国教育评估以国家为单位进行,即每年选取一个国家对英国高校的海外办学进行评估,并考虑东道国的不同办学环境,允许其跨国教育评估存在一定的弹性。QAA 认为,由于英国跨国教育在国家和地区分布上的广泛性,采用基于国家的方式(country-based approach)比基于单个机构(institutional-focused approach)的方式更为合适。相较于后者一年中多次委派评估团队到世界不同地方对英国高校的跨国办学进行质量评

---

①四大高等教育资助机构分别为:英格兰高等教育资助委员会、苏格兰资助委员会、威尔士高等教育资助委员会和北爱尔兰经济部。

②ENQA. ENQA Agency Review: Quality Assurance Agency for Higher Education (QAA) [EB/OL]. (2018-07-09)[2021-02-01]. https://enqa.eu/wp-content/uploads/2018/07/External-review-report-QAA-FINAL.pdf; QAA. Transnational Education Review Handbook [EB/OL]. (2017-02-21)[2021-02-01]. https://dera.ioe.ac.uk/29006/1/TNE-Review-Handbook-2017.pdf.

估,前者在每年只需委派一支评估队伍赴选定的国家或地区评估。这样可以在一段时间内集中完成英国高校在相应国家或地区的跨国办学评估,从而使其跨国教育评估更为高效。

基于国家的评估方式能够让评估小组更好地了解选定国家或地区当地办学环境及其具体特点、挑战和机遇,这对在特定的当地监管和文化环境背景下开展跨国教育评估非常重要。采用这种方式也有利于QAA与东道国质量保障机构建立更为紧密的联系,从而使质量保障活动能够得到更好的协调。这样既有助于减轻高校在跨国办学教育质量保障方面的负担,也有益于减轻质量保障机构本身的负担。①

QAA跨国教育评估小组一般由两位评审员组成,其中可能会包含一名具备相应能力的学生评审员。评审员通常从QAA的评审员库中选派。这些评审员具备一定的跨国教育经验,且经过相应的训练。在对英国跨国教育的评估中,QAA还会安排一位国际评估主管(International Review Manager)负责监督。在确定评估小组后,由国际评估主管负责简要介绍评审过程和东道国办学环境。整个评估过程也由国际评估主管负责管理。指导评估小组和高校完成所有评估环节,并确保批准后的程序得到跟进。

QAA跨国教育评估的实施一共可分为两个阶段,即桌面分析(desk-based analysis)阶段、评估与案例研究现场考察(review and case study visits)阶段。桌面分析主要是根据高校提交的信息和数据资料等进行评估,如其他评估结果信息,包括英格兰和北爱尔兰的年度评估、苏格兰的提升导向院校评估、威尔士的质量提升评估等,以及HEFCW在威尔士收集的数据资料和其他高等教育评估信息;从当地质量保障机构和法定专业监管机构收集到的报告和信息。现场考察可以在英国进行,也可以在海外进行。其中,跨国教育评估的现场考察由国际评估主管负责管理,两位评审员负责实施考察,时间通常为一天。考察的方式以和高级管理人员、普通行政人员、教师和学生会谈为主,包括采用通信技术手段。案例研究的现场考察由国际评估主管或跨国教育评估小组成员中的一员负

---

①QAA. Transnational Education Review Handbook[EB/OL]. (2017-02-21)[2021-02-01]. https://dera.ioe.ac.uk/29006/1/TNE-Review-Handbook-2017.pdf.

责,时间通常为一天半。评审员主要基于与选定的教职员工进行会谈完成考察工作。根据案例研究的主题,也可能会请学生参与。

评估结束后,QAA通常会发布三类报告:其一,关于所选定评估对象高校的跨国办学评估报告,为其提供建议,并突出其良好实践经验;其二,案例研究报告,旨在更好地了解跨国教育一些具体或特定方面的情况,并促进良好实践的分享;其三,国家概况报告,概述英国跨国教育在所选评估国家的规模和范围、当地办学环境,以及通过评估和案例研究现场考察得出的主要发现。QAA会将这些报告在其官网上进行公开,并提交给英国相应的资助机构。

3. 跨国合作

寻求并开展合作是英国跨国教育质量保障的重要特点和方法。QAA在可能的情况下,会选择与东道国质量保障机构联合,主要包括信息资料共享、联合评审、认可彼此质量保障结果。然而,由于不同国家政策制度不同、立场不同,以及对跨国教育质量保障的认识不同,再加上高校跨国办学自身的复杂性,QAA与东道国教育质量保障机构的实际合作在深度和广度上存在差异。

当前,QAA与不同国家教育质量保障机构的合作关系主要基于机构间签订的谅解备忘录(Memorandum of Understanding,MoU)、合作意向书(Letter of Intent for Cooperation,LoI)、合作协议(Cooperation Agreement)及信息共享协议(Information Sharing Agreement,ISA)。

QAA与各国质量保障机构签订的合作文书以谅解备忘录为主。其中,QAA与爱尔兰国家质量和资历管理局(Quality and Qualifications Ireland,QQI)还单独签署了一份信息共享协议,明确约定了信息共享范围、内容、过程、知识产权等。QAA所签订的谅解备忘录、合作意向书、合作协议有效期各不相同,分别为2年、3年或5年,合作范围涵盖相互理解、信息交流、职员发展、双方评审员的使用、质量保障决定的互认等多个不同方面。

QAA与各国质量保障机构签订的谅解备忘录、合作意向书及合作协议等基本上属于格式化条款约定,主要内容相似度高,但与部分国家质量保障机构签订的条款存在一些或较大差异,如与泰国国家教育标准与质量评估办公室签订的合作意向书没有对合作做出约定,而在信息交流方面与澳大利亚高等教育质量和标准局签订的谅解备忘录则比其他谅解备忘录更为详细。综合 QAA 与各国质量保障机构所签订的谅解备忘录、合作意向书及合作协议来看,QAA 与各国质量保障机构并未约定执行不到位或违约的责任和后果,其法律约束力较弱。这类合作约定更多的是道德、声誉和信誉层面的约束,其实际作用或效用的发挥依靠双方的质量意识和一种文化自觉。

二、基于"三位一体"的美国高校跨国办学教育质量保障

美国高等教育质量保障主要由联邦政府、州政府和第三方认证机构共同构成,三者形成美国高等教育质量保障的三角模型。在此基础上,美国形成了"三位一体"高校跨国办学教育质量保障模式,即在对已有高等教育质量保障模式继承和发展的基础上,形成了由联邦政府、州政府和第三方认证机构共同构成的"三位一体"高校跨国办学教育质量保障体系。

(一)有限的联邦政府与州政府

美国是一个典型的地方分权制国家,其高等教育监管和政策制定主要由州政府负责。然而,由于美国高等教育质量保障更多的是一种"行业自律",因而联邦政府和州政府在高等教育质量保障中的作用有限。

美国联邦政府在高等教育质量保障中的作用包括直接监管和间接影响两个方面。联邦政府的直接监管主要集中于联邦财政资助管理上。间接影响主要体现于联邦政府对第三方认证机构的认可及要求高校必须接受第三方认证上。

基于高等教育法赋予的权力和职责,美国教育部负责制定并确定学生、高校及其项目能够获得资助的要求和资格。学生必须在符合最低质量标准及相应要求的高校中学习才能获得联邦政府的经济资助,在学习过程中还须满足联邦资助的学业进展要求。[1]

---

[1] Wolanin T R. Reauthorizing the Higher Education Act: Issues and Options[EB/OL]. (2003-03-14)[2020-06-01]. http://www.ihep.org/sites/default/files/uploads/docs/pubs/reauthorizinghea.pdf.

根据美国1965年《高等教育法》及其修正案,美国高校须满足三个方面的条件才能参加联邦学生资助项目。其一,必须获得办学所在地州政府的许可;其二,必须通过第三方认证机构的认证或预认证;其三,必须经由教育部对其参与学生资助资格进行认定。这些要求既是为了保护消费者权益,也是为了对参与学生资助项目的高校进行监督,以保障基本的教育质量。①

首先,州政府负责依法为其州内高校的办学提供授权许可,但对一所高校的法律授权必须满足两个基本要求,即必须对高校名称进行授权以在此名下举办高等教育项目;必须建立审查和处理有关该校投诉的程序,包括执行适用的州法律。其次,接受第三方认证机构认证最初属于高校的自愿行为,当联邦政府将认证与资助联系起来时便具有了强制性的含义,并且该认证机构须得到教育部的认可。最后,对于高校参与学生资助资格的认定,教育部不仅会核验州政府的许可及其认证状态,还会对该校的财务责任和行政能力进行评估。②

以上三个方面构成了美国高等教育质量保障的"三角模型",三者共同作用,以维持和提高美国高校教育质量。这一质量保障体系的组合在对美国高校在本国境内教育质量施加影响的同时,也一定程度上有利于对其高校跨国办学教育质量产生积极影响。

随着本国高校跨国办学规模的不断扩大,其质量问题日益受到关注。美国教育部认为有必要维持州政府对高校的最低批准要求,因而提议制定管理规定以支持各州制定相应的标准。③ 2016年12月,美国教育部正式发布有关州政府对远程教育和跨国办学授权的最终管理规定《项目完

---

①Congressional Research Service. Institutional Eligibility for Participation in Title IV Student Financial Aid Programs[EB/OL]. (2007-03-09)[2021-02-21]. https://fas.org/sgp/crs/misc/R43159.pdf.

②Congressional Research Service. Institutional Eligibility for Participation in Title IV Student Financial Aid Programs[EB/OL]. (2007-03-09)[2021-02-21]. https://fas.org/sgp/crs/misc/R43159.pdf.

③Department of Education. Program Integrity and Improvement (Proposed Rule)[EB/OL]. (2016-07-25)[2021-02-23]. https://www.govinfo.gov/content/pkg/FR-2016-07-25/pdf/2016-17068.pdf.

整性和改进》(Program Integrity and Improvement,以下简称《规定》),对美国高校在国外办学做了相应规定。

《规定》对美国高校跨国办学提出了一些具体的要求,包括外国办学点(foreign additional locations)和外国分校(foreign branch campuses)。根据美国教育部的定义,分校是指在地理位置上与主校区分离且独立于主校区,同时满足四个方面的条件:在性质上是固定的(permanent);为学生提供教育项目课程(以获得学位、文凭或其他受认可的教育证书);拥有自己的教师和管理或监督组织;拥有自主预算和招聘权限。办学点则是指在地理位置上与主校区分离但不符合分校定义的任何地方。高校在临时场地或租用场地提供的教育课程达到50%及以上也可以被认定为外国办学点。[①]

对于(将)提供的课程少于50%的外国办学点,《规定》要求该校必须符合外国可能设立的法律授权要求。对于外国分校,或(将)提供的课程达到50%及以上的外国教学点,该校必须得到相应政府的法律授权以在东道国办学,以及满足其他附加要求。相应地,母体高校必须向教育部提供材料,证明外方的法律授权允许其在当地举办高等教育活动。在适当的情况下,获得第三方认证机构对其跨国办学的批准,以及至少每年向母体高校所在州报告跨国办学情况,并遵守该州对其在国外办学的规定。[②] 这些政策规定是对美国高校跨国办学的直接约束,并且也与联邦财政资助相关联。如果美国高校的跨国办学未能符合上述规定,其在美国之外的办学活动将不具备联邦资助资格,就读于其外国办学点或分校的美国学生也无法申请联邦学生经济资助。

在实践中,由于各州拥有独立的管理权限和政策制定权力,因而各州政策制度存在一定差异。在术语的使用上,存在额外地点(additional locations)、分校(branch campus)、教育/国际教育项目(educational/interna-

---

[①]Hogan Lovells. Foreign Location Authorization Rule Appears on Schedule for July 1 Effective Date[EB/OL]. (2018-03-15) [2021-02-23]. https://www.hoganlovells.com/~/media/hogan-lovells/pdf/2018/2018_march_15_education-_alert-_foreign_location_authorization_rule.pdf?la=en.

[②]Poulin R, Dowd C. Authorization of Foreign Locations-The July 1,2018 Rule That Was Not Delayed[EB/OL]. (2018-07-11) [2021-02-24]. https://wcetfrontiers.org/2018/07/11/authorization-of-foreign-locations-the-july-1-2018-rule-that-was-not-delayed/.

tional education program)，以及州外（out-of-state）、输出（export）和输入（import）等多种不同表述。有的州甚至较少区分国内和国外，而更多的是做州内和州外之分。据莱恩等有关公立高校教育输出和输入监管的研究，所有50个州都以某种形式承认有权规范公立高校的扩张。其中，有40个州积极对公立高校的输出和输入进行监管，但许多州不区分州内和州外的教育扩张活动，只有15个州对其高校在州外的办学活动做出了专门规定。[1]

虽然美国联邦政府和州政府日益重视其高校的跨国办学活动，也逐步制定了一些管理规定和监管政策，但其高校跨国办学活动在性质上更多的是一种高校自主行为，联邦政府和州政府在其高校跨国办学教育质量保障中扮演着有限政府的角色。与其国（州）内教育质量保障一致，在对高校跨国办学的质量保障方面也更为依赖第三方认证机构的认证和高校的自觉。

（二）第三方质量保障机构的认证与作用

第三方质量保障机构的认证是美国高等教育外部质量保障的重要手段和方式，是对教育机构和项目进行同行评估的一种非政府手段。其主要作用在于评估高校学术课程质量，营造高校学术质量持续提高的文化氛围，促进教育机构普遍提高办学水平，全员参与学校评估和规划，建立专业认证和许可的标准等。

美国教育认证分为两种基本类型，即院校认证和专业认证。院校认证是指将高校作为一个整体进行认证，其中每一个构成部分都要有助于高校办学目标的实现。这类认证机构包括全国性认证机构和地区性认证机构。专业认证是指对某个或部分专业、系或学院进行认证。认证单位（unit）大至一所大学中的一个学院，小至某个学科的一门课程。高校在接受专业认证之前，通常需要先获得院校认证机构的认证。专业认证机构有时候也对单科性质的高校进行认证。[2]

---

[1] Lane J E, Kinser K, Knox D. Regulating Cross-Border Higher Education：A Case Study of the United States[J]. Higher Education Policy,2013(2):147-172.

[2] U. S. Department of Education. Accreditation in the United States[EB/OL]. (2015-03-15)[2020-06-15]. https://www2. ed. gov/admins/finaid/accred/accreditation. html#Overview.

根据美国高等教育认证委员会(Council for Higher Education Accreditation,CHEA)2020年5月公布的认证机构名单,全国性认证机构共有12个,全部都通过了美国教育部(U.S. Department of Education,USDE)的认可,其中有5个全国性认证机构同时还获得了CHEA的认可;共有7个地区性认证机构,全部既得到USDE的认可,也得到CHEA的认可;共有79个专业认证机构,通过USDE或CHEA认可的有66个,其中有13个既获得USDE的认可,也获得CHEA的认可。[①]

在高校跨国办学认证方面,美国没有统一负责对本国所有高校海外办学进行认证的机构,同时美国国内已有的认证机构也并不都涉及跨国办学认证事务。涉及跨国办学认证的认证机构之间也不存在统一的认证程序和标准,各有关认证机构自行制定政策、开发标准,对美国高校跨国办学活动进行认证与评估。[②] 根据USDE和CHEA官网信息,美国第三方质量保障机构认证总体上包括以下四个阶段。

第一阶段一般为院校自评或专业自评,相关高校或院系须准备详细的自评报告,表明是否达到或超过认证标准,并提出未来改进计划。自我评估是第三方认证机构进行认证的重要基础。在认证的第二阶段,即同行评审和现场考察阶段,外部评审专家会对认证对象提供的自评材料进行分析,并据此进行现场考察,以判断其跨国办学活动是否符合基本的认证标准。评审专家在现场考察时,还会根据自评材料中发现的问题,与相关教师、行政人员、学生进行访谈。现场考察结束后,评审专家通常会做一次退场报告(exit report),为接受认证的高校或院系提出评审过程中发现的问题。

现场考察结束后,认证进入第三阶段,评审专家通常会准备一份全面的认证报告,包括认证对象的优势、不足及未来改进建议。在第四阶段,认证报告会被提交给相关认证机构,由认证机构根据自评、同行评审和现

[①]CHEA. CHEA-and USDE-Recognized Accrediting Organizations (as of May 2020)[EB/OL].(2020-05-26)[2020-06-15]. https://www.chea.org/sites/default/files/other-content/CHEA_USDE_AllAccred-May2020_1_0.pdf.

[②]郭丽君.中国跨国高等教育质量保障体系研究[M].北京:社会科学文献出版社,2014.

场考察结果做出是否通过认证的决定,并发布其最新的认证状态。对于新建或新设立的跨国办学机构或项目,认证结果通常包括授予或拒绝新机构或项目的认证或预认证。对于现有跨国办学机构或项目,认证机构会对其认证状态进行更新或终止认证。另外,还存在有条件通过的情况,相关机构或项目可能需要接受中期审查。

以上是美国高校跨国办学第三方认证的基本程序,总体上与其本土认证活动具有较大的一致性。在实际认证过程中,认证机构有时也会结合高校跨国办学及东道国的实际情况进行考虑。不论何种情况,美国高校跨国办学认证通常非常注重高校在东道国提供的教育服务与其美国本土的一致性,即强调在东道国也应为学生提供与美国主体校区一致或相似的学习体验和教育质量。

除了第三方质量保障机构的认证,CHEA 在美国高校跨国办学教育质量保障中的作用同样不能忽视。20 世纪 90 年代,中学后教育认证委员会(CHEA 的前身)制定并发布《实践原则》,得到了所有地区认证委员会(regional accrediting commissions)的支持和认可。《实践原则》先后经地区认证委员会和新英格兰高等教育委员会(New England Commission of Higher Education)修改完善。《实践原则》从院校使命、审批、教学、资源、录取与记录、学生、控制与管理、道德与信息公开、合约安排、远程教育 10 个方面提出了 48 条具体原则,为高校跨国办学认证与评估提供基本依据。[1]

CHEA 于 2012 年组建美国高等教育认证委员会国际质量小组(CHEA International Quality Group,CIQG),以一种更有效的方式为国际高等教育质量保障提供服务。成立 CIQG 的目的主要在于:帮助高等教育相关机构和组织增进学术质量;提高对国际质量保障的认识;提供研究和政策指导。[2]

2015 年,CIQG 在 UNESCO 与 OECD《指南》等国际标准的基础上,对

---

[1] NECHE. Principles of Good Practice in Overseas International Education Programs for Non-U. S. Nationals[EB/OL]. (2018-12-20)[2020-06-15]. https://www.neche.org/wp-content/uploads/2018/12/Pp47-Overseas_programs_for_non-US_Nationals.pdf.

[2] CHEA. About CIQG[EB/OL]. (2020-02-13)[2020-06-15]. https://www.chea.org/about-ciqg.

全球相关质量保障准则进行整合,提出七大质量原则,即质量与教育提供者原则,确保高等教育质量是所有高等教育提供者及全体教职人员的主要任务;质量与学生原则,提供给学生的教育必须始终保证高质量的学习成果;质量与社会原则,判断高等教育质量是基于高等教育能否满足社会需求,以其公信力让大众充满信心;质量与政府原则,政府职能在于鼓励并支持高等教育质量的提升;质量与责任原则,高等教育提供者与质量保障/认证机构的责任是承诺保证质量,并定期提供其质量证据;质量与质量保障/认证机构原则,在高校及其领导者、教职人员和学生的协同努力下,高等教育质量保障/认证机构主要负责评估学习成果,提供学习工具、学习标准以及成果测量等,以达成彼此对质量的共识;质量与时代变迁原则,高质量的高等教育需要具有弹性、创新性与创造力,并随着学生的需求不断变化、不断发展,以保证其多样性,使社会对其充满信心。[①]

CIQG 国际质量原则强调在构建全球共同规范的过程中,应同时考虑不同地区的历史、文化、信仰及价值观等因素,旨在为国际高等教育提供一个质量框架,寻求高等教育全球质量共识的方法,建立一个国际质量标准。[②]

第三节　我国高校跨国办学的"进口"保障

高校跨国办学教育质量对输入国具有重要影响,对保障高校跨国办学教育质量意义重大。把好高校跨国办学教育质量的"进口"关,输入国主要利益相关者负有重要责任。中外合作办学是高校跨国办学在我国的主要形式。我国已经形成政府主导、第三方机构参与并日益发挥重要作用的高校中外合作办学教育质量保障体系。

[①]CHEA. CHEA International Quality Group International Quality Principles[EB/OL]. (2015－05－20)[2020－06－15]. https://www.chea.org/sites/default/files/other-content/Quality%20Principles.pdf.

[②]CHEA. CHEA International Quality Group International Quality Principles[EB/OL]. (2015－05－20)[2020－06－15]. https://www.chea.org/sites/default/files/other-content/Quality%20Principles.pdf.

一、高校跨国办学输入的监管模式

高校跨国办学在输入国的存在及发展取决于输入国各界对这类教育的需求,其存在价值的高低取决于自身满足输入国各界需求的程度和对输入国教育系统贡献的大小。但这些不能完全寄托于输出国政府的监管和输出方高校的自律,输入国能否真正从中受益需要输入国建立起完善的质量保障体系。在输入国政府层面,需要根据国家和地方发展需求、不同利益相关者群体和个人的需求等实际情况制定具有前瞻性的监管政策和法律法规,从而建立良好的跨部门合作保障机制。

然而,在高校跨国办学的实际运行中,不同国家(地区)由于政治体制、国情(或地区情况)、政府能力以及本国(地区)跨国教育发展目的、需求与实况不同,其对高校跨国办学的监管也存在较大差别。韦贝克(Line Verbik)和乔吉维塔(Lisa Jokivirta)根据各国对跨国教育输入的监管进行了归纳和分类,主要分为没有监管(no regulations)、宽松监管(liberal)、适度监管(moderately liberal)和严格监管(very restrictive)四种监管模式(见表4-3)。根据他们提出的监管模式分类,介于适度监管和严格监管之间还存在两种动态变化,即由宽松监管趋向更加严格的监管和由严格监管趋向更为宽松的监管。前者的变化包括要求强制注册和(或)认证,制定国内外机构合作准则等;后者的改变包括在全国或特定地区解除外国机构的办学限制。[1]

表4-3 跨国教育输入的国家监管模式

模式	监管
没有监管	没有专门的监管或控制,外国提供者无需东道国的许可即可自由运行
宽松监管	外国提供者在开始运行前,必须满足某些最低条件要求(如其母国的官方认可)
适度监管	输入国主动介入对跨国提供者的批准许可并(在某些情况下)进行认证。这种模式要求外国机构获得东道国(如教育部)的认证或其他正式许可。这类监管方式多样,包括从强制注册到基于学术标准的正式评估。监管要求通常简单明了,没有太多负担

---

[1] Verbik L, Jokivirta L. National Regulatory Frameworks for Transnational Higher Education: Models and Trends, Part 1[EB/OL]. (2005-09-14)[2020-06-04]. http://www.obhe.ac.uk/documents/2005/Reports/National_Regulatory_Frameworks_for_Transnational_Higher_Education_Models_and_Trends_Part_1.

续表

模式	监管
严格监管	政府或其他权威高等教育实体对外国提供者施加严格要求。这些机构可能会被要求在东道国建立一个存在实体(如禁止特许提供),只有获得东道国有关机构的认证才能得到批准,并且(或)外国提供者必须调整其课程才能符合规定要求,等等
	政府不承认通过跨国提供获得的外国资格。外国机构若希望颁发获得认可的学位必须成为东道国国家体系的一部分(尽管这一选择可能并不简单)

在实际的跨国办学实践中,并不存在独特或通用的模式可供参考使用。在这四种模式中,没有监管模式,有利于输入国快速引进国外高校办学资源,迅速扩大国内高等教育供应规模,提供更多高等教育入学机会,但是容易出现跨国办学行为失范,引起国内高等教育市场混乱,以及侵蚀国家教育主权。采用这种模式难以保证国家社会经济发展、地方产业转型升级能够真正从中受益,难以保证国家和地方教育能力的提升,而且学生及其家长的教育权利与利益也难以得到有效保障。严格监管模式会对高校跨国办学产生较大或极大限制,影响国内外高校在本国开展跨国办学的主动性,使国内跨国教育市场失去活力,导致不能更好地或无法充分利用国外优质教育资源,从而无法给本国经济、产业发展和教育能力等方面带来积极影响以及从更大程度上满足学生及其家长多样化的教育需求和对优质教育的追求。

具体选择哪种监管模式与国家发展的战略需求紧密相关,同时国家现有管理体制,高等教育监管与质量保障能力,民众对引进国外教育资源的需求、认可与接受程度,国内跨国办学的市场规模与成熟度等因素都会对一国监管模式的选择产生影响。总体上,没有监管和严格监管处于高校跨国办学监管模式的两极。相较而言,宽松监管模式和适度监管模式更易被跨国教育市场所接受,因而两者比没有监管和严格监管更为常见。① 当前,世界主要高等教育输入国大多倾向于采用适度监管模式。

二、政府主导的高校中外合作办学教育质量监管

高校中外合作办学是我国教育对外开放和高等教育高质量发展的

---

① 江彦桥,等.跨境教育监管与质量保障[M].北京:高等教育出版社,2014.

重要组成部分,在推动高等教育改革、高校国际化发展及满足学生多元教育需求与拓宽人才培养途径等方面发挥着积极的作用。[1] 经过多年的实践探索,我国高校中外合作办学教育质量监管体系得以不断发展和完善。

(一)高校中外合作办学发展现状

随着20世纪70年代末国家改革开放的推进,我国高等教育国际交流与合作进入了新的探索时期。1986年9月成立的南京大学—约翰·霍普金斯大学中美文化研究中心是改革开放以来经国务院批准的第一所高校中外合作办学机构。[2] 该机构既培养从事中美双边事务和国际事务的专门人才,同时也培养有关领域的教学科研人员。[3]

由于经验不足,改革开放早期的中外合作办学在管理上存在规范管理的困难。一方面,审批单位不统一,既有国家教委(1998年更名为教育部)、省市人民政府,也有省市教育行政部门;另一方面,缺乏相应的政策法规,导致无章可循、无法可依的状况。[4] 1993年6月,国家教委基于对高校中外合作办学的调研,印发了改革开放以来第一个较为全面规范合作办学的政策性文件《关于境外机构和个人来华合作办学问题的通知》。[5] 1995年1月,国家教委出台《中外合作办学暂行规定》,对中外合作办学机构的设置、运行及监督做了较为详细的规定。这两份文件为我国高校中外合作办学规范化发展提供了重要的政策依据。

据统计,全国经审批机关批准且在办的本科以上层次中外合作办学机构、项目共有1227个(数据截至2020年12月)。其中,具有独立法人

---

[1] 林梦泉,吕睿鑫,张舒,等.新时代中外合作办学质量治理体系构建理论与实践探究[J].中国高教研究,2020(10):9-15.
[2] 陈浩,马陆亭.中国教育改革大系·高等教育卷[M].武汉:湖北教育出版社,2016.
[3] 南京大学—约翰·霍普金斯大学中美文化研究中心.中心简介[EB/OL].(2020-06-03)[2021-02-27].https://hnchome.nju.edu.cn/10603/list.htm.
[4] 郭丽君.中国跨国高等教育质量保障体系研究[M].北京:社会科学文献出版社,2014.
[5] 教育部.追寻教育对外开放的历史印迹[EB/OL].(2018-10-16)[2021-02-27].http://www.moe.gov.cn/jyb_xwfb/s5147/201810/t20181016_351599.html.

资格的机构10个,不具有独立法人资格的机构121个①,项目有1096个②。在所有非独立法人中外合作办学机构中,超过七成机构设立于2010年后。目前,这类机构已遍及全国大部分地区,分布于22个省(自治区、直辖市)(见图4-4),共涉及19个外方合作国家。其中,45.45%的外方高校来自英国和美国,分别为29所和26所,在数量上位列前二名。在中外双方高校综合水平方面,55%的机构中方大学为"双一流"建设高校;15%的机构外方大学在QS世界大学排名中位居前100,25%的机构外方大学在QS世界大学排名中位居前200。③

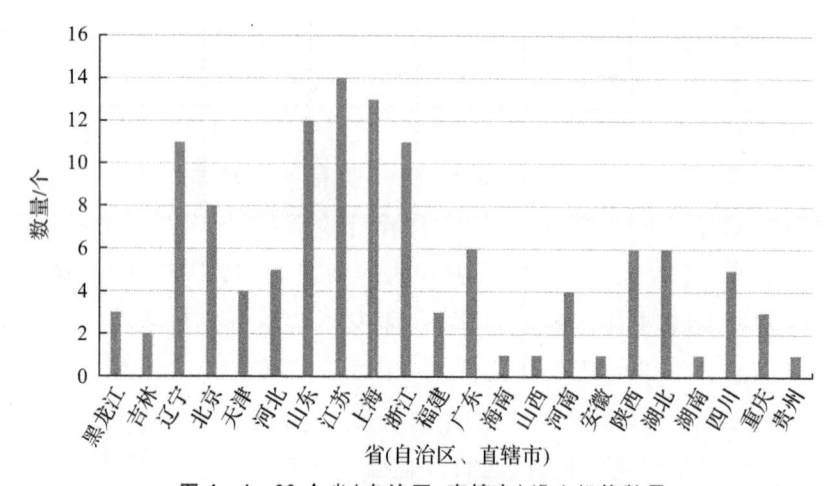

图4-4 22个省(自治区、直辖市)设立机构数量

资料来源:中外合作办学机构联席会秘书处.全国非独立法人中外合作办学机构基本现状[EB/OL].(2020-12-28)[2021-02-27].https://mp.weixin.qq.com/s/sdQoWltd3MrwPjkC0ZdTHg.

---

①此处本科以上层次非独立法人中外合作办学机构数据来自中外合作办学机构联席会在2020年12月28日发布的《全国非独立法人中外合作办学机构基本现状》报告。

②赵秀红.第十一届全国中外合作办学年会举行[EB/OL].(2020-12-17)[2021-02-27].http://www.jyb.cn/rmtzcg/xwy/wzxw/202012/t20201217_382957.html.

③中外合作办学机构联席会秘书处.全国非独立法人中外合作办学机构基本现状[EB/OL].(2020-12-28)[2021-02-27].https://mp.weixin.qq.com/s/sdQoWltd3MrwPjkC0ZdTHg.

(二)高校中外合作办学教育质量监管

中外合作办学是我国唯一以高于部门规章的国务院法规——《中华人民共和国中外合作办学条例》(以下简称《条例》)规范的办学形式。①自1995年以来,我国政府先后就中外合作办学发布了系列文件,涉及机构设置、学位管理、办学政策、办学评估等诸多方面。②经过多年的发展,我国已经形成了较为完善的高校中外合作办学教育质量保障与监管体系。

首先,以行政审批把好入口关。行政审批是我国高校中外合作办学教育质量监管的重要入口关,由教育主管部门根据举办者的申请依法、依规审查,做出是否准许办学的决定。行政审批构成我国高校中外合作办学教育质量保障的重要行政机制,属于一种事前审查机制,是确保高校中外合作办学规范运行的重要基础,是对国家教育主权、国家利益和学生权益等的有效保护手段。从表4-4可以看出,我国已经建立了由中央政府和地方政府共同构成的两级审批制度。

表4-4　中央和地方政府部门行政审批范围

审批部门	审批事项
国务院教育行政部门审批	申请设立实施本科以上高等学历教育的中外合作办学机构
国务院教育行政部门批准	申请举办实施本科以上高等学历教育的中外合作办学项目
省级地方人民政府审批 (国务院教育行政部门备案)	申请设立实施高等专科教育和非学历高等教育的中外合作办学机构
省级教育行政部门审批	申请设立实施中等学历教育和自学考试助学、文化补习、学前教育等的中外合作办学机构
省级教育行政部门批准 (国务院教育行政部门备案)	申请举办实施高等专科教育、非学历高等教育和高级中等教育、自学考试助学、文化补习、学前教育的中外合作办学项目
省级劳动行政部门审批	申请设立实施职业技能培训的中外合作办学机构

资料来源:国务院.中华人民共和国中外合作办学条例[EB/OL].(2014-06-03)[2021-03-24]. http://www.gov.cn/gongbao/content/2014/content_2692776.htm;教育部.中华人民共和国中外合作办学条例实施办法[EB/OL].(2014-12-18)[2021-03-24]. http://old.moe.gov.cn/publicfiles/business/htmlfiles/moe/moe_621/201412/180471.html.

---

① 林金辉.中外合作办学与高等教育改革[M].厦门:厦门大学出版社,2018.
② 徐小洲.我国高等教育对外开放的成就、机遇与战略构想[J].高等教育研究,2019(5):1-9.

根据《条例》及《中华人民共和国中外合作办学条例实施办法》(以下简称《实施办法》),本科以上中外合作办学机构和项目的审批(批准)权限在国务院教育行政部门。《条例》第十二条规定,申请设立实施本科以上高等学历教育的中外合作办学机构,由国务院教育行政部门审批;《实施办法》第三十六条规定,申请举办实施本科以上高等学历教育的中外合作办学项目,由拟举办项目所在地的省、自治区、直辖市人民政府教育行政部门提出意见后,报国务院教育行政部门批准。

行政审批是国家权力和国家意志的直接体现。自我国行政审批制度改革以来,包括教育行政部门在内的国家机关不断下放行政审批权力,清理和取消不必要的行政审批事项[①],但本科以上中外合作办学机构和项目的审批权限仍在国务院教育行政部门,由教育部负责审批或批准,并且部分本科以下中外合作办学机构和项目经省级地方人民政府或省级教育行政部门审批(批准)后,还须报国务院教育行政部门备案。这一方面体现了高校中外合作办学监管的严肃性,另一方面也体现出国家对中外合作办学的重视。如果将高校中外合作办学完全推向市场,或过于依赖市场机制,可能会给高校中外合作办学教育质量带来巨大的负面影响,损害国家公共利益和学生权益等。

其次,构建高校中外合作办学过程监管机制。这主要体现在以下三个方面。

一是实施年度报告制度,且要求机构进行财务审计并向社会公开及向审批机关报备。根据《实施办法》第五十二条的规定,中外合作办学机构和举办中外合作办学项目的中国教育机构每年须向审批机关提交办学报告。报告内容涵盖招生、课程设置、师资配备、教学质量、财务状况等基本情况。《条例》则对高校中外合作办学机构的财务报告和审计做了专门规定,要求相应机构按每个会计年度制作财务会计报告,委托社会审计机构依法审计,向社会公布审计结果,并报审批机构备案。

二是对高校中外合作办学进行复核,强化过程管理,建立退出机制。在我国中外合作办学发展早期,政策环境较为宽松,高校中外合作办学迎

[①] 李晓辉.中外合作办学:法律制度与实践[M].厦门:厦门大学出版社,2017.

来快速发展,但在这一过程中办学发展良莠不齐,办学活动失序①,存在低水平重复和招生、收费、证书颁发等失范行为。为此,教育部先后出台《教育部关于做好中外合作办学机构和项目复核工作的通知》(2004年)、《教育部关于当前中外合作办学若干问题的意见》(2006年)、《教育部关于进一步规范中外合作办学秩序的通知》(2007年)、《教育部办公厅关于加强涉外办学规范管理的通知》(2012年)和《教育部关于进一步加强高等学校中外合作办学质量保障工作的意见》(2013年)等系列文件。在此基础上,规范办学过程管理,由相关教育行政部门依法依规开展行政复核工作,并对高校中外合作办学运行和教育教学活动进行监管,以保障教育质量。对于不符合条件或不适合继续办学的中外合作办学机构和项目,依法终止办学。例如,2018年,《教育部办公厅关于批准部分中外合作办学机构和项目终止的通知》公布,依法终止了234个本科以上中外合作办学机构和项目。

三是开展中外合作办学评估,激励与处罚并举。为进一步加强对高校中外合作办学的规范管理,提高办学水平和能力,保障教育教学质量,教育部制定并于2009年印发了《中外合作办学评估方案(试行)》和《教育部办公厅关于开展中外合作办学评估工作的通知》,对依法批准设立和举办的实施本科以上高等学历教育的中外合作办学机构和项目,以及实施境外学士学位以上教育的中外合作办学机构和项目进行合格性评估。评估工作由教育部国际合作与交流司统一组织,教育部学位与研究生教育发展中心具体实施。评估以办学单位的自我评估为主,在自我评估的基础上,以随机抽查等方式组织实地考察评估。根据教育部国际合作与交流司《关于开展2016年中外合作办学评估工作的通知》,我国于2016年起实施定期评估,中外合作办学机构和项目自批准设立五年后须进行评估,评估周期为五年(不包括独立法人机构)。评估的目的在于,推动我国高校中外合作办学形成一种质量文化和文化自觉,以此推动办学者走向自律,实现教育质量的自主保障。为此,我国高校中外合作办学

---

① 陆根书,康卉,闫妮.中外合作办学:现状、问题与发展对策[J].高等工程教育研究,2013(4):75-80.

评估还设置了激励处罚并行的二元监管机制,即经评估发现办学规范、质量较高、社会效果较突出的办学单位,对其办学经验进行宣传和推广;对于在办学中存在严重问题的办学单位,则依法依规采取限期整改、停止招生等处罚措施。①

最后,建立健全高校中外合作办学出口保障机制。根据高校中外合作办学的发展和实际需要,我国建立了中外合作办学学历学位认证制度,由教育部留学服务中心根据国务院学位委员会和教育部的文件规定,负责中外合作办学机构和项目颁发的境外学历学位认证工作。② 2008 年,教育部开始试点建立本科以上层次中外合作办学颁发境外学历学位证书认证注册信息库,并从当年入学就读中外合作办学机构和项目的学生开始,对其所获境外学历学位证书进行认证。③ 2015 年,教育部国际司委托留学服务中心建立注册系统数据库,并于 2016 年将其与原中外合作办学认证系统绑定,从而使学生注册和学历学位认证建立了逻辑关联。相关中外合作办学机构及办学项目的中方高校只有在按规定完成学生信息注册后,其毕业生才能申请境外学历学位证书认证。其中,注册属于中外合作办学监管的强制性要求;认证则属于申请人的自愿行为。④ 学历学位认证机制的建立和完善,使高校中外合作办学活动得以进一步规范,有利于保障学生的合法权益及其所获学历学位证书的可信度。

综合来看,自 20 世纪 90 年代以来,我国在高校中外合作办学的发展进程中不断改进和完善政策管理规范和质量监管措施,已经初步形成了相匹配的高校中外合作办学质量监管框架和教育质量保障体系。这不仅有利于维护高校中外合作办学中学生的利益,提高人才培养质量,也有利

---

①教育部.教育部办公厅关于开展中外合作办学评估工作的通知[EB/OL].(2009-07-15)[2021-03-26].http://www.moe.gov.cn/srcsite/A20/moe_862/200907/t20090715_77977.html.

②教育部留学服务中心.中国国(境)外学历学位认证(可)报告[M].北京:人民教育出版社,2016.

③教育部.中外合作办学境外学历学位证书认证说明[EB/OL].(2020-12-20)[2021-03-26].http://www.crs.jsj.edu.cn/news/index/20.

④资料来源于 2019 年 10 月教育部留学服务中心工作人员在 A 大学国际校区调研的口述。

于促进高校中外合作办学的健康、可持续、高质量发展。

三、第三方机构中外合作办学质量认证

在我国全国性的高校中外合作办学教育质量保障中,除了教育部学位与研究生教育发展中心承担高校中外合作办学评估工作外,中国教育国际交流协会的质量保障作用也日益凸显。前者属于教育部直属事业单位,后者是我国教育界开展民间对外教育合作与交流的非营利性社会组织。

根据《中国教育国际交流协会章程》,协会的业务范围包括依法、依规从事涉外教育领域的标准化工作,开展涉外教育认证和评估等教育质量保障工作,发挥智库作用,为政府、社会和学校等提供咨询和建议。其中,中外合作办学质量认证适用于实施本科以上、高职高专教育层次的中外合作办学机构和项目。为了更好地开展中外合作办学质量认证工作,保障中外合作办学教育质量,协会于2012年成立中外合作办学专业委员会,并于2014年正式开始履行中外合作办学质量认证职能。

中国教育国际交流协会中外合作办学质量认证职能的构建和拓展,一方面是我国高校中外合作办学不断发展的现实需要,另一方面得益于教育部的委托和支持。其目的在于保障我国高校中外合作办学教育质量,以及促进合作办学可持续发展。协会开展中外合作办学的动因主要在于以下三个方面:其一,促进中外合作办学机构或项目的自我改进和提高;其二,配合政府加强宏观管理和过程监督;其三,为社会公众鉴别中外合作办学质量提供参考。[①] 中国教育国际交流协会中外合作办学质量认证程序主要包括提交申请、资质审查、签订协议、初访指导、自评自改、自评审议、现场考察、认证决定和后续复查等环节(见图4-5)。

在高校中外合作办学质量认证标准方面,中国教育国际交流协会制定了较为成熟的质量标准。针对本科以上中外合作办学机构和项目,协会制定的认证标准主要包括办学定位和宗旨、资源配置和使用、教育教学

---

①中国教育国际交流协会.中外合作办学质量认证概况[EB/OL].(2020-12-24)[2021-03-21]. http://www.ceaie.edu.cn/zlrz/3.html.

提交申请	以自愿申请为基础，但须满足三个条件：经地方政府或国家审批部门批准正式设立，并具有两年以上办学经历；遵守《中外合作办学条例》及《中外合作办学条例实施办法》，按照章程或协议从事办学活动；接受认证标准，并在认证过程中能履行相应义务和职责。
⇩	
资质审查	认证中心对申请材料进行审阅，做出是否接受申请的答复。
⇩	
签订协议	通过资格审查的申请者，签订认证协议，正式启动认证程序。
⇩	
初访指导	介绍认证目的、标准和程序，共商个性化指标，帮助做好认证准备和自评。
⇩	
自评自改	申请者参照标准，审查现有文件、运作体系和实际操作，客观评价工作绩效，提出改进计划和措施，并提交自评报告和相关材料。
⇩	
自评审议	专家组对自评报告和相关材料进行审议。
⇩	
现场考察	专家组通过听课、访谈、座谈、查阅资料等方式收集、核查有关信息，对照认证标准作出独立评判。
⇩	
认证决定	专家组形成认证综合报告，经认证委员会审议后，作出认证决定并以适当方式向社会公众发布认证结果。认证结果分为通过认证、延期认证和否决认证。
⇩	
后续复查	对未通过认证的单位，要求在指定期限内，采取整改措施并做好回访和再次现场考察的准备；对通过认证的单位，进行定期或随机的复查。

图 4-5 中外合作办学质量认证程序

资料来源：中国教育国际交流协会. 认证程序［EB/OL］.（2020-07-08）［2021-03-21］. http://www.ceaie.edu.cn/zlrz/178.html.

活动和服务、组织管理和内部质量保障、公共关系和社会诚信五个维度。在这五个维度下面，共设置了 13 个一级指标和 49 个二级指标。中国教育交流协会中外合作办学质量认证承认不同高校中外合作办学活动的多样性和差异性,认证和被认证双方可以共同商议确定个性化认证标准。通过分析发现,协会的中外合作办学质量认证具有如下四个方面的特点。

第一,强调以学生为中心,重视教育教学目标的达成和学生的学习成果与产出。例如,认证标准明确提出要以学生为中心,系统安排教学活动,合理配置教学资源,以满足学生个性化发展需要;强调教育教学的核心地位,通过教育教学活动达成人才培养目标,促进学生学习成功。

第二,注重过程性和自律性,通过双方互动改进和提高教育质量。一方面,注重认证对象的自我评估和自我反思与改进,如要求认证对象在初访指导后,根据认证标准和要求进行全面自评和整改,持续时间一般为四个月至一年。另一方面,强调通过双方互动,由认证专家进行问题诊断,进行反馈并提出改进建议。认证对象在认可和接受的基础上进一步落实完善,从而实现教育质量的不断提高。此外,还注重通过促进认证对象完善组织管理规范,改进内部质量保障体系,实现基于自我约束的教育教学质量保障。

第三,重视认证后监测,促进教育质量的持续改进。认证对象在通过中国教育国际交流协会的认证后,还须接受协会的定期监督审查,并反馈整改情况和发展状况,以证明其质量能够持续符合质量认证标准和要求。根据协会质量认证规则的规定,认证对象在初次被授予认证证书的一年内须接受一次监测,且此后每次监测的时间间隔不超过12个月,其中至少有一次为入校现场审查。

第四,保证认证的权威性和有效性,并与国际接轨。中国教育国际交流协会构建了代表多方利益相关者的认证专家队伍,包括教育行政管理者、同行专家、学科专家、国内外评估或认证专家、社会代表等,由他们共同参与并开展中外合作办学质量认证活动,以保证认证的权威性和有效性。在认证程序和认证办法上注重与国际接轨,并制定与国际衔接的质量认证标准。不仅如此,协会还与国外多家质量保障机构签订合作意向书,探索建立与国际高水平教育质量保障机构的合作机制,增强认证结果的社会公信力和国际可比性。

第五章

高校跨国办学组织行动与教育质量保障：内部利益相关者视角[①]

受自身资源和能力的限制，以及对异质性资源的需求，高校往往需要与不同的利益相关者形成联结，以获取更多发展所需的重要资源。通过这种联结，输入和输出双方母体高校构建起一个以跨国办学机构为核心的跨国办学网络，三者相互嵌入其中。双方母体高校及其跨国办学机构在高校跨国办学内部教育质量保障中不可或缺，从诸多方面共同发挥作用。本章将以AB联合学院和AC联合学院为例，分别从双方母体高校和机构层面进行详细分析和论述。

第一节 高校跨国办学案例镜像：联合学院的创建及发展现状

高校跨国办学既是一种自我发展的战略选择，也是对外部变化和需要的回应。AB联合学院和AC联合学院的创建便是如此，既有双方母体高校自我发展和追求的需要，也有社会服务的使命引领和责任担当。内外部联动和有序运行的组织结构与管理体系为两个联合学院的运行提供了有力支撑，使其得以快速发展。

一、世界一流大学建设与大学使命呼唤联合学院的诞生

1998年5月，江泽民同志在庆祝北京大学建校100周年大会上指出，

[①] 本章中关于地名编码的说明：所有省、自治区和直辖市皆以其名称首字的第一个拼音编码，如Z省、X区、S市；若遇到首字或首字第一个拼音相同的情况，以字母加数字的方式编码，如J1省、J2省、J3省；省会城市或地级市以其名称首字的第一个拼音编码，如H市；县级市以其名称首字的第一个拼音加小写"x"编码，如Hx市。

"为了实现现代化,我国要有若干所具有世界先进水平的一流大学"①。这标志着我国正式提出建设世界一流大学的战略目标。② 次年,"985工程"正式启动。A大学作为9所首批入选"985工程"的高校之一,始终将"世界一流大学"作为学校发展目标。该校将国际化作为建设世界一流大学的战略选择,通过引进国外优质教育资源开展合作办学提高办学水平和国际学术影响力。在此过程中,A大学坚持与服务区域发展和国家战略相结合,明确提出建设国际校区、创办联合学院要服务于地方和区域经济发展及国家教育对外开放战略。

第一,AB联合学院和AC联合学院的创建既是A大学加快建成世界一流大学的客观需要,也是B大学和C大学提高国际声誉和全球影响力,寻求或保持世界一流大学声誉与地位的理性选择。

在A大学国际校区的一份内部材料中,明确提出建设国际联合学院是该校加快建成世界一流大学的客观需要,到2020年进入世界一流大学行列,2030年跻身世界一流大学前列,2050年整体建成世界顶尖大学,从而为高水平建成中国特色世界一流大学提供A大方案。A大学党委书记曾明确指出,必须善于研判形势、抓住机遇,聚焦发展的战略短板,优化全球战略布局,发展深度实质性伙伴关系。面对学校发展的新形势和新机遇,A大学构建了"以我为主、一对多、高水平"的国际合作办学模式,与国际综合排名或单一学科排名居于前列的世界著名大学或一流学科开展合作,设立了AB联合学院和AC联合学院两个中外合作办学机构。

小的方面来讲就是自身的发展需要,我们要建设世界一流大学,A大学有一个三步走的规划,哪一年要达到哪一步,其中非常重要的一点就是国际化的要求。世界一流大学是按照世界范围来排的,是面向全球的……所以说自身发展需要有这样一个稳定的、机制性的、与国外合作办学的项目……因为机构合作的层次、深度更高,而且范围也做得大,不是一个学科专业,零零散散的那种,可能是一个学科群来一起合作,所以说

---

① 江泽民.在庆祝北京大学建校一百周年大会上的讲话[J].北京大学学报(哲学社会科学版),1998(3):5-7.

② 胡德鑫.我国世界一流大学建设的历史演变、基本逻辑与矛盾分析——基于历史制度主义的分析范式[J].教育发展研究,2017(Z1):1-8.

我们要搞一个非独立法人的中外合作办学机构。（I-M101）

时任 A 大学常务副校长也曾明确指出，建设国际校区，引进国外大学合作办学在项目立项时，其目的之一便是助力 A 大学建设世界一流大学。

对于 AB 联合学院和 AC 联合学院的外方母体高校 B 大学和 C 大学而言，与 A 大学合作开展跨国办学，也是其提高国际声誉和全球影响力，寻求或保持自身世界一流大学声名与地位的现实需要。

我认为它跟中国、跟我们合作，对它来讲，也是它海外整个策略的一部分。它甚至把我们的这个联合学院当作它在中国的一个校区。第二个，B 大学成立于 1583 年，是英国的一所老牌学校。它有它的教育情怀，在生物医学领域，它觉得自己非常资深。它希望把这种教育能够往全球拓展。所以 B 大学不仅仅是跟我们合作，它现在也在国内寻求更多的合作伙伴。（I-M501）

我总的一个理解它是着眼于长远……它要保持一流的地位。比如说这个 C 大学，它很明确，它是世界一流学校，它的工科一流。以后世界五百强的公司里面有多少它的毕业生，它的学生应该遍布世界五百强的。中国经济发展那么快，从长远来讲，以后中国的大企业在世界五百强里面分量应该是非常高的。在这样的世界五百强里面，说谁都没有它的毕业生，以后相当于你跑不出欧美的这个范围，中国的世界五百强里都没有你的毕业生，你说世界一流好像有点心虚了。它是着眼于全球的、长远的。那我们这里的毕业生以后可能在中国的世界五百强里担当一个比较重要的角色。（I-M101）

第二，AB 联合学院和 AC 联合学院的创建既是服务地方和区域经济发展的使命引领，也是服务国家教育对外开放战略的责任担当。

在服务地方和区域经济发展方面，如 Hx 市以 A 大学国际联合学院为依托，创建国际科技城，通过产学研联通，大力引进高端科技和人才，重点发展新一代信息技术、大健康及新材料三大产业。地方政府提供财政、办学用地及校园设施等资源吸引，并支持 A 大学国际联合学院的落户及建设。A 大学国际联合学院则发挥其社会服务职能，为当地社会经济发展服务。不仅如此，其社会服务更是延伸至整个长三角地区。

A大学的特点跟清华、北大不一样,那个就在"皇城"之下,获得的资源可能要多一点。A大学远离"京城",你要发展,更多的要靠地方;而且Z省又比较有特色的地方在哪里,它的民营经济比较发达,全国数一数二的。这样,A大学的特点跟Z省的特点就非常好地结合在一起,就是为区域经济,现在不光是为Z省,可能是出于服务整个长三角区域的需要,提高区域(服务)也有国际化的需求。(I-M101)

2019年,A大学国际联合学院的建设被列入国家《长江三角洲区域一体化发展规划纲要》。该校明确提出建设汇聚全球高水平人才、推动创新发展的战略高地,集聚高端合作办学资源,创建国家级和省部级国际合作基地,支撑地方和区域创新发展。诚如A大学党委书记所说,"要'顶天立地''高水平、强辐射',主动服务国家区域重大战略需求,不断优化社会服务布局"。

引进国外一流大学教育资源开展合作办学,主动对接和服务国家教育对外开放发展战略。随着国家改革开放的推进,我国高等教育也开始了新一轮改革,高校中外合作办学作为高等教育对外开放的重要组成部分逐渐被提上议事日程。自1995年《中外合作办学暂行规定》颁发以来,国家出台了系列中外合作办学和教育对外开放政策文件,构建了较为完善的高校中外合作办学体系和高等教育对外开放管理体系。

2016年4月和2020年6月,国家先后印发《关于做好新时期教育对外开放工作的若干意见》和《教育部等八部门关于加快和扩大新时代教育对外开放的意见》,明确提出要坚持"围绕中心、服务大局、以我为主、兼容并蓄、提升水平、内涵发展、平等合作、保障安全"的工作原则,通过引进世界一流大学和特色学科,开展高水平人才联合培养和科学联合攻关,重点围绕国家急需的自然科学与工程科学类专业建设,引进国外优质资源,全面提升合作办学质量,推动我国教育对外开放实现高质量内涵式发展。

在我国高等教育对外开放的发展过程中,A大学始终坚持服务国家教育对外开放大局,对接国家开放发展战略需求,先后引进B大学和C大学两所世界一流公立研究型大学,合作开设生物医学、生物信息学、电气工程、电子与计算机工程、机械工程、土木工程等国家急需的自然科学与工程科学类专业,联合培养具有家国情怀、国际视野、全球竞争力和世界担当的高水平人才,合作设立基础医学国际研究中心、工程生物学国际研究中心、先进光子学国际研究中心、信息电子国际研究中心、功能高分子国际研究中心、泛在电力物联网国际研究中心等多个研究中心,开展高水平科学研究与联合攻关,打造国际教育合作样板区。

二、联合学院的组织结构与发展现状

AB联合学院和AC联合学院坐落于距离A大学主校区70余千米的国际校区,在办学运行上具有较大的独立自主权,包括自主预算决算权、人事评聘权及学术管理权等(I-M501)。在A大学内部管理层面上,A大学在国际校区设有协调委员会和学术委员会,统领校区行政管理和学术服务工作,并设立综合办公室、人力资源部、学生事务部、教育教学中心、计划财务部、总务部、图书信息中心、科研与技术转化部等具体的职能部门,形成了较为成熟的"一室、五部、二中心"行政管理支撑和运行体系(见图5-1)。

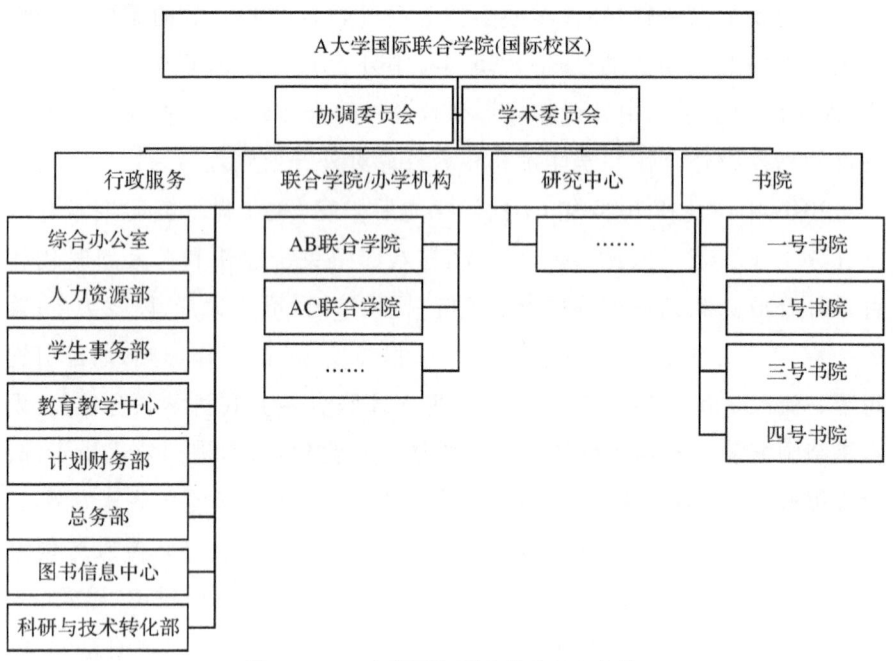

图5-1 A大学国际联合学院组织架构

资料来源:A大学国际校区部门内部资料。

在联合学院内部,AB联合学院形成了以国际联合管理委员会(Joint Management Committee)、院务委员会、综合行政管理、教学管理与学生支持、科研管理与平台支撑等共同构成的组织管理体系。学院最高行政权力机构为联合管理委员会,其成员由A大常务副校长和B大医学与兽医学部相关院长负责召集,并分别担任主席及副主席。在联合管理委员会下设AB联合学院院务委员会。该委员会是联合学院日常管理决策机构,在联合管理委员会监督下决策联合学院日常工作。联合学院院务会议由学院院长、执行院长、副院长组成。AB联合学院行政组织结构如图5-2所示。在这个组织结构下,AB联合学院形成了满足办学所需的行政管理支撑体系。

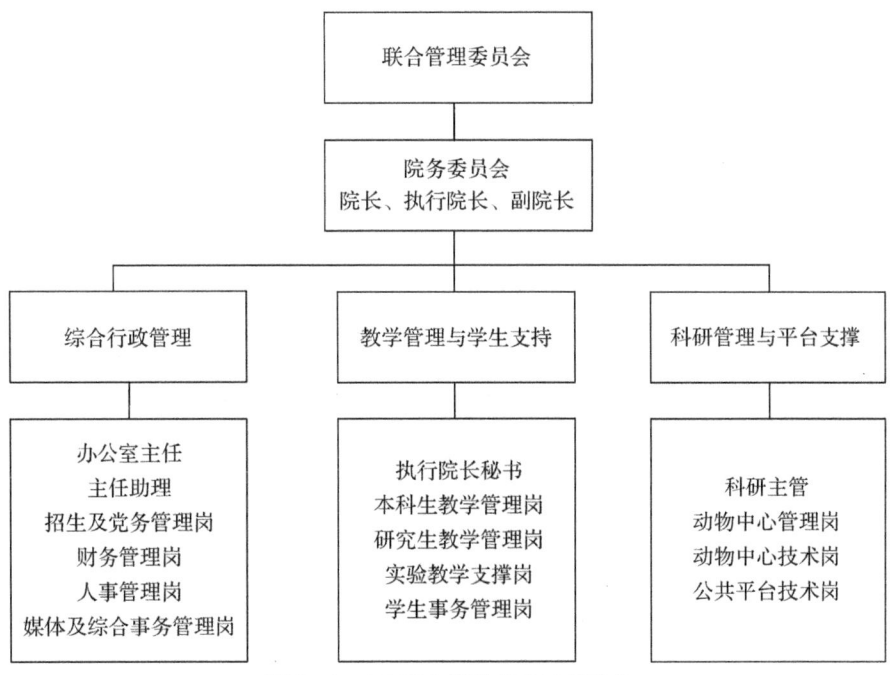

图5-2 AB联合学院行政组织结构

资料来源:根据调研资料、相关文件及官网信息等绘制。

与AB联合学院相似,AC联合学院形成了由联合管理委员会、院长、执行院长、副院长、职能科室(中心)等共同构成的行政支撑体系。AC联合学院的最高决策机构为联合管理委员会,履行监督学院办学和决策重大事项的职责。联合管理委员会设立共同主席职位,由双方母体高校分别指定一人共同担任。AC联合学院在联合管理委员会下由学院院长、学院执行院长、执行委员会和外部咨询委员会等实施管理。其中，执行委员会由副院长和学院各系主任组成，协助学院的管理事宜；外部咨询委员会是一个议事、咨询的非实体机构，即国际咨询委员会，由A大学和C大学各提名三位相关领域的专家组成，负责为AC联合学院学术、科研、管理和发展等问题提供咨询意见。2019年12月，AC联合学院对学院内设机构进行调整和完善，形成了由综合办公室、本科教育教学办公室、教学实验中心等"六室、一中心"构成的行政管理支撑和教育教学与人才培养服务体系(见图5-3)。

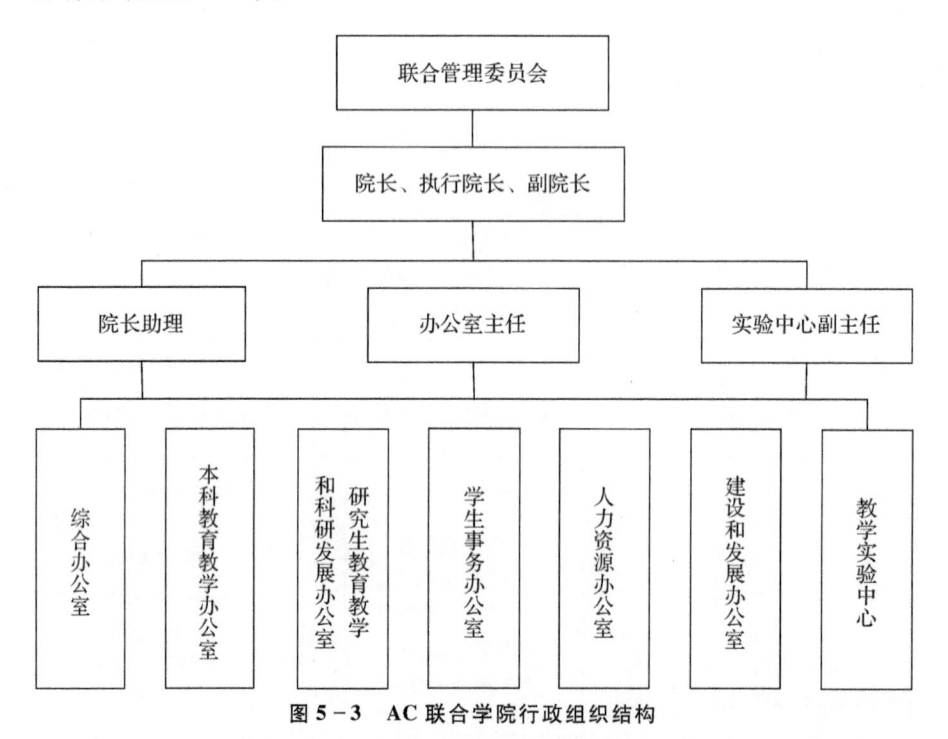

图5-3　AC联合学院行政组织结构

资料来源：根据调研资料、相关文件及官网信息等绘制。

A大学国际校区的筹建工作于2013年正式启动，由Z省Hx市无偿提供校园建设用地和校园建设资金。整个校区的基建由A大学提出建设要求，A大学建筑设计研究院设计，Hx市政府负责实施建设(I-M101)。一期工程于2016年8月完工，2017年10月全面建成。

在前期的合作基础上，经双方沟通、协商和论证，A大学于2014年和

2015年先后与B大学和C大学签署合作办学协议①,筹建AB联合学院和AC联合学院,并于2016年获教育部批准设立,同年9月正式招生开学。

这两个(联合学院)实际上就是原来的一般性的项目,原来都在合作的,就是有点基础的,双方合作得不错。A大学跟他们讲,我们是不是进行一个深入的、更紧密的合作。按中国的话来讲,就是机构的办法,那么他们也同意,就是这样搞起来的。校园2014年开始建造,2016年建造好。2016年1月被批复下来。当年开始招生。(I-M101)

其中,A大学和B大学合作创建联合学院直接源自两校2012年的"3+1"人才培养合作,学生毕业后可获得A大学学士学位和B大学硕士学位。此后,两校合作升级,提出共建AB联合学院,围绕联合本科生项目、联合博士学位项目、联合课程、联合师资和联合研究中心五个联合,构建新型合作教育模式。② 当前,在A大学国际校区所开设的六个合作办学本科专业中,生物医学和生物信息学为AB联合学院开设,机械工程、电气工程及其自动化、电子与计算机工程、土木工程为AC联合学院所开设。符合条件的毕业生可获得中外双方母体高校授予的学士学位。

两个联合学院自2016年首次招生以来,得到了社会各界的广泛认可,招生人数逐年增长。2016年,AB联合学院本科生招生22人,到2020年增长至152人,增长了5.9倍(见图5-4);AC联合学院2016年本科生招生30人,到2020年增长至279人,增长了8.3倍(见图5-5)。2020年6月,AB联合学院生物医学和AC联合学院电气工程、计算机工程专业迎来首届毕业生。其中,AB联合学院17人,AC联合学院28人,共计45人顺利毕业,获得双方母体高校颁发的本科(学历)学位证书。目前,在本科教育层次,AB联合学院共有本科生404名,AC联合学院共有本科生769名,两院在校本科生合计1173名。

---

①资料来源于A大学国际校区官网。
②资料来源于A大学基础医学院官网。

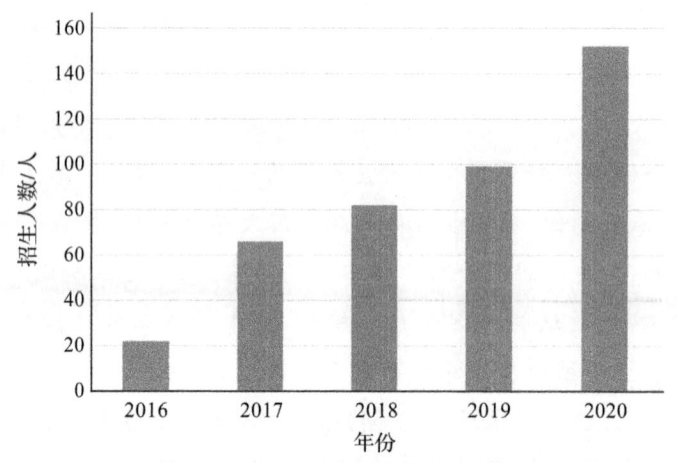

图 5-4　AB 联合学院本科生招生情况

资料来源:根据 A 大学国际校区内部资料和官网公开信息整理绘制。

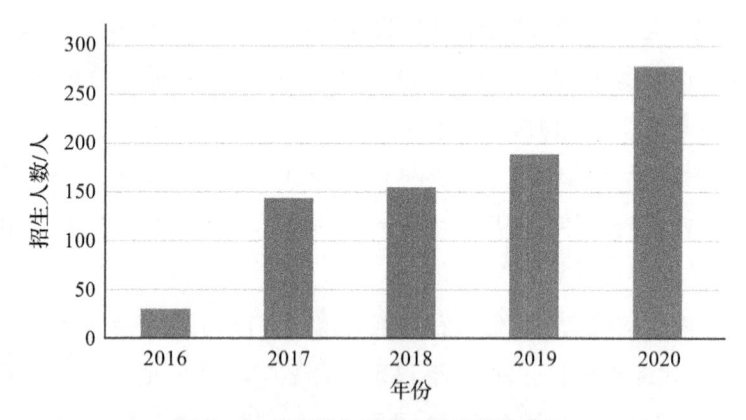

图 5-5　AC 联合学院本科生招生情况

资料来源:根据 A 大学国际校区内部资料和官网公开信息整理绘制。

第二节　双方母体高校的监管与质量保障

作为输出和输入双方高校合作的产物,一方面,跨国办学机构必须在双方母体高校的监管体系下运行;另一方面,双方母体高校也须采取不同的措施,履行其教育质量保障的职责。以下将围绕 AB 联合学院和 AC 联合学院的输入方母体高校 A 大学、输出方母体高校 B 大学和 C 大学展开论述。

一、输入方母体高校 A 大学

A 大学作为高校跨国办学的输入方,扮演着统一规划、管理协调和服务支撑的角色,建立单独的国际校区(国际联合学院),学术事务由学校统一管理,行政事务授权校区管理,支撑服务采用社会化承担的方式,对于两个联合学院则采取"一院一制"、独立运行的管理模式(见图5-6)。[1] 虽然两个联合学院被给予了较大的独立自主权,但 A 大学依然非常重视对联合学院教育质量的监管和保障。A 大学在不过多干预联合学院内部办学活动的基础上建立了全过程保障体系。

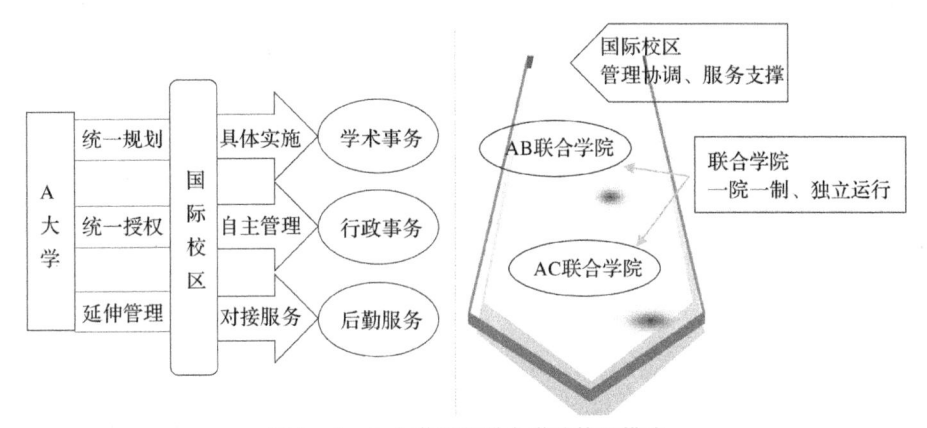

图 5-6　A 大学国际联合学院管理模式

资料来源:A 大学国际校区部门内部资料。

(一)在学校层面严格控制招生规模和范围,保证新生质量

新生的学业水平是大学教育质量的基础保证,也是预测学生将来学习成果的重要因素,因而选拔优秀的新生能够为大学教育质量提供重要的生源基础保障。[2] 生源质量与学校教育教学质量和办学声誉紧密相关,A 大学校长曾明确指出"一流的大学必须有一流的生源,要高度重视本科招生工作"。

---

[1]资料来源于 A 大学国际校区部门内部资料。
[2]方华明,叶信治.美国公立研究型大学内部教育质量保证体系:学生维度[M]//叶信治,等.美国公立研究型大学教育质量保证研究.厦门:厦门大学出版社,2015.

A 大学在学校层面对两个联合学院的招生人数进行总体控制和调配,包括具体在哪些省份招生及招生指标的投放,招生方式和考核方式等,这些由国际校区报本科生院招生处,在学校层面统一考量确定。在不违背国家政策法规的情况下将招生指标投放到更有利于招收到优质生源的地方,并通过招生方式和考核方式的管理与革新确保录取更加优秀的学生。

每年我们这边会有(国际)校区的院务会。他们会讨论今年比如说我们联合学院在哪些省份放置计划、放多少……这个是通过院务会来讨论的。我们想在 S 市,比如说今年招九个人,觉得学生质量还不错,明年我们就想多招几个,比如说增加到十几个……我们不是每个省都放的,比如说我们 Y 省可能就没放……像那些沿海的省份,包括经济条件比较发达的,教育质量水平高的,我们会多放置一些计划。(I-M606)

这个需要 A 大学报到 A 大本科生院招生处。他们会全盘考虑。然后还要跟每个省的教育考试院去谈。我们不是独立法人,所以这个都归学校管……谈名额,然后什么招生方式……因为 A 大有总盘子,我们一年就招多少人,我们在这个省份多放一点,别的省份我们就要少放,但如果别的省份生源好,我们就不愿意在这个省份放。(I-M502)

在招生工作过程中,A 大学的作用还在于制定严格的招生制度、招生程序和工作规范,保证招生政策制度的相对稳定性和连续性,维护招生工作的严肃性,确保科学合理地招录优秀考生。不仅如此,A 大学招生处与包括联合学院在内的人才培养单位分工合作,加强与全国重点中学的联系,通过建立全国重点中学数据库并不断更新生源数据,从而建立稳定的优质生源基地。

(二)对培养方案及意识形态进行监管,引入领导干部听课制度

在具体人才培养方面,A 大学主要对联合学院的培养方案进行监管,对教材、教学内容、教学大纲以及意识形态等进行把关。

那么从 A 大层面上来说,也涉及监管的问题。A 大最主要的监管就是培养方案的监管,培养方案反映你有没有达到它的要求,教学过程当中它其实不太管你的……所有的课程,用的是什么教材,我们 A 大都有一套自己的机制,意识形态、教学内容、教学大纲都要监控的。(I-M101)

为此,A大学专门制定了本科专业培养方案管理办法、课程内容及教学大纲审核规定、课程教学资料管理规定、教师教学行为规范等制度。

在人才培养质量监控与保障上,A大学还将领导干部听课制度引入国际校区,由国际校区领导、本科教学相关职能部门(综合办公室、人力资源部、教务部、学生事务部等)负责人和各联合学院相关负责人深入教学一线,随机随堂听课、评课。领导随堂听课关注的内容包括教学内容、教学方法、互动水平、教师教学与学生学习情况及思想意识形态。

校区领导每人每年听国际校区课程或学校本部课程应不少于4学时。其中,分管思想政治工作的领导听思想政治类课程应不少于4学时,分管本科生教育工作的领导听课应不少于8学时。本科教学相关职能部门负责人、各联合学院成员每人每年听课应不少于4学时。其中,教务部和各联合学院分管本科教育工作的负责人听课应不少于8学时……听课后应与授课教师和上课学生进行交流,并填写领导干部听课记录表,对该课程的教学内容、方法、手段以及教学效果等进行评价。[1]

(三)设立语言中心,为全英文教学提供支持

AB联合学院和AC联合学院采用全英文教学(A大学思政、体育等部分通识必修课除外),所有学生从大一入学开始直接进入全英文的学习环境,对于学生来说具有较大的挑战。外语能力的不足,会对教学质量产生负面影响,导致学生学习质量低下。例如,在课堂观察过程中,研究者发现有的学生对百度、网络词典或其他网络资源具有一定的依赖性。针对这一现象,在课后的随机访谈中,有的学生表示在理解上有时候会遇到困难。

我并不觉得我英语很差,日常沟通、交流都没有问题,但专业课的学习有时候是挺有难度的,有很多的专业术语很难理解……还有,像上课的时候老师讲了一连串的东西,单个单词听起来好像都懂了,但往往最后又好像没有get(理解)到他的点。所以,有的课程在学习的过程中会感觉到有点吃力,需要借助其他方式来帮助自己消化吸收。(I-S109)

这类学生虽然语言上存在障碍,但仍然会认真听讲,努力学习。还有

---

[1] 资料来源于A大学国际联合学院内部文件。

部分学生则消极应对。研究者在课堂观察时一般坐在最后一排,可以清楚地看到有的学生干脆整堂课都在用自己的笔记本电脑看篮球比赛或其他视频、微信聊天、浏览其他网络信息、玩手机等。

当你听不懂的时候,很难再集中精力去听。如果你不是过于追求好看的成绩,只要能通过就行的话,那也不是很难,因为不可能所有内容都不懂。所以,有的同学对自己的要求可能就没那么高,那这堂课也就这样过去了。(I-S109)

由此可见,语言能力问题确实会对教学质量产生负面影响。这也是许多开展跨国办学的相关高校担心或者需要考虑的问题。因此,A 大学在其国际校区设立英语中心(English Language Center),为联合学院的所有学生提供语言帮助和支持。英语中心对学生的语言帮助和支持主要体现在四个方面。

其一,为新生提供沉浸式英语培训(New Students' English Immersion Course, NSEIC)。沉浸式英语培训面向联合学院所有新生,其目的在于帮助新生尽快适应全英文的教学模式。NSEIC 属于入学前的英语强化训练,如 2017 年,英语中心为 2017 级新生提供了为期 15 天(8 月 11 日至 8 月 25 日)的英语课程学习;2018 年,A 大学将 NSEIC 纳入新生始业教育体系,由英语中心为所有新生提供了一周左右的强化训练。在 NSEIC 结束后,英语中心还专门设置了学生评价反馈机制,通过收集学生的评价意见以改善下一次的 NSEIC 培训。①

其二,承担联合学院的综合英语教学。综合英语课程属于 A 大学要求的通识必修课,分为综合英语Ⅰ和综合英语Ⅱ,由 A 大学国际校区语言中心负责。综合英语的课程教学一般安排在大一进行,整个学习过程在第一学年完成。

其三,为学生提供雅思、托福培训。A 大学英语中心为学生提供雅思和托福培训,一方面是为了帮助学生打好英语基础,提高学生的英语水平和应用能力,另一方面也是为了满足许多学生的出国学习需求和外方大

---

① 资料来源于与 A 大学国际校区部门行政教师(I-M103)的非正式访谈、内部资料和官网公开信息。

学的要求,如 C 大学要求 AC 联合学院的学生毕业时托福成绩必须达到 100 分(I-M605,I-U102)。在实践过程中,A 大学英语中心为学生提供了便捷的预约方式和入口,学生可以通过国际校区网页链接进入预约系统,也可通过手机扫描书院电梯口海报上的二维码进行预约。

其四,为有需要的学生提供口语交流和学术写作等方面的学习指导。AB 联合学院和 AC 联合学院学生口语交流和学术写作的学习需求主要受到以下三个方面的驱动:一是适应学院全英文教学和深入学习专业知识的需要;二是课程作业和科研成果表达的需要;三是跨文化沟通和自我提高的需要。这三个方面要求学生具备良好的英语语言能力和素养,因而 A 大学国际校区聘请了多位专职外籍英语教师,为学生提供英语教学和指导。

(四)探索实施书院制管理模式,促进学生全面发展

A 大学在国际校区的书院制管理模式实质上是对其本部书院制模式的延伸和在此基础上的探索创新。A 大学国际校区书院制的特点在于将书院打造成学生的成长平台,而非单一的生活社区,通过多元非形式教育促进学生全面发展。

第一,以人为本,构建三大导师育人体系。"'以人为本'是我们贯彻始终的教育理念,国际校区高度重视本科生培养。"[①]学生是教育之根本,其核心在于促进学生成长成才。为此,A 大学在实施书院制管理模式的基础上,为学生配备了资深导师、学业导师和生活导师,形成三大导师协同育人体系。这背后体现的是"全员育人"的理念,即通过书院导师制为学生搭建成长成才服务平台,促进学生综合素质提升与能力发展。A 大学国际校区三大导师中,除了生活导师为书院全职导师外,其余导师主要由国际校区、书院、联合学院领导、行政人员(含辅导员)、专任教师以及 A 大学相应院系教师和校外企业家等构成。以 2020 年 2 月公布的书院导师工作坊为例,书院导师辅导共分为应用文写作、国际化环境中的学习、绿色可持续发展、人文社科调研设计、国内外升学咨询、成长指导(职业生涯规划、成长困惑疏导、创新创业教育等)六个不同的辅导组,为学

---

①资料来源于 A 大学副校长、国际联合学院院长在书院内部刊物上的寄语。

生提供多方位的指导和咨询服务。

第二，以交叉融合的住宿安排创设共同成长平台。A大学国际校区书院制安排打破了传统宿舍的单一功能，将学生生活与朋辈教育相结合，以书院为平台为学生提供交流互动、相互促进、共同成长的育人环境。书院在住宿安排上以有利于学生交叉、互动融合为原则，不区分院系、专业和年级，即不同学院、不同专业及不同年级的学生"混住"。除了两个联合学院不同专业的学生，共同入住书院的还有商科、管理专业的学生，以及以来华留学生为教育对象的中国学（China Studies）、哲学数学经济学（Philosophy, Mathematics and Economics, PME）等专业的学生。理工科、人文社科专业的学生交叉住宿，国内学生与国际学生共住。这不仅有利于促进跨学科交流，也有利于促进跨文化沟通和理解，从而在课堂之余培养学生的跨学科意识、知识和能力，拓展学生的国际视野和跨文化素养，使学生在知识、能力、素质、人格等方面得到全面发展。

第三，以项目化实践活动赋能学生促发展。项目化实践活动是指以项目为载体为学生提供学习交流、实践锻炼的机会。根据调研期间获得的A大学国际校区书院公开资料，2018年初至2019年8月，A大学国际校区书院先后开展了赴香港大学高桌晚宴、赴复旦大学调研交流、赴同济大学调研交流、赴牛津大学暑期交流、浙港澳书院师生交流等活动项目，使学生置身于真实场景，在深度参与和体验的基础上启发思考，激发学术兴趣及创新潜力。以赴牛津大学暑期交流项目为例。该项目不仅给予学生身临其境体验英式文化生活的机会，也使学生得以近距离感受牛津大学的学术文化和科研方式。交流项目涵盖的课题包括人工智能、机器人、粒子物理、无机化学、生物工程、生物医学等，学生不仅有机会在牛津大学教师的带领下，了解最新科学研究动态和科研成果在现实社会生活中的运用，同时还在这一过程中结合自己的专业领域学习如何撰写科研提案（proposal）和报告，接受国际学术规范训练。又如浙港澳书院师生交流项目。该项目为A大学国际校区书院联合香港大学立之书院、澳门大学蔡继有书院定期开展的交流项目，通过科教论坛、社会实践、文化交流，启发学生思考对比浙、港、澳科教发展现状，使其能够在学术研讨中发现创新机遇，在实践锻炼中守正创新，实现自我提升。

第四,创设育人空间生态推进自我驱动的素质教育和养成教育。A大学通过建设多元活动空间,为书院构建育人空间生态体系,从而推动学生自我驱动的素质教育和养成教育。其空间构成主要可以分为四大类:学习研讨空间,包括讨论室、创作活动室、阅览室、教室、多功能厅;形体与健身空间,包括形体房、健身房、小球活动室;音乐空间,包括乐队室、音乐教室、琴房;休闲娱乐空间,包括电子竞技室、电玩室、桌游室。其中,学习研讨空间能够为学生提供个性化学习、研讨的场所和资源,让学生形成良好学风;形体与健身空间能够为学生提供舞蹈、瑜伽及健身锻炼的场所和设施,让学生养成健康的体魄;音乐空间能够为学生提供音乐演练的场所和乐器,发展学生的音乐素养;休闲娱乐空间能够为学生提供放松心情的环境和设备,让学生通过劳逸结合保持身心健康。这四类空间有利于促进学生学会自我管理,养成良好的学习生活习惯,基于自我驱动扩展兴趣爱好,拓展个人素质和能力,养成健全人格。

二、输出方母体高校 B 大学

B 大学是 AB 联合学院的输出方母体高校,在其内部治理体系中学术评议会是最高学术事务治理机构。该校学术机构总体上分为三大学部(college)及其下属的 21 个专业学院(school)。[①] AB 联合学院对应的外方学院是 B 大学医学与兽医学部(College of Medicine & Veterinary Medicine)下属医学院。联合学院的执行院长和外方教师由 B 大学委派,负责合作办学的行政与学术事务等,并对 B 大学负责。

(一)发挥学务委员会和教学委员会的力量监管课程与教学

B 大学医学院设有生物医学学务委员会(Biomedical Sciences Board of Studies,以下简称学务委员会)、学习与教学委员会(Biomedical Sciences Learning and Teaching Committee,以下简称教学委员会)等机构,负责对 AB 联合学院的课程教学进行监管。学务委员会确保相关课程提案(proposals)的学术适当性并有证据和文件支持,其职责主要包括:在将提

[①] 为便于表述和避免混淆,统一将 B 大学三大学院层面的"college"及其下属"school"分别译为"学部"和"学院",以作区分。

案提交至有关学部委员会之前,对新建或修订的课程、专业和文凭证书授予,以及新的学习、教学和评价方法进行考量和背书;批准对现有课程及课程模块的微小改动;独立或应学院与大学的要求,考虑并向有关学院和(或)学院委员会报告其对任何其他学术事务的意见;等等。[①] 教学委员会的主要职责在于:确定和促进学习和教学的卓越性;促进和发展研究型教学文化;审查专业及课程结构,为师生提供最佳教学体验;支持创新和传播最佳实践;支持教学领导(leadership)的发展;学习并回应师生和外部反馈。[②]

在学务委员会之前,主要由教学委员会先对 AB 联合学院的课程设置、相关模块内容及对学生的评估与考核等进行讨论与审核。AB 联合学院须提前一年将计划开设的课程提案提交至教学委员会进行审核,且后续课程若有变动必须再次提交报批。

是这样的,就是我们的课程,提前一年(将)这个 proposal(提案)提交到 B 大的一个叫 learning teaching committee(教学委员会)的。然后是那边人都要批过的……像 B 大的话是这样,你的课程评估方案稍微有改变,你都要提交申报,有变动都要批准过……然后 assessment(评价)的方式都是 teaching learning committee(教学委员会)批完以后的,它批完是什么样,你就必须跟着它是什么样。(I-M502)

根据学务委员会的职责规定,相关内容的微小修改和调整可由学务委员会直接审定批准。学务委员会层面的审核在于保证 AB 联合学院的课程与教学符合 B 大学的课程框架、苏格兰学分与资格框架(Scottish Credit and Qualifications Framework)、QAA 高等教育质量标准等校内外标准规范与要求。但对于新建课程及课程模块、学位课程的撤销、其他本科课程的修改及学术规定,学务委员会不具备审批权限,需向学部本科学习与教学委员会(College Undergraduate Learning and Teaching Committee,以下简称学部教学委员会)报告,由学部教学委员会审议批准。学部教学委员会通常每年举行五次会议,根据学部战略小组(College Strategy

---

[①] 资料来源于 B 大学医学院官网。
[②] 资料来源于 B 大学医学院官网。

Group)的授权,就本科生课程学习与教学相关事宜进行决策。学部委员会根据需要直接向学部战略小组和学校层面的学习与教学委员会(Senatus Learning and Teaching Committee)报告,每年至少一次。

(二)延伸考试委员会和校外监审员制度维护学生学术利益

B大学医学与兽医学部考试委员会(Board of Examiners)负责对AB联合学院每学年所有学生在相关课程中的学习成绩进行核查,并对学生的学习成果做最终的学术判断,并对整个年级的所有课程进行总结。会议一般安排在每年的三月和六七月。参加人员一般包括学部大院长、AB联合学院执行院长、教学副院长、课程主任(program director)、每门课的主讲教师(course organizer)、行政代表等。

我们六七月都要过去的……带着成绩(材料)过去。他们三月会过来,因为刚好是学期开学初,基本上所有的CO(主讲教师)、B大的老师都在这里。对方的大院长也会过来……然后program director(课程主任)、我们的教学副院长、执行院长,加上三四个external examiners(核外监审员),很大的会,有十几个人,还加上我们行政。(I-M502)

考试委员会要确保所有学生能够得到一致和公平的对待,确保评估过程顺利无误地进行,制定和维持适当的标准,并使外部监审员(external examiners)能够发挥适当的作用。根据B大学官网提供的考试委员会手册,其职责主要在于:根据学校教学评估规定和其他相关政策条例,以及相应学务委员会批准的原则,监督和实施整个评估过程;确保在考试委员会授权下,为每个评估项目制定适当、详细的评分标准;负责确定学生所有课程及课程模块的学习成绩;恰当处理特殊情况委员会(Special Circumstances Committee)有关事项的情况;制定一套适用于评估的体系,并按照规定与程序要求记录和传播;根据现行规定和指南记录其决策,确保考试委员会及下属机构的决策/会议记录能够存档并保存一定时间。[①]

在B大学,校外监审员制度是一项成熟的质量保障制度,同样也被B大学应用于对AB联合学院的监管,是B大学保障及提高其跨国办学教育质量的重要组成部分。校外监审员由B大学负责聘请,AB联合学院

---

① 资料来源于B大学官网。

负责支付相关费用(I-M502)。校外监审员如无特殊情况一般须参加相关院系考试委员会的集体会议。

这个外审成员的存在,也是对于我们学院教学的监督。他会去参加这个会议,然后针对我们提出(建议)。比如,我们SCC(特殊情况委员会)的情况,或者我们课程的整个考核评价结果,然后说课程作业设置是否合理,课程内容是否合理,各方面的一个意见。所以这个会议其实对于我们来说,就是整个学年结束以后最好的一个总结和提升的机会。(I-M504)

(三)移植本部学生学业升级管理制度保证升学质量

为保证AB联合学院的人才培养质量,B大学将其升级管理制度应用于联合学院学生的学业管理,即采用与B大学本部一致的学年制管理模式,将AB联合学院学生课程学习成绩或学习成果评价的结果作为能否升级的依据,因而学生是否能够通过相应课程的考核(试),会对其学业升级产生直接影响。升学委员会(Progression Board)在每学年末会确认学生的学习状态,决定学生是否能够进入下一年的课程学习。对此,升学委员会会先从三个方面进行考量:学生当前获得的学分(credits)数量,学生是否获得足够的学分以进入下一年的课程学习,学生是否满足获得B大学学位的累计学分要求。在升学委员会确认学生的学习进度情况后,由AB联合学院通知学生其课程学习结果和升级状态(progression status)。

还有最后的一个会,是一个Progression Board(升学委员会)——这个就是学业升级的情况了。这个会是最后梳理学生的情况,(看)学生是否可以正常升级。因为B大学有一个升级制度,就是每年不修够相应的学分,你没有办法升级,是需要留级的。(I-M504)

达不到升级要求的学生则继续留在同一年级,不能与其他正常升级的同学一样修读下一学年的课程。所有留级的学生只能留级一次,若还未能达到要求,须退出B大学的教育体系。

学生是只能同一年级里面降级一次。举个例子,学生二年级的某门课没过,就相当于他入学的第三年要继续留级二年级修这门课。然后他这次还没有过的话,我们是不允许他同一年继续降级的,以英方的规定,他就是(要)直接退出B大学的这个体系了。因为这个是B大学的学籍管理规定,我们必须遵守的。(I-M504)

（四）以定期教学评估促进教学质量提升

B大学除了通过上述各方面对其跨国办学教育质量进行监管和保障,还定期对AB联合学院进行评估。在B大学层面,一般将AB联合学院作为该校办学的一部分,纳入学校的内部评估范畴一起进行评估。

> 它是这样,2018年刚好是B大学对生物医学专业进行评估。那么实际上,它对B大学本部的生物医学在进行评估,既然我们这儿也叫生物医学专业,是它们外设的这个(专业),所以就派了一个评估团过来。也是通过各种访谈,(包括)学生、老师、行政人员,然后参观了书院,对校园的支撑的各个部门也进行访谈。(I-M502)

根据B大学提供的评估报告,B大学组成了一个四人的评估队伍于2018年4月17日至18日到AB联合学院进行现场考察,对AB联合学院内部治理和组织架构、政策制度、课程设置、学习与教学、教学资源及设施、招生、学生体验、学院教师队伍及教师发展等办学运行与质量支撑的诸多方面进行全面考察,并提出改进意见。在此基础上,B大学要求包括AB联合学院在内的相关院系后续对评估意见与建议进行改进和回应。

三、输出方母体高校C大学

（一）建立行政管理体系,为跨国办学提供组织保障

C大学作为AC联合学院的输出方母体高校,为了保证AC联合学院办学与C大学相应院系和专业的一致性,构建了一套跨国办学的组织管理系统(见图5-7)。AC联合学院C方教职员工对C大学负责,AC联合学院执行院长直接向工程学院院长汇报工作和办学情况。执行副院长是C大学办学活动(与联合学院有关)的执行负责人(executive leader)。图5-7中的执行委员会包括一名为联合学院委派的专业负责人(program director)、本科生教学副院长、国际工程项目主任、财务与行政管理副院长,以及学院其他较高级别的领导。该委员会负责为联合学院的办学提供发展战略及监督管理服务。专业负责人是工程专业领域的教师,受C大学委派负责从C大学方面管理联合学院的日常运行、课程及其他事务。专业负责人由运行委员会协助,运行委员会由AC联合学院四个

专业中的C大学课程代表组成,联合学院学术事务助理院长也是运行委员会中的成员,但没有投票权。运行委员会对联合学院的课程具有完全管理权,决定每学期在AC联合学院的课程设置,同时还拥有所有课程调整的优先权,并由C大学对应的院系做最终的决定。

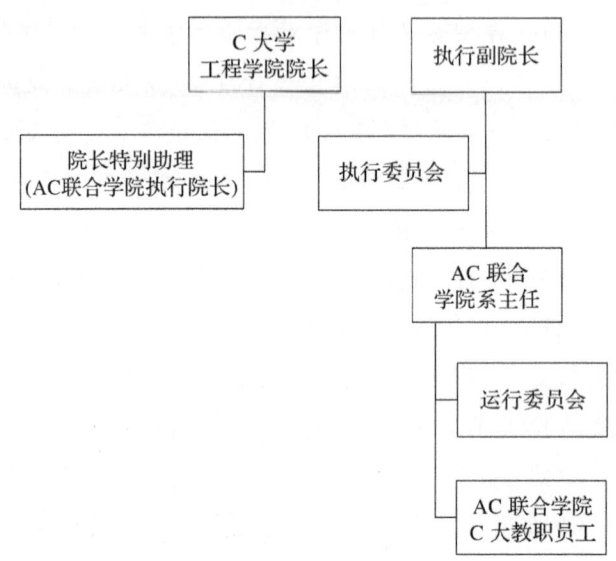

图5-7　C大学跨国办学管理结构(针对AC联合学院)

资料来源:AC联合学院自评报告。

(二)保证师资质量和水平

C大学主要从三个方面保障同等质量的师资力量和水平。其一,从C大学本部相应学科中选聘优秀师资,为AC联合学院人才培养提供教学保障。根据AC联合学院官网公布的信息统计,C大学的教师中60%为教授,20%为副教授,两者占比80%。其二,参与AC联合学院的全球师资招聘,确保招聘的教师符合C大学的师资要求。其三,为选派的教师和新聘教师提供教学培训。C大学根据该校最高标准为其教师提供跨国教学培训和指导,并为所有新聘教师制定教学发展培训项目。

我们要去C大学培训,我现在正在申请签证。我下学期要教一门8134的课。这门课我以前上过,那个老师说我是8年前上的。他说这个课(内容)已经变了一下,让我去,他再当面指导。然后C大学有一些教学的培训,一般在那待一个学期……他们有一个seminar series(研讨活

动),教你怎么样提高你的教学。这是 C 大学一个特别好的 program(项目),是比较成熟的系统。(I-T201)

(三)明确须赴本部学习的要求,统一学分要求和课程标准

C 大学对教学质量和学位授予的要求非常严格,规定学生必须去 C 大学本部交流学习半年或一年(一般在大三的时候),且只有去 C 大学学习后才能取得该校学籍(I-M602,I-U101),由非学位生(non-degree seeking student)转为学位生(degree seeking student)。

我们的学生要到 C 大学交流一个学期,从 2019 级开始交流一年,大三的时候出去交流……他们对于教学质量的把关、学位的发放(要求)更加严格,所以必须有一个学期到他那里去,全部享受那里的教育,完全是在那边上课……不像我们大一取得学籍,他们是到大三的时候,过去的时候才取得学籍,是这样的。(I-M602)

学生获得 C 大学学位的学分要求为 128 学分,这 128 学分的课程全部采用全英文授课,且须满足 C 大学本部对应专业相同标准。

本科生的课是比较规范的,因为本科生他是客户,美国是讲究这个的……本科生的课几乎都是一样的……教材、期中考试、期末考试,当然每年会有一点差别,但是 cover(涵盖)的内容几乎是定好的……尤其是实验课更一样。我们这边实验设备都弄好了,跟那边一样,有可能有一点点改进……比如说我们有个 ECE110(课程实验),是一个小车沿着黑线走,那可能会多加一点功能,让学生有些创意,但基本上是一样的。(I-T201)

在 128 学分的总学分要求中,C 大学规定其中至少有 60 个学分的课程必须是由 C 大学工程学院教师授课或主导的课程。其中包括:学生在 C 大学交流学习期间由 C 大学教授授课的课程;C 大学教师在 AC 联合学院教授的课程,通常最少一个学期;由 C 大学教授主导的授课团队所教授的课程,团队成员须经 C 大学对应院系审核合格,受到认可,并且是长期受聘于 AC 联合学院的教师(I-M602,I-U102)。

(四)定期对 AC 联合学院开展教学质量评估

从 C 大学角度来说,AC 联合学院的教育教学水平和人才培养质量关乎 C 大学的学术声誉和品牌价值。同时,确保教育质量的一致性,或为学生提供较为一致的学习体验是高校跨国办学的基本要求并获得认同的重要方式。作为 AC 联合学院的外方母体高校，C 大学将定期对联合学院开展教学质量评估视为一种重要的监管手段和保障方法。

2017 年，C 大学首次对 AC 联合学院的教学质量进行评估。评估的课程包括四门由 C 大学五位教师主讲的课程和一门由 A 大学一位教师主讲的课程。评估成员由 C 大学工程学院分管本科教学的副院长、分管科研的副院长、优质工程教育教师发展中心主任、写作教学中心主任、教务中心主任五位教授构成。评估方式主要包括课堂旁听、与学生交流、和授课教师沟通及全体教师集中讨论等（I-M101、I-M605）。

通过教学质量评估，可以及时发现 AC 联合学院教学过程中存在的问题，并有针对性地提出改进意见。例如，C 大学评估组在完成教学评估后，认为 AC 联合学院的教学质量总体上符合 C 大学的教学水平，但是在具体教学活动中，师生互动不足，仍需进一步提高。

在跨国办学运行过程中对 AC 联合学院教学质量进行评估，一方面有利于保证联合学院的课程教学知识范围和深度符合 C 大学的标准，保障其本科教学水平和人才培养质量；另一方面也有利于促进相关教师在跨国教育环境下教学能力的提高，从而不断地完善跨国办学的教学质量保障实践。

第三节　跨国办学机构内部教育质量保障行动与实践

跨国办学机构是高校跨国办学的核心组织和载体，是跨国办学活动的具体实施机构，对于高校跨国办学教育质量负有直接责任。跨国办学机构既可以对输入和输出双方母体高校教育教学与质量保障政策措施等进行移植、调适与融合，也可以进行自主探索和创新，保障其教育质量。以下将围绕 AB 联合学院和 AC 联合学院内部教育行动与实践展开论述。

一、AB 联合学院内部教育质量保障分析

（一）多措并举保证优质生源和师资

1. 根据人才培养定位，加强招生宣传与推广

AB 联合学院双方母体高校均为世界一流大学，具有一流的办学资

源、深厚的人文底蕴,以"全人培养,全球浸染"的人才培养模式为理念,致力于培养具有卓越学识、创新精神和国际视野的生物医学优秀人才。在人才培养方面,以达到国际领先教育水平为战略目标,因而在本科生招生上强调高起点、高标准、高要求。

第一,充分发挥学院知名教授的作用和影响力,面向省内外最优秀的中学开展科普讲座和招生宣传。AB 联合学院每年都会将注意力和精力投入重点省份最优秀的一批中学,邀请学院和本部知名教授及优秀教师开展科普讲座、专业介绍与互动以及联合学院人才培养宣传等。同时,辅以微信等即时通信工具,与潜在生源群体及其家长保持联系,及时解答其感兴趣的问题和疑惑。

像 H 市(Z 省)比较好的中学是一定要去的,Z 省内(H 市除外)的(中学)也跑得多,省外主要是我们综合评价的一些(地方),你像 G 省、S 市、S1 省我们会去跑,因为都是我们每年确定有招生名额的。今年(已经)开始启动了,因为是高三的学生,基本上是第一学期到寒假前可能会空一点,学校也欢迎我们去。(I-M502)

2020 年,AB 联合学院在各地的招生宣讲超过 80 场。学院院长、副院长及其他部分知名教授在各地高中的宣讲,不仅通过科普知识,使大批中学生接触和了解到学院的生物医学与生物信息学专业及本学科领域的前沿信息,还通过近距离互动,使学生感受到他们的人格魅力,从而开始萌发或进一步增强对生物医学学科的兴趣。正如 AB 联合学院一位行政主管所说,该学院第一批学生出于对院长的人格魅力和信任,决定报考我们学院就读(I-M502)。在学生的随机访谈中,一些学生也表示最初听到学院教师的讲座后,觉得生物医学比较符合他们的兴趣,也对未来的发展充满了向往,于是越来越多地关注这方面的信息,最后决定报考 AB 联合学院生物医学专业。

第二,重视学生的观点和评价在招生工作中的作用,选派在校生返回高中母校宣讲。朋辈影响在学生的学习、成长过程中具有不可替代的作用。相较于专家、教授在招生宣讲中给学生带来的激励、震撼及对未来的美好设想与憧憬,在校生以学长、学姐的身份返回母校宣讲,能够给即将步入高考的学生带来更多的信任感。学生和亲历者的身份更能引起他们的关注和认同。AB 联合学院的在校生经过较长时间的在校学习,对学院的教学模式、校园学习生活等已有了全面而深入的了解,具备自己的观点和做出客观评价的能力,能以第一视角给高中学生详细地介绍,从而全面推介。朋辈之间的影响和共鸣能够更加直接和有效地传递 AB 联合学院的教育优势,帮助高中学生更好地思考自己的志向和选择,从而为 AB 联合学院吸引合适的优秀生源。

第三,面向本部试验班临床医学专业八年制本博连读新生选拔优秀学生。A 大学医学试验班是 A 大学实施英才教育,培养高素质创新人才和未来领导者的重要基地。AB 联合学院探索与主校区的教育融合与创新,培养未来医学科学家。自 2019 年起,其以医学试验班八年制学生为对象,择优选拔进入生物医学专业本科阶段学习。这类学生学籍仍在原学院,享受本部学院和 AB 联合学院两院资源。前四年全程在国际校区学习,符合条件的学生与 AB 联合学院高考直招学生一样,可获得 A 大学本科学历学位证书和 B 大学学位证书,并可按规定申请其本部所在学院荣誉证书。

第四,加强社会服务,扩大社会影响力,根据受众特征坚守新媒体与传统媒体阵地。一方面,AB 联合学院根据自己的学科资源和科研优势,积极参与社会服务,不断扩大自己的社会影响力。例如,参与办学所在地国际科技城医学高科技跨国研究中心建设,推动在健康领域的科研合作和区域服务,同时积极对接国家长三角地区发展战略,围绕自身强势领域进行友好合作,坚持开放共享,推进校地、校企或产学研合作。另一方面,AB 联合学院通过组织和举办"亚洲生物医学未来领袖夏令营",扩大社会各界的关注及学院的影响力。从 2015 年开始,AB 联合学院与《环球科学》杂志社联合举办"亚洲生物医学未来领袖夏令营"。该夏令营面向对生物医学具有浓厚兴趣的高一、高二学生,采取中学推荐和个人报名两种方式。自第五届夏令营开始,缩短赛事安排,不再设置初赛复赛阶段。参与夏令营活动的学生与 AB 联合学院在校生一样,入住 A 大学国际校区学生书院。夏令营通过校园体验、素质拓展和相关课程研究等活动,激发学生对生物医学和生物信息学的兴趣,从而寻找少年英才。此外,AB 联合学院还注重根据不同群体受众建设宣传阵地,妥善使用新媒体和传统媒体进行宣传。AB 联合学院的宣传平台除学院专门的网页外,还包括新浪微博、微信、Facebook(脸书)、Twitter(推特)等国内外新媒体平台。此外,AB联合学院还在B大学医学院网页设置联合学院专栏对外宣传,以此全方位地推送学院的招生及其他各项信息,通过各大平台使学生及其家长能够及时、全面地了解AB联合学院。

第五,夯实质量之根本,形成吸引优质生源的核心竞争力。AB联合学院虽然拥有两所母体高校的名校光环,但是在社会各界看来,它仍然是一个"新生事物",必须形成自己的品牌才能更具吸引力。AB联合学院将本科教育质量视为学院竞争力的根本,构建富有特色的课程与教学体系,通过各种方式提升在校生的校园学习体验,以多种手段帮助和促进学生的学习,通过保证教育教学及学生学习质量打造教育品牌,筑牢招生宣传的根基。

2. 实施综合评价招生,通过综合面试考察选拔优秀考生

2020年,AB联合学院在国内共面向17个省(自治区、直辖市)招收本科生(见表5-1)。其中,在Z省、G省、S1省和S市四地采用综合评价方式招生,H1省实施提前批招生,J1省、L省、J2省、J3省、A省、H5省实施单列招生,H2省、F省、H3省、H4省、S2省和X区实施本一批面上招生。AB联合学院本科招生专业中,除在Z省按专业划分招生指标外(生物医学40名、生物信息学20名),其余省(自治区、直辖市)不按专业单独分配招生指标。

表5-1 AB联合学院2020年招生计划

省(自治区、直辖市)	招生方式	计划数/人	省(自治区、直辖市)	招生方式	计划数/人
Z省	综合评价	60	H4省	A大医学代码招生	2
G省		11	S2省		2
S1省		11	X区		1
S市		3	J1省	单独代码招生	2
H1省	提前批	9	L省		2
H2省	A大医学代码招生	2	J2省		2
F省		2	J3省		2
H3省		3	A省		3
			H5省		3

资料来源:AB联合学院官网。

AB联合学院本科生的招生工作由中方母体高校A大学负责招录,经A大学本科生招生办公室录取的新生入学后即可取得双方母体高校

的双重学籍。AB联合学院在A大学的统筹安排下开展具体招生工作。(I-M502)虽然AB联合学院不具备独立自主招生权限,但是AB联合学院在生源质量控制上依然具有一定的空间和主动权。

这首先体现于招生的综合评价上。从表5-1可以看出,在AB联合学院的招生计划中,约有70.83%的指标被投放至采用综合评价招生的四省(直辖市),这意味着虽然总体上AB联合学院采用综合评价和依据高考成绩两种方式面向全国17个省(自治区、直辖市)招录考生,但实际上以综合评价招生为主。

根据A大学公布的2020年Z省"三位一体"综合评价招生简章和G省、S1省、S市综合评价录取招生简章,报名的考生须提交"申请表"、"个人陈述"、高中阶段获省级(含)以上奖励、个人荣誉证书等能够反映个人基本情况、高中学业水平、参与科研、创新实践、社会服务、社团活动的有关信息资料,其中还包括报考理由、对报考专业的认识及个人未来发展规划等内容(见表5-2)。

表5-2 四省(直辖市)综合评价报名提交信息资料

省(直辖市)	提交资料	备注
Z省	1.在线填写"申请表",提交并打印,考生本人和监护人签名,所填内容必须经中学审核认定、加盖中学公章 2.考生手写"个人陈述",阐述报考理由,个人未来发展规划,高中阶段学科特长表现,获省级(含)以上个人荣誉、奖励情况 3.高中阶段获省级(含)以上奖励、个人荣誉证书原件(若无获奖情况可不上传)	所有信息在线填写,纸质材料扫描或拍照上传
G省 S1省 S市	1.在线填写"申请表",提交并打印,考生本人签名,表中"成绩信息"必须经中学教务处审核认定、加盖中学公章 2.在线填写"个人陈述",阐述报考理由,对报考专业认识度和个人未来发展规划,高中阶段学科特长表现[获省级(含)以上学科竞赛奖励情况],参与科学研究、创新实践情况,参与社会服务、社团活动情况,获省级(含)以上个人荣誉情况等内容 3.在"综合信息"栏内如实填写省级(含)以上学科竞赛奖励、省级(含)以上个人荣誉情况并上传获奖证书原件扫描件或照片(S1省还包括参加社区服务、社会实践、考察探究活动等信息及相关证书或证明材料)	

资料来源:根据A大学2020年Z省、G省、S1省和S市四地招生简章整理。

根据选拔程序,Z省考生由A大学根据其所报专业,综合考生学习成绩等情况对申请材料进行审核,按招生计划1∶6的比例确定初审通过名单及面试专业;S1省考试由A大学组织专家对合格报名材料进行审核,按照招生计划1∶5的比例确定通过初审入围考生名单;G省、S市两地考生由A大学组织专家对合格报名材料进行审核,初审结果分为通过和不通过。① 初审的审核决定及最终权限虽然在AB联合学院中方母体高校层面,但在具体的专家审核环节给予了AB联合学院一定的空间。AB联合学院招生委员会及具体负责招生选拔的教师和行政人员能够在所有符合条件的报名考生中初步选拔出更优秀、更符合学院人才培养目标要求的候选人。

从优秀生源选拔的角度看,AB联合学院"择优录取"的作用和主动性在综合面试环节能够得到充分发挥。在A大学的招生录取过程中,综合评价招生的面试环节不只是一轮简单的面试。AB联合学院将招生考核与校园体验营相结合。② 在这一过程中,考生能够在就读前亲身体验联合学院的就读环境,了解学院基本情况、办学目标、使命,学生将来可能得到什么样的教育,是否喜欢这种中西合璧的教学模式等。

我们对于学校的了解有限,都是通过网络或者其他途径获得一些信息。来这之前并不确定这里是否真的适合我,但是亲身体验过之后,让我觉得AB联合学院是正确的选择。这里的校园环境、学术氛围、学院的教育资源,对我来说非常有吸引力。(I-S106)

通过校园体验,AB联合学院一方面可以以此争取未来学生的认可,同时有利于他们在录取后及早确立学习目标,为未来的学习做好规划,入学后更快适应学院学习生活;另一方面也可以树立自己的口碑和形象,借助学生及其家长的"口耳相传",获得比学院自己对外宣传更好的效果。

在综合面试环节,具体面试工作由AB联合学院负责。采用综合评

---

①资料来源于A大学Z省、G省、S1省和S市四地招生简章。
②AB联合学院于2019年开始将综合评价招生面试安排在国际校区(Z省考生除外),2020年由于新冠疫情,G省、S1省和S市考生全部采用在线方式进行面试,Z省考生安排在本部面试。

价招生,一定程度上扩大了学院和学生之间的双向选择权。报名参加选拔,体现了考生的求学意向及对 AB 联合学院的认可。这也意味着 AB 联合学院具有一定的机会和权限发挥自身主动性,根据办学目标筛选合适的新生候选人。AB 联合学院作为由中英两所世界一流大学合作创办的跨国办学机构,招收各地最优秀的学子是其重点工作之一。

为此,AB 联合学院确立了由学院院长、副院长、行政主管、优秀教师等共同组成的招生工作队伍,层层把关,对学生进行多方面的考查,包括考生的科学精神、专业意向、跨文化交流和创新能力及综合素质等。为了能够更加客观、合理地对考生进行测评,AB 联合学院还会邀请本部基础医学院有经验的教师参与招生面试。整个综合面试由五位专业教师分别打分,最后采取加权平均分计算;核实无误后,经学院院长签名交至本科生招生处,由学校最后做出招生录取决定。

经过几年的综合评价招生,AB 联合学院及受联合学院邀请参与综合评价招生的教师对于这种选拔方式都比较认可,认为这种方式有利于选拔到合适的优秀学生,学生的综合素质更好,对专业的兴趣、认同度也更高。

"三位一体"(Z 省)面试、S1 省的那个(综合评价)我也参加了。这种综合评价招生非常利于我们选拔到优秀的学生。通过面试,你就会发现这些学生的基础:他的知识面怎么样,是不是对我们这个专业真的很感兴趣。比如说,你根据他的回答,你就能发现他确实读过很多这方面的书,而且表情、神态都能反映出来……如果他不喜欢,那他的回答估计就不是这样了。(I-T105)

我们招进来的学生都比较自信,对所就读的专业认同度也比较高,知识面也比较广……总体上,他们的表达能力都很强,而且思维比较灵活,对于学到的知识也懂得灵活运用,而不拘泥于课本。(I-M505)

G 市(G 省)那个(综合面试)我参加了好几年……G 市学生的英语那真的是厉害。像今年的话,G 市组的学生面试完,我跟旁边的老师说,我觉得我应该拿红宝书回去再背背,而且他最大的厉害就是他灵活运用。他不知道这个专业名词怎么说,但是他可以用其他的方法把它说出

来……而并不是说他准备好的、死记硬背的。(I-T102)

此外,由于 AB 联合学院除了思政课、体育课等极少数课程外,其余全部以英语为授课语言,因而对学生的英语能力也有较高要求,综合评价招生可以对考生进行全面考查。

3. 吸引国际一流人才加盟,推动一流师资团队建设

师资队伍是教育质量最重要的基本保证,AB 联合学院不断探索加强学院的师资队伍建设,明确师资队伍发展的目标和途径,吸引全球优质师资加盟。当前,联合学院的师资队伍主要由兼聘教授和自聘教师构成,以兼聘和自聘相结合满足学院人才培养需要。除了外方母体高校派出的 14 位教师,AB 联合学院先后与 A 大学基础医学院和附属医院等单位 18 位教授签订兼聘协议,新增自聘教师和师资博士后 10 余名,形成了一支由 16 人构成的全职在岗教师团队和 22 名优质博士后队伍。

首先,AB 联合学院积极与中方母体高校合作,争取母体高校和相应院系等单位的支持,从而获得一流师资的支持。例如,AB 联合学院与 A 大学基础医学院签订合作协议,兼任联合学院工作的教师,其工作量计入个人年度总工作量中,即基础医学院认可其教师在联合学院的工作量。这意味着可以避免相关教师疲于在两个单位中肩负过多工作。对于工作量不足的教师,还可以通过在 AB 联合学院的授课完成其教学工作量,因而计算工作量有助于 A 大学本部教师接受 AB 联合学院的兼聘工作。另外,通过较高的酬金吸引高水平教师加盟。然而,相较于酬金,计算工作量更易于被接受。

联合学院跟基础医学院有签协议的,就是所有基础医学院过来的老师,都是算工作量的。那(如果)不算工作量,说真心话,真吃不消。额外工作量,就算你说给教学酬金,我觉得没人来。一般来说,课酬大家其实不是特别看重……时间成本很高的。(I-T102)

A 大学基础医学院在基础医学多个领域享有很高的声誉,会聚了一批具有国际影响力的知名学者和比肩世界一流大学师资水平的青年教师。AB 联合学院通过与基础医学院合作,高效地建立起了一批一流的兼聘师资队伍。根据 AB 联合学院官网公布的信息,在 AB 联合学院 18 名

兼聘教授中,100%拥有博士学位,100%具有国外求学、全职科研等工作经历(含博士后经历,1人由于信息缺失未纳入统计)。其中,教授(含研究员、特聘教授)12人(外籍教授1人),占比66.67%;副教授6人,占比33.33%;博士生导师15人,占比83.33%。根据QS世界大学排名,61.11%的博士学位源于全球排名前100位的大学。

其次,面向全球高标准招聘,构建一流自聘师资队伍。一流师资队伍既是一流教育的有力保证,也是一所高等教育机构核心竞争力的重要保障。AB联合学院以其双方母体高校为参照,面向全球一流大学和科研机构招揽一流人才和储备师资(博士后),构建具有国际竞争力的师资队伍,提高自身竞争力。在AB联合学院16名自聘教师中,100%拥有博士学位,100%具有国外求学、全职科研等工作经历。其中,教授2人、副教授8人、助理教授6人,拥有高级职称的教师占比为62.50%。在所有自聘教师中,共有博士生导师14人,外籍教师6人,分别占比为87.50%和37.50%。根据QS世界大学排名,56.25%的博士学位源于全球排名前100位的大学。此外,根据AB联合学院公布的17名博士后信息统计①,58.82%的博士学位源于全球排名前100位的大学。其中,7人博士学位授予单位为国外高校或科研机构,7名外籍博士后,分别占比为41.18%。

总体上,AB联合学院建设一流自聘师资队伍注重以学院发展目标和需求为导向,强调多方参与和同行评议相结合,择其优中之优。作为一所在世界一流大学建设背景下建立的合作办学机构,AB联合学院始终以世界一流为导向,围绕学院人才培养、学科发展与科研等,对标双方母体高校及国际顶尖高校用人标准进行全球招聘。以2019年教师招聘为例,AB联合学院根据学院发展需求面向全球招聘拥有生物医学科学、生物信息学、生物医学信息学及相关学科博士学位且具有高度竞争力的人才,同时必须精通英语口语和写作。具体的基本要求包括:在主要国际期刊上发表高水平科研成果;获得或有能力获得外部科研资助;具有研究领

---

① 17名博士后信息为AB联合学院官网公布的信息,不含已出站或即将进站博士后信息。

域丰富的理论、模型、技术和分析方法的开发与应用经验;拥有高校教学经验,具备教学和学生评价创新的证明(或能力);良好的项目管理能力和资源协调经验;良好的英语沟通、表达和组织能力。

进入人才筛选及后续工作环节,AB联合学院坚持多方参与和同行评议相结合的原则,根据上述条件从多个方面进行综合考察。AB联合学院设有专门的人事管理岗,负责学院人才招聘工作,将所有符合基本条件的应聘者材料整理无误后提交学院人才招聘委员会。学院人才招聘成员由中英双方院长、副院长、双方母体高校和联合学院课程主任、教师代表构成,由具有相关学术背景,熟悉应聘者的学科专业及其研究领域的专家进行书面材料评估,确定可进一步考察的候选人。所有通过筛选的候选人才有机会进入面试环节。候选人的录用须经院务会讨论并由联合管理委员会决定,最后报送至A大学国际校区人力资源部,进入A大学的人才录用程序。AB联合学院在人才招聘过程中对候选人的评估没有严格的量化衡量标准,在满足基本要求的基础上和初步筛选之后,对候选人的考察主要体现在两个方面:独立进行与AB联合学院学科领域相关高水平研究及团队科研合作与领导的能力,包括获取外部科研基金项目的能力(或潜力);能够胜任生物医学和生物信息学各层次相关课程全英文研究型教学,能够促进学院课程建设、学科发展和一流人才的培养。

最后,AB联合学院在建设自聘师资队伍时还通过提供具有竞争力的薪资待遇和丰厚的科研启动资金吸引优秀人才加盟,激励其投身AB联合学院的教育与科研事业。AB联合学院招聘的师资包括长聘教授、长聘或长聘教轨副教授、长聘教轨助理教授等。不同职位的教师均实行年薪制度。通过提供远高于A大学本部的薪资水平招揽人才,解决其经济压力困扰,从而更好地投入AB联合学院的教学科研工作。根据AB联合学院2019年公布的招聘数据,长聘教轨助理教授的最低年薪为7万美元,长聘教轨副教授的最低年薪为10万美元,正教授最低年薪为14万美元。此外,AB联合学院还根据"一人一议"的原则,为新进教师提供200万至500万元人民币的科研启动资金,创造良好的科研环境。

(二)中西合璧共建生物科学课程与教学体系

1. 培养目标与要求

通过引进B大学优质教育资源和整合A大学相关学科优势,AB联合学院主要在生物医学和生物信息学两个专业培养高层次人才。生物医学专业以培养具备通识素养和生物医学专业知识背景,具备国际视野与跨国交流能力、科研创新和交叉学术领域远见,具备领导者人文气质和远大理想的生物医学复合型人才为目标;生物信息学专业以培养兼具宏观和微观思维,能够娴熟运用生物信息方法进行宏观大数据分析和微观生命机制实验研究的复合型人才为目标。

通过系统的培养和训练,使毕业生在态度、知识和技能等方面达到相应的基本要求。在态度的培养要求上,要树立科学的世界观、人生观和价值观,具有爱国主义和集体主义精神,有理想、有抱负,愿为生物医学/生物信息学事业发展贡献力量;树立终身学习观念,充分认识到不断自我完善和持续学习的重要性;尊重个人信仰,理解他人的人文背景及文化价值;具有严谨求实的科学研究态度,具有创新精神和敢于怀疑、敢于分析批判的精神,具有为新知识产生、新技能发现做出贡献的意识;尊重同仁,具有团队协作、国际合作和竞争意识;树立依法进行科学研究的观念,学会用法律保护自己的权益。

在知识的培养要求上,两个专业皆要求掌握数学、物理学、化学、行为科学和社会科学等基础知识和科学方法。除此之外,生物医学专业要求学生掌握生物科学和医学科学的重要知识、研究前沿和研究方法;掌握生命各阶段人体的正常结构和功能,正常的心理状态;掌握生命各阶段常见病与多发病的发病原因,认识到环境因素、社会因素及行为心理因素对疾病形成与发展的影响,认识到预防疾病的重要性;掌握主要常见病、多发病的发病机理、预防与诊断、治疗现状,存在的主要问题和缺陷,当前的研究发现及不足。生物信息学专业要求学生掌握生物信息学和生物医学科学的重要知识、研究前沿和研究方法;掌握基因组学、计算生物学、蛋白质组学、生物芯片原理与技术的基本理论和方法,初步具备综合运用分子生物学、计算机科学与技术、数学、统计学等知识和技能,解决生物信息学基本问题的能力(见图5-8)。

```
┌─────────────────┐                    ┌─────────────────┐
│    生物医学     │                    │   生物信息学    │
└────────┬────────┘                    └────────┬────────┘
         ↓                                      ↓
┌─────────────────────────────────────────────────────────┐
│ 掌握数学、物理学、化学、行为科学和社会科学等基础知识和科学方法 │
└─────────────────────────────────────────────────────────┘

┌─────────────────────────┐          ┌─────────────────────────┐
│ 掌握生物科学、医学科学的 │          │ 掌握生物信息学、生物医学 │
│ 重要知识、研究前沿和研究 │          │ 科学的重要知识、研究前沿 │
│ 方法                    │          │ 和研究方法              │
└────────────┬────────────┘          └────────────┬────────────┘
             ↓                                    │
┌─────────────────────────┐                       │
│ 掌握生命各阶段人体的正常 │          ┌────────────↓────────────┐
│ 结构和功能，正常的心理   │          │ 掌握基因组学、计算生物学、│
│ 状态                    │          │ 蛋白质组学、生物芯片原理  │
└────────────┬────────────┘          │ 与技术的基本理论和方法，  │
             ↓                        │ 初步具备综合运用分子生物学│
┌─────────────────────────┐          │、计算机科学与技术、数学、 │
│ 掌握生命各阶段常见病与   │          │ 统计学等知识和技能，解决  │
│ 多发病的发病原因，认识到 │          │ 生物信息学基本问题的能力  │
│ 环境因素、社会因素及行为 │          └─────────────────────────┘
│ 心理因素对疾病形成与发展 │
│ 的影响，认识到预防疾病的 │
│ 重要性                  │
└────────────┬────────────┘
             ↓
┌─────────────────────────────────────────────────────────┐
│ 掌握主要常见病、多发病的发病机理、预防与诊断、治疗现状，   │
│ 存在的主要问题和缺陷，当前的研究发现及不足                │
└─────────────────────────────────────────────────────────┘
```

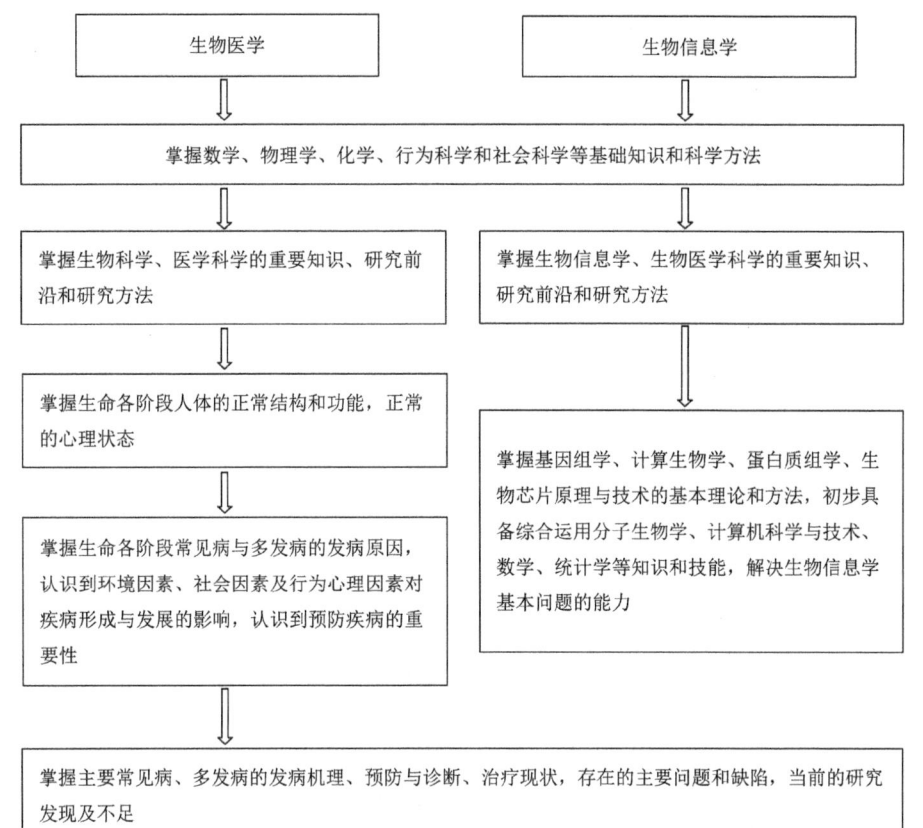

图 5-8 AB 联合学院生物医学和生物信息学专业人才培养知识要求

资料来源：AB 联合学院人才培养方案。

在技能的培养要求上，两个专业皆要求具备较强的科学思维、分析和表达能力；具备较强的项目管理能力；具有与团队成员、同行和其他人员进行有效交流的能力；能用英文交流、写作和演讲，能熟练阅读专业文献；具有自主学习和终身学习的能力。除此之外，生物医学专业要求学生掌握生物医学实验技能；具备较强的实验设计和实验实施能力；具有生物医学知识教学和宣讲的能力；结合研究实际，能独立利用图书馆和网络资源研究生物医学问题，并获取新知识与相关信息。生物信息学专业要求学生掌握生物医学、生物信息学和医学信息学研究技能；能够独立进行生物信息学实验并分析相关问题；具有生物信息学知识教学和宣讲的能力；结合研究实际，能独立利用文献和网络信息资源解决生物医学问题，并获取新知识与相关信息（见图 5-9）。

```
         生物医学                              生物信息学
            ⇓                                    ⇓
  ┌──────────────────────┐      ┌──────────────────────────────────────┐
  │  掌握生物医学实验技能  │      │ 掌握生物医学、生物信息学和医学信息学研究技能 │
  └──────────────────────┘      └──────────────────────────────────────┘
            ⇓                                    ⇓
  ┌────────────────────────────────────────────────────────────────┐
  │            具备较强的科学思维、分析和表达能力                    │
  └────────────────────────────────────────────────────────────────┘
            ⇓                                    ⇓
  ┌──────────────────────────┐  ┌──────────────────────────────────┐
  │ 较强的实验设计和实验实施能力 │  │ 能够独立进行生物信息学实验并分析相关问题 │
  └──────────────────────────┘  └──────────────────────────────────┘
            ⇓                                    ⇓
  ┌────────────────────────────────────────────────────────────────┐
  │                  具备较强的项目管理能力                          │
  └────────────────────────────────────────────────────────────────┘
            ⇓                                    ⇓
  ┌──────────────────────────┐  ┌──────────────────────────────┐
  │ 具有生物医学知识教学和宣讲的能力 │ 具有生物信息学知识教学和宣讲的能力 │
  └──────────────────────────┘  └──────────────────────────────┘
            ⇓                                    ⇓
  ┌────────────────────────────────────────────────────────────────┐
  │         具有与团队成员、同行和其他人员进行有效交流的能力         │
  └────────────────────────────────────────────────────────────────┘
            ⇓                                    ⇓
  ┌──────────────────────────────┐ ┌──────────────────────────────────┐
  │结合研究实际,能独立利用图书馆和网络资源│ │结合研究实际,能独立利用文献和网络信息资源│
  │研究生物医学问题,并获取新知识与相关信息│ │解决生物医学问题,并获取新知识与相关信息│
  └──────────────────────────────┘ └──────────────────────────────────┘
            ⇓                                    ⇓
  ┌────────────────────────────────────────────────────────────────┐
  │        能用英文交流、写作和演讲,能熟练阅读专业文献               │
  └────────────────────────────────────────────────────────────────┘
            ⇓                                    ⇓
  ┌────────────────────────────────────────────────────────────────┐
  │                具有自主学习和终身学习的能力                      │
  └────────────────────────────────────────────────────────────────┘
```

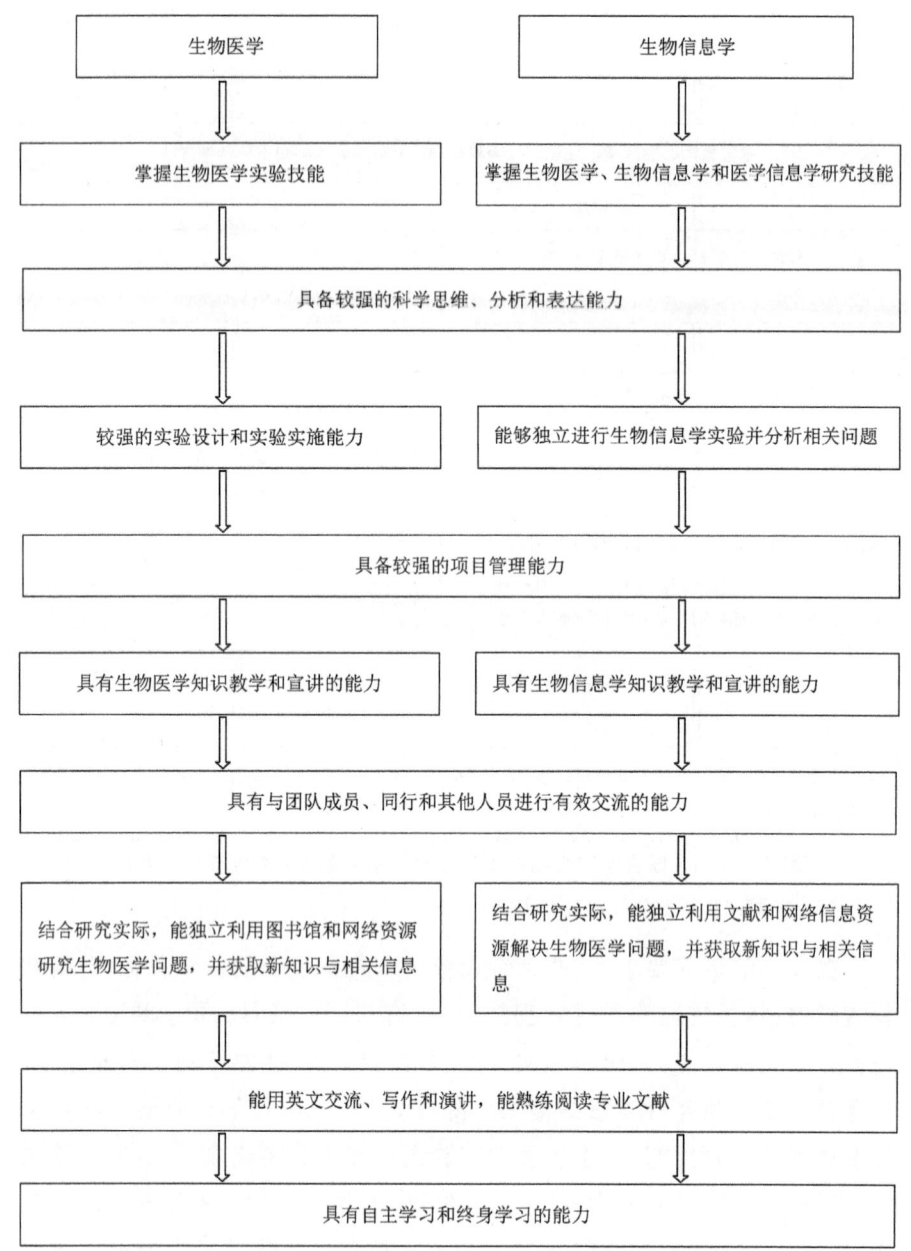

图 5-9 AB 联合学院生物医学和生物信息学专业人才培养技能要求

资料来源:AB 联合学院人才培养方案。

2. 通识必修课程与多元专业课程有机结合的课程体系

根据制定的培养目标和培养要求,AB 联合学院构建了对应的人才培养课程体系。生物医学和生物信息学两个专业的课程总学分皆为150.5学分,其中必修课130.5学分,选修课20学分。AB联合学院的课程体系由通识教育课程和专业教育课程两部分构成(见图5-10),分别合计为32.5学分和118学分。其中,通识教育课程的32.5学分为获得A大学学历学位证书的必要条件。

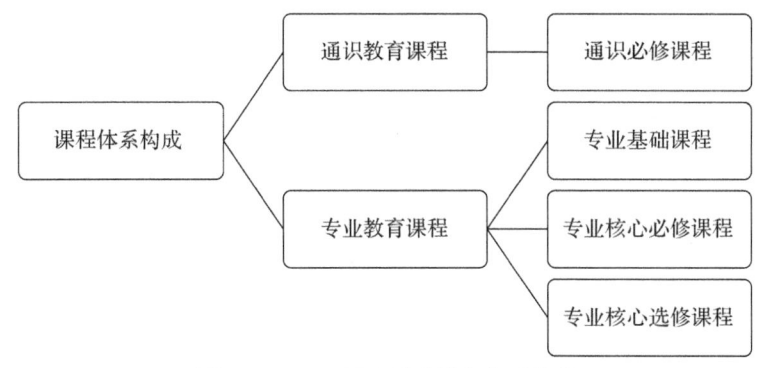

图5-10 AB联合学院课程体系构成

资料来源:根据AB联合学院人才培养方案绘制。

AB联合学院的通识教育课程全部为通识必修课程,主要可以分为思政、语言、体育和军事教育四类课程(见表5-3),两个专业的通识教育课程和学分要求完全一致。其中,思政类课程包括"思想道德修养与法律基础""中国近现代史纲要""马克思主义基本原理概论""毛泽东思想和中国特色社会主义理论体系概论""形势与政策Ⅰ""形势与政策Ⅱ";语言类课程分为"综合英语Ⅰ""综合英语Ⅱ";体育类课程涵盖"体育Ⅰ"至"体育Ⅶ";军事教育类课程包括"军训""军事理论"等。这些课程注重培养学生的思想政治素养、基本人文素养、语言能力、家国情怀与全球视野,以及社会责任感等。

表5-3 AB联合学院通识教育课程

课程类型	课程构成
思政类课程(16学分)	思想道德修养与法律基础、中国近现代史纲要、马克思主义基本原理概论、毛泽东思想和中国特色社会主义理论体系概论、形势与政策Ⅰ、形势与政策Ⅱ
语言类课程(6学分)	综合英语Ⅰ、综合英语Ⅱ

续表

课程类型	课程构成
体育类课程（6.5学分）	体育Ⅰ、体育Ⅱ、体育Ⅲ、体育Ⅳ、体育Ⅴ、体育Ⅵ、体育Ⅶ（体测与锻炼）
军事教育类课程（4学分）	军训、军事理论

注：合计32.5学分。

资料来源：AB联合学院人才培养方案。

专业教育课程包括专业基础课程和专业核心课程（见表5-4）。其中，专业核心课程包括专业核心必修课程和专业核心选修课程。在具体课程设置上，生物医学和生物信息学两个专业的专业基础课程和专业核心选修课程设置完全相同，分别包括两门专业基础课程和八门专业核心选修课程。专业核心选修课程只面向进入第三学年和第四学年学习的学生开设，学生共须选修其中的四门课程。专业核心必修课程共有五门共同课程，其余课程均为按不同专业人才培养需求独立设置的专业教育核心课程。

表5-4　AB联合学院专业教育课程

课程类型	课程构成
专业基础课程（8学分）	大学化学、高等数学
专业核心必修课程（90学分）	生物医学和生物信息学专业共同核心必修课程如下，整合生物医学科学1、分子与细胞生物学1、整合人体结构与功能2、生物医学遗传学2、整合生物医学科学3
	生物医学专业核心必修课程如下，生物医学视野、发育生物学2、应用生物医学2、微生物与免疫学2、人体疾病：从临床到研究3A、人体疾病：从临床到研究3B、整合生物医学科学4、整合生物医学综合评价、整合生物医学开题报告、整合生物医学毕业设计
	生物信息学专业核心必修课程如下，生物信息学导论1、数据库与软件技术2、应用数据科学2、基因组学和蛋白质组学2、计算与系统生物学3、生物信息学3、生物信息学4、科学研究、药物研发、临床实践中的生物信息学、生物信息学开题报告、生物信息学毕业设计
专业核心选修课程（20学分）	神经科学原理3、传染性疾病3、内分泌和生殖生物学3、表观遗传学与分子生物学3、炎症与炎性疾病4、肿瘤生物学4、离子通道生物学4、干细胞与再生医学4

注：合计118学分。

资料来源：AB联合学院人才培养方案。

上述课程体系按学年分四个不同阶段,对应于不同学年。生物医学和生物信息学两个专业在知识体系和学年的划分上一致。第一学年主要学习和掌握本专业相关核心概念;第二学年基本了解和认识生物医学/生物信息学及其对健康和医学/在生物医学领域的重要性;第三学年通过实验发展专业知识;第四学年注重研究实践和锻炼。[①]

3.基于研究与成果导向的课程教学体系

AB联合学院的课程一般由理论课(lecture)、辅导课(tutorial)、研讨课(workshop)、实验课(practical)等组成,不同课程的具体授课组合会有所差异。理论课是所有课程的基本教学方式,教师可以采用不同的教学方法或教学策略等,但其本质在于向学生传授本门课程的基本知识点;学生在教师授课过程中可以提出疑问,寻求解答。辅导课是大部分课程的重要组成部分,其目的在于帮助学生提高沟通能力,帮助学生解决课程学习中遇到的问题,或阐释理论课中涉及的理论应用。研讨课是对理论课理论学习的拓展或深化,使学生能够基于已学知识对本专业或学科产生新的理解。其目的在于培养学生的独立学习能力。实验课是对理论课所教主题的进一步阐释和学生专业实践能力的锻炼。其向学生传授科学探究的方法,并培养学生的实验、技术和分析技能。实验课是部分课程的重要构成,包括前置性实验课和后置性实验课。前置性实验课的目的在于帮助学生更好地学习和理解理论知识;后置性实验课的目的在于进行理论知识的验证和巩固,帮助学生掌握基本的或必要的实验技能和方法,培养学生的独立科研能力。以下将以"整合生物医学科学1"(Integrative Biomedical Sciences 1,以下简称 IBMS1)和"神经科学原理3"(Principles of Neuroscience 3,以下简称 PoN3)为例,对AB联合学院的课程授课模式做进一步阐述。

课程案例一:IBMS1

IBMS1是AB联合学院生物医学和生物信息学专业大一学生的共同核心必修课程。内容涵盖生物医学的各个方面,帮助学生在生物医学背景下学习和了解生物学核心基础知识。其学习目标包括:了解生物学和

[①]资料来源于AB联合学院生物医学专业人才培养方案和宣传手册。

生物医学的重要性;掌握生物医学科学领域相关主题的基础知识并能批判性理解和吸收,为后续课程的进一步学习夯实基础;了解信息收集和学术写作的基本技巧,学会评论和评价自己及同伴的作业/研究成果;掌握基本实验室实践技能和基本研究设计与分析技能;学会实践反思。

该课程以三种不同的授课方式组合进行,分别为理论课、辅导课和实验课。课程团队由2位主讲教师、18位授课教师(teaching staff)和1位课程秘书(course administrator)构成。其中,主讲教师由A大学和B大学教师担任,负责课程与教学的组织、协调和沟通,同时也会根据自身学科背景和专业特长承担一部分授课任务;授课教师分别包括1位AB联合学院教师、7位A大学教师和10位B大学教师,共同负责和完成整个课程不同模块的教学任务;课程秘书由AB联合学院负责教务工作的行政人员担任,同一位行政人员同时承担学院多门课程的课程秘书工作,主要负责课程和教学相关的具体行政事务,包括与不同教师、学生之间的联系、沟通和协调等。

IBMS1的教学活动跨度为整个学年,被划分为20个模块进行授课和学习,其中第一学期和第二学期各10个模块。研究者在统计整理时统一将IBMS1的20个模块以"Mod-"加数字的方式进行编码。从图5-11可以看出,IBMS1的教学根据不同模块(主题)具体内容和需要形成了不同的授课组合。其中,理论课共78课时、辅导课共49课时、实验课共48课时,合计175课时,分别占比为44.57%、28.00%、27.43%(见图5-12)。除少部分模块之外,其余模块的教学全部通过三种授课方式的组合共同完成。总体上,一个完整模块的教学的课时平均分布为"3.90:2.45:2.40",即3.90课时的理论课、2.45课时的辅导课和2.40课时的实验课。

在具体教学实践中,每个模块都有明确的学习目标,每次授课的教师都有可能不同。根据教学内容安排最合适的教师负责授课。AB联合学院的课程不仅是整门课程教学由不同教师合作完成,具体每个模块中不同主题的授课也由具有不同知识背景和专长的教师共同完成。

理论课教学以教师讲授为主,属于基本理论知识的输入环节,但理论课同样具有明确的学习目标和要求,强调以具体问题引导学生学习和思考。教学过程中,学生可以随时提问,与教师互动。理论课基本理论知识学完后,教师会为所有同学留下辅导课的研习问题,学院课程秘书或相关教师还会提前在教学系统中提前上传为辅导课准备的学习材料。每位学生在理论课之后、辅导课之前围绕布置的问题和学习材料,进行自主研习。

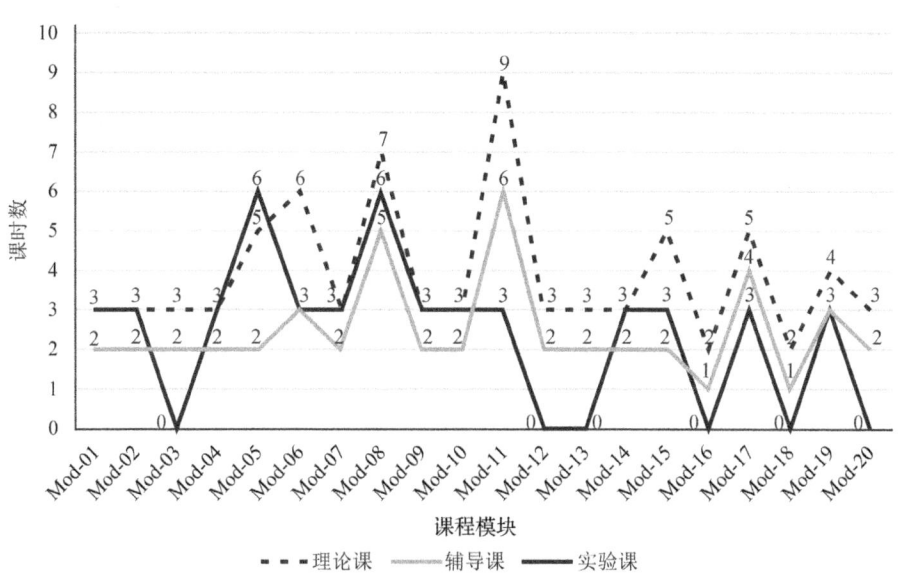

图 5-11　IBMS1 课程模块及授课构成统计

注:图中数字代表课时数,每节课时长为 50 分钟。

资料来源:根据 B 大学相关负责人提供的课程资料统计绘制。

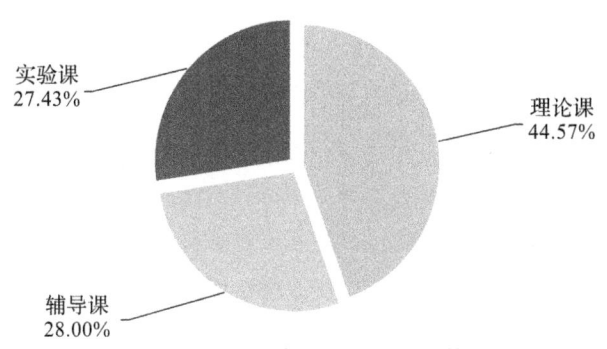

图 5-12　IBMS1 授课方式构成及其占比

资料来源:根据 B 大学相关负责人提供的课程资料统计绘制。

辅导课一般分组进行,根据学生分组情况由若干教师在不同教室同步授课。以 2018 级为例,学生被提前分成 A、B、C、D、E、F、G、H、I 九组,由两三位教师负责授课指导。根据 2018—2019 学年上学期的课程安排,

IBMS1 的辅导课每周二 16：00—16：50 为 A、B、C 三组，每周三上午 10：00—10：50 为 D、E、F 三组，每周三上午 11：00—11：50 为 G、H、I 三组。大部分辅导课由三位教师同时展开；少数情况下，会根据需要将不同的分组合并上同一节课。辅导课基于理论课的学习内容，设定主题和讨论问题，一般由相应教师先行讲解，然后抛出需要进一步讨论的话题和问题，学生分组讨论。与理论课不同的是，辅导课以学生讨论和教师有针对性地讲解和指导为主，旨在帮助学生更好地理解先前所学知识，提高学生的批判思维、问题分析和解决能力以及沟通与表达能力。

实验课与辅导课类似，学生被分为 A、B、C、D 四组，一般由两三位教师同步授课。同样以 2018—2019 学年上学期的课程安排为例，IBMS1 的实验课被安排在每周二的上午 9：00—11：50 和下午 1：00—3：50，上午为 A、B 两组，下午为 C、D 两组。AB 联合学院会为每位学生提供一本实验手册（laboratory book），要求学生每次课必须携带，并准确做好记录——包括日期、标题、合作人姓名、（实验）方法及结果总结。保持准确的实验记录对于科学研究至关重要，因而每次课教师会对学生进行四次检查，确保学生正确使用实验手册。通过严格的科研规范训练，有助于学生养成良好的科研习惯。AB 联合学院将学生的实验记录作为一次总结性作业评价（summative in-course assessment），计入学生本门课程的最终成绩。实验课的学习内容最后还将纳入期末考试范畴。这两种评价考核方式都要求学生不仅要对实验课的实验结果进行记录，还需记录好课堂学习和讨论过的科学概念。在学院课程学习网站，AB 联合学院专门为学生提供了网络学习空间，让学生以博客的形式对实验课的学习撰写简要的反思性报告，其中包括实验的重要发现、课堂学习活动中提出的问题等。这些构成了学生学习和科研训练的一部分，但不作为学生学习考评和成绩的依据。

课程案例二：PoN3

PoN3 是 AB 联合学院生物医学和生物信息学专业大三学生的共同核心选修课程，具体内容涵盖神经生物学领域的诸多不同主题。该课程的目的在于帮助学生全面了解神经科学及其现代研究问题和技术，包括分子、细胞、系统、认知、行为和计算科学等多个跨学科领域。其具体学习目标包括获得以下几种能力：描述神经系统如何产生各种功能；运用神经科学知识解释神经系统疾病的功能障碍;确定合适的研究方法解决神经科学中的特定问题;演示并与同学教师讨论现代神经科学研究,包括不同层次若干相互关联的技术;设计和开展神经科学实验,分析所收集的数据并对研究结果进行阐释。

PoN3 的课堂教学活动由理论课、辅导课和研讨课组成。课程团队由 2 位主讲教师、12 位授课教师和 2 位课程秘书构成。与 IBMS1 类似,其主讲教师分别来自 A 大学和 B 大学;授课教师分别包括 8 位 A 大学教师和 4 位 B 大学教师,共同承担整个课程的教学任务;课程秘书由 AB 联合学院 2 位行政人员担任。PoN3 为一个学期的课程,共包括 14 个模块。与 IBMS1 模块编码一致,PoN3 的 14 个模块也分别采用"Mod-"加数字的方式进行编码。从图 5-13 可以看出,PoN3 各模块的授课包括理论课、辅导课和研讨课 3 种教学方式,形成"L-T-L-W"组合,即"理论课+辅导课+理论课+研讨课"教学体系。其中,理论课共 28 课时、辅导课共 14 课时、研讨课共 42 课时,合计 84 课时,分别占比为 33.33%、16.67%、50.00%(见图 5-14)。PoN3 一个完整模块教学的课时分布表现为"2∶1∶3",即 2 课时的理论课、1 课时的辅导课和 3 课时的研讨课。

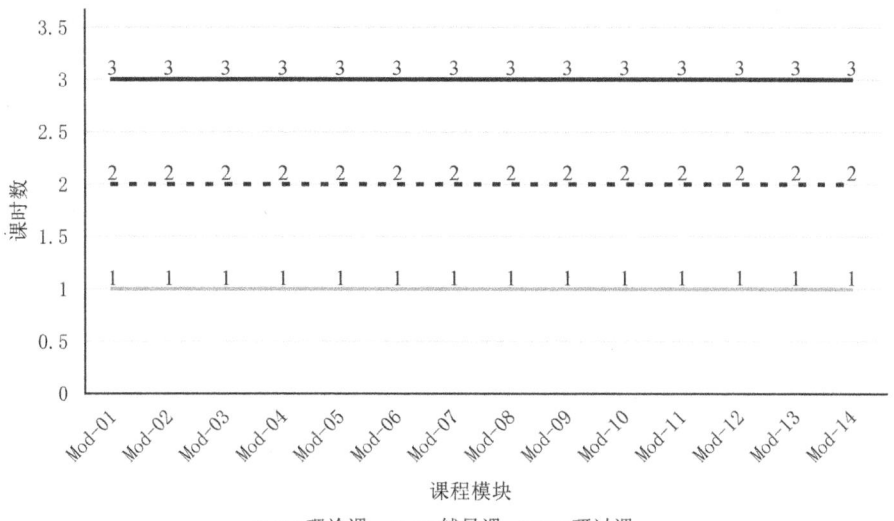

图 5-13 PoN3 课程模块及授课构成统计

注:图中数字代表课时数,每节课时长为 50 分钟。
资料来源:根据 A 大学相关教师提供的课程资料统计绘制。

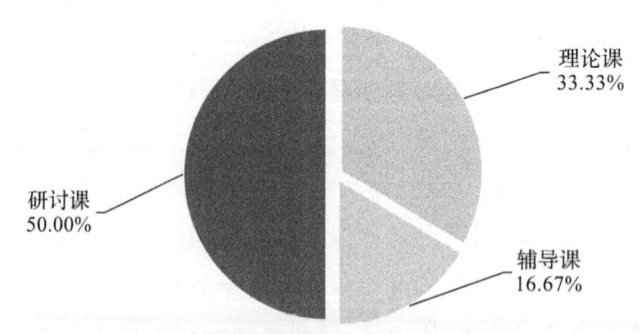

图5-14 PoN3授课方式构成及其占比

资料来源：根据A大学相关教师提供的课程资料统计绘制。

与IBMS1相同，根据课程总体目标分解设置的各个模块会进一步明确具体学习目标。在此基础上，AB联合学院按照最优匹配原则，根据教师的学科背景和专长安排授课教师，因而每个模块的授课教师组合各异。在授课方式上，两者都采用了理论课和辅导课的组合。但不同的是，PoN3采用的另一种授课方式为研讨课。以2018级学生2018—2019学年的课程安排为例，PoN3的研讨课包含多种学习活动，如技能发展课、期刊俱乐部（journal club）、实践报告、计算机实验室实践（computer lab-based practicals）、参观神经科学实验室、形成性期中考试（formative mid-term exam）和课程复习（course review）等（见表5-5）。

表5-5 PoN3研讨课学习活动及安排

时间安排	课程学习活动
第1—2周	技能发展、期刊俱乐部和实践报告作业评价（ICAs）介绍
第3、6—8、13周	计算机实验室实践，包括人类行为实验、分析和建模（在此之前，至少由2名学生先进行期刊俱乐部讲演） 实践报告必须基于第3、6、7、8周的其中一次实践（精神物理学实验与分析、空间学习和条件反射任务中动物行为的分析、基于图式的学习与决策实验、神经影像数据分析）
第9—10周	完整的期刊俱乐部学习研讨
第4、5、12周	参观A大学主校区神经科学实验室以获取实践经验
第11周	形成性期中考试
第14周	课程复习与问答

资料来源：根据A大学教师提供的课程资料整理制作。

从上述两个案例可以看出，AB联合学院的课程教学形式上是一种"拼盘式"教学体系，即由不同教师共同合作，以多种授课方式组合完成具体教学活动的一种课程教学体系。但其采用的授课方式及组合、课程模块和具体内容的安排背后体现的是一种研究与成果导向逻辑。这也是AB联合学院课程与教学体系的重要特点之一,具体将在下文内容中做进一步分析和讨论。

4. AB联合学院课程与教学体系的特点

AB联合学院是在加快建设中国特色世界一流大学和提高学校办学国际化水平与国际影响力背景下,引进国外优质教育资源合作创建的一所高起点、高水平、研究型跨国办学机构。基于前文内容和进一步分析,如图5-15所示,AB联合学院的课程与教学体系总体上具有以下三个特点。

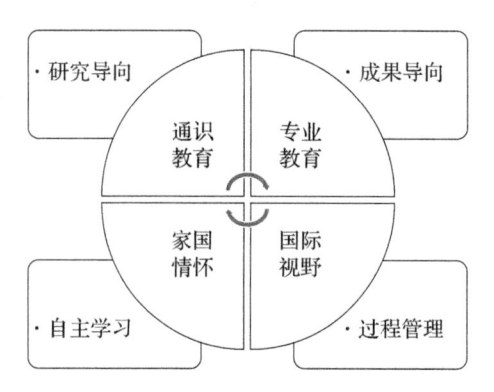

图5-15 AB联合学课程与教学体系特点

第一,中外协同,推动课程与教学深度融合。AB联合学院的人才培养总体上可以概括为"以家国情怀塑心,国际视野塑形,通专结合培养一流人才"。这首先体现于AB联合学院的课程体系构成之中。如前文所述,其课程体系由以A大学为主导的通识教育必修课和B大学优质专业教育课程资源共同构成。在32.5学分的通识教育必修课中,思政类课程和军事教育类课程合计20学分,占通识教育课程总学分的61.54%,并且所有学生必须完成这些课程的学习并取得相应学分,才能有机会获得A大学颁发的学历学位证书。

在专业教育课程与教学上,大力引进B大学优质教育资源,并充分发挥双方母体高校优势实现深度融合。在教学团队融合方面。AB联合学院的每门专业课皆采用模块化设计,由双方母体高校和本学院教师、行政人员紧密合作,形成完整的课程教学团队。在每个模块的教学过程中,各方教师之间的合作不是简单地在每个相对独立的教学单元之间做加法。例如,J 教师上完理论课后,D 教师、Q 教师和 J 教师基于理论课内容同步完成辅导课,三位教师需要进行多次沟通,实现具体教学目标的对接和教学内容的衔接,保持授课过程、内容深度等方面的一致性。在教学内容与学生特点相融合方面。以 IBMS1 为例,其课程模块的设计根据学生母语为非英语及缺乏学术写作训练的特点,专门增加"阅读与写作 1"(Reading and Writing Skills 1)、"学生技能"(Student Skills)、"统计分析导论"(Introduction to Statistical Analyses)等模块,以学生为中心设计课程内容,实现内容与人的融合。

第二,以研究与成果为导向构建课程与教学体系。AB 联合学院的课程设计围绕人才培养目标来确定,授课方式的选择则紧扣课程内容的教学需要。根据 AB 联合学院人才培养目标,培养学生的科研能力是其中重要目标之一,因而在课程内容中增加了较多的探究性学习内容。在授课方式上,通过采用辅导课、实验课、研讨课等与理论课进行组合,一方面避免单向灌输式教学,另一方面鼓励学生在课前课后独立探究,进行研究实践,教师则通过辅导课、实验课或研讨课等帮助学生解决学习、探究过程中遇到的问题,巩固理论课所学专业基础知识和基本理论知识,逐步提高学生的科研能力,使学生通过每一个阶段的学习都能取得相应的学习成果。

在高年级课程中,其研究与成果导向更为突出。例如,前文课程案例 PoN3(见表 5-5),从第一周开始便进入技能发展、期刊俱乐部和实践报告(作业评价)的介绍和学习活动中;之后的学习活动包括五周基于计算机实验室的研究实践(含期刊俱乐部讲演),学生须进行实验并撰写实践报告,两周完整的期刊俱乐部学习研讨,三周神经科学实验室参观学习,等等。其中,实践报告计入学生最后的课程成绩。在平时学习过程中,授课教师会针对学生的学习实践及时反馈,帮助学生发现存在的问题与不足,并进行改进。不仅如此,在第 11 周还安排了形成性期中考试,检验学生的学习成果,通过"检验—反馈",达到提高学生学习的目的。

第三,自主学习和过程管理相结合,促进深层学习。AB 联合学院学生在正式进入课程知识学习之前,可以通过学院内网或学院办公室获取相应的专业手册和课程手册,了解本专业的详细信息和整个学期(或一学年)的课程安排及政策、要求等,提前做好学习规划和安排。在教学安排和授课方式上,改变"一言堂"的模式,强调学生自主学习。在每次课堂学习之前,授课教师会将学习材料上传至学院教学系统,供学生预习,激励学生带着问题进入教室。除理论课以教师主讲外,辅导课、实验课、研讨课等非常注重师生互动、学生主导或自主练习。学生需要将理论课中学到的知识应用于其他课堂之中,这就要求学生必须提前进行自主学习和自我探索,而学生在辅导课、实验课等课堂中的学习又将成为其进入下一个模块理论学习的基础,以此循环往复。此外,AB联合学院每门课程设有多次及不同形式的课堂学习评价和期中考试(将在下文中进一步阐述),注重对学生进行过程管理和过程评价。一方面,这使得学生无法仅通过最后的期末"突击",获得合格的课程成绩;另一方面,通过将学习和考评情况及时反馈给学生,帮助学生发现自己的不足并进行自我反思。综合来看,AB联合学院的课程设置、授课方式和教学安排等目的在于促进学生深层学习,帮助学生获得学习内驱力,让学生深入了解所学课程知识的意义,把握其背后的深层内涵,将理论学习与解决实际问题相结合,养成批判性思维,学会反思,从而主动构建自己的知识体系。

(三)多路并进提升教学与促进学习

AB联合学院将教学质量保障视为学院的核心工作,并在其内部教学文件中明确提出"教学质量是高等学校的生命线",强调良好教学环境的重要性。通过建立教学管理与教学评价有机结合的教学质量保障体系,不断改进和提高学院课程与教学质量、学生学习质量等,使学院的教学质量达到双方母体高校的人才培养要求。

1.设立院内常设教学管理机构,建立健全教学质量保障制度

第一,设立教学委员会,全面负责学院教学质量保障工作。教学委员会由A大学和B大学教授及资深教学管理人员组成,全面负责学院教学质量保障工作,从宏观上总体制定和把握AB联合学院教学质量保障的方针、政策,确定教学过程各环节的目标、标准和措施,对教学质量进行控制。具体工作职责包括:对教学质量保障工作进行全面设计,在学院范围

内建立完善的教学质量保障体系;制定质量保障方面的各种规范性制度、质量标准;组织学院教学检查、评估、督导等工作;建立教师听课制度并督促;建立和完善教学质量保障体系的档案管理工作;等等。

第二,建立课程审批制度,实施课程监管。课程的创建、变动或取消,通常由有相关意向的教师提出方案,然后提交给学院教学委员会和行政管理者审批。教学委员会主要审查课程提案与学院的课程目标是否一致,并且确保拟开设课程不与学院目前所设课程重复或冲突。教学委员会签署课程提案后提交给行政管理者,获得同意后还需将该课程的提案材料提交给课程协调员。

第三,制定本学院教材及教学资料审核与管理规定,规范教学资料管理,保证教学大纲的有效执行。对于教学资料的审核实行主管院长负责下的教学委员会审核制度。教材及教学大纲实行开课前审核,由主讲教师在正式开课前一学期提出选用教材及课程大纲申请;AB联合学院教学指导委员会就教材及教学大纲进行专门审核并出具审核意见;教学主管院长复审后由学院书记签字,并确定教学资料使用意见。教学PPT、教学参考文献等常规教学资料实行报备及复审制度;课程教师原则上在当次课堂开课前一周提交常规教学资料给教学秘书,由教学秘书进行形式初审,发现问题汇报给教学主管院长,无问题则上传教学平台并留档。教学委员会成员及学院领导定期听课,并收集学生反馈,发现问题及时汇报给教学主管院长;教学主管院长收到反馈问题后一般会在48小时内给出处理意见,必要时上报上级主管部门。

2. 实施同行评价,倾听学生反馈意见

在办学运行过程中,实施课程评价也是AB联合学院保障其教育质量的重要一环,包括同行评价和学生评价等。其中,同行评价包括母体高校同行评价、学院领导和教师听课评价。在母体高校同行评价方面,AB联合学院会请A大学相关院系的同行对其课程进行评价。送评材料包括全年的课件、考卷、平时考试材料等。由负责对AB联合学院课程进行评价的学院组织有一定经验的教师,基于AB联合学院提供的所有材料及学生访谈、问卷等开展课程评价。评价完成后,AB联合学院还会将相关意见反馈给B大学的课程主任,进入B大学课程教学管理程序。

同行评价主要是我们往(A大学)基础医学(院)送。把这个课程一年的所有课件、考卷、平时考试材料,以及他们(学生)读的这些(资料)全部下载下来,发给基础医学院比较有经验的老师。他们会组成一个课程评估团,每门课可能三四个人。然后他们会写一个报告给我们。他们也会过来跟学生访谈……也有人给学生发问卷。(I-M502)

领导听课和教师听课评价是AB联合学院同行评价的重要组成部分。AB联合学院领导听课主要从教学态度、方法、内容、效果等方面对教师的课堂教学情况进行评价,挖掘分析教学过程中存在的问题及有益教学经验,以提高学院的整体教学水平和质量。在教师听课方面,不同教师听课可能存在一定差异。例如,有的教师在课前或课后会就彼此的课程相互交流、与学生进行简短沟通;听课结束后,会向授课教师交流自己的观点和看法等。教师的听课情况由课程秘书收集汇总,最后通过学院教学课程例会或教学委员会等方式进行反馈,以达到提高教师教学质量的目的。

AB联合学院的教学课程例会一般每周五举行。目的在于沟通、总结每周教学情况,协调教学管理内部各方面关系,解决问题,包括教学经验交流、课程内容总结和反馈、学生课堂表现总结、教学过程中遇到的问题报告等,以此为下周教学工作做准备。教学课程例会的情况由相关教师或课程管理人员负责记录,并在会后通过电子途径反馈给相关授课教师。

AB联合学院还非常注重师生之间的沟通,收集学生的评价和反馈意见。主要通过两种方式,一种是由英方教师主导的期中评价反馈(mid-course feedback),另一种是较为正式的师生联系会(student staff liaison committee)。学生的评价反馈被认为是提高课程质量的关键之一,其目的在于在课程教学运行进程中向学生收集评价意见,包括课程好的方面、存在的问题等。

对于我来说,我会向学生发送调查链接,请学生在线填写。很多人会选择发问题卡片给学生填写。你想做的时候就可以做……期中反馈通常有两个问题,如这门课程有哪些好的方面,我们还有哪些(方面)需要改进。(I-T103)

> 这个是英方主导的……他们要求每一门课程大概在学期中的时候，会让课程的主讲教师，就是我们的 course organizer 去做一个问卷调查给学生。这个不强制要求他们填，但是尽量鼓励他们去填对于课程的反馈。比如会问他觉得这门课哪些地方上得比较好，有哪些地方还可以继续提高。(I-M504)

师生联系会为学生与教师和行政人员之间提供了一个沟通和讨论的正式机制，包括改进课程、教学及学生体验等方面的所有事项。师生联系会每学期召开一次，一学年两次，四个年级分别召开。师生联系会成员一般包括课程主任和(或)副主任、教学管理人员、三四名学生代表。会议由学生主导，由学生自己设计问卷并向同学搜集评价与反馈意见，整理完成后通过师生联系会反馈给教师和教学管理人员(I-M502，I-M504)。

> 另外一个就是我们的师生联系会，student staff liaison committee。这个也是在学期中间比较靠后的时候，大概是在 10 周或 11 周的样子，我们会等到英方的 program director(课程主任)过来。过来以后，program director 代表老师，我们教务代表行政团队，另外，有三四个学生代表，去参加这个联系会。这个会议其实是由学生来主导的。这个比较特别，学生来主导，学生自己设计问卷，然后自己找(其他)同学去填问卷。填完以后，学生整理反馈他们的意见，反馈给老师和我们教务。这个是一个年级开一个单独的会，每一学期开一次，一学年开两次。这个会就是学生，比如针对他那一年具体的课程，以及他的一个总体的学校生活各方面进行的反馈。(I-M504)

对于学生代表在师生联系会上反馈的问题和意见，能当场解决或回答的，学生能直接得到相应的答复，然后由学生代表传达给其他同学。教学管理人员会后还会进行初步整理，对于比较好的建议和需要进一步讨论的问题，将纳入本科生教学委员会或其他教学相关会议进行讨论。如果涉及任何跟课程评估相关的，或需要对教学大纲内容做相应调整的问题，须写一份提案，提交给教学委员会审批，最后还需进入 B 大学的审批程序。如果不涉及课程评估或教学大纲的变动，则由课程主任或副主任、学院办公室课程管理人员与相关教师联系，对需要改进的问题进行反馈(I-M502，I-M504，I-T103)。

3.借鉴外方母体高校学生学习评价方式,注重过程评价

与同行评价、学生评价及意见反馈一样,学生的学习成果评价也是促进学生学习、提高教育质量的重要方式。AB联合学院大部分课程的学生学习成果评价采用作业评价(in-course assessments)和期末考试(degree examinations)相结合的方法。AB联合学院对于学生的考核更加注重过程考核,其作业评价主要包括形成性评价(formative assessment)和总结性评价(summative assessment)。

其中,形成性评价不计入课程总成绩,只作为确定学生是否掌握相关知识或具备相关能力的依据,以帮助他们掌握所学课程内容。形成性评价相当于一次练习,教师会针对学生的形成性评价结果进行反馈,使他们在之后的总结性评价中能够有更好的表现。

所以,作业(the piece of work)应该是相似的。但其中之一(形成性评价)就是让学生练习,特别是在作业评价中没有做过的考评。那么,他们通常会先进行一个形成性评价。(I-T103)

我们没有期中考试,我们就是平时成绩。平时成绩有好几种,有formative(形成性的),有summative(总结性的)。Formatvie不计分,summative才记分……一开始肯定基本是以formative为主。因为学生不知道这门课程要怎么考,你肯定要他练几次,形成性练习,然后到后面会正式地来一次summative。(I-M502)

总结性评价计入学生的最后课程成绩,教师以此判断学生是否达到了预期学习目标,以及在多大程度上达到了预期的学习效果。总结性评价结果也会反馈给学生,以帮助学生在后续学习中进一步提高学业表现。AB联合学院要求形成性评价和总结性评价的反馈在15个工作日内或更短时间内完成。

相较而言,AB联合学院虽继承了B大学注重过程考核的传统,但比B大学更加重视过程考核。其过程考核是嵌入平时教学过程中的。基于此,AB联合学院的作业评价更像是一种随堂考核或课程作业。

英式教育是非常重视过程管理的。我们比较了我们AB联合学院和B大学整个主校区的课程考核,发现我们其实对于过程考核会更加重视,比如说整个的总评成绩,60%至70%是来自平时的作业,叫作in-course assessments（作业评价），主要来自这个，然后只有30%到40%是最后的期末考试。我们的比例甚至会比B大学主校区还要高，因为B大学有的课程有可能60%是在期末考试，然后40%是在平时作业，我们甚至是反过来的。（I-M504）

无论是访谈资料还是文本资料，都显示AB联合学院的作业评价成绩占比远高于期末考试成绩占比。例如，PoN3作业评价成绩占总成绩的60%，期末考试成绩占总成绩的40%；IBMS1作业评价成绩占总成绩的70%，期末考试成绩占比30%；IBMS3则完全以作业评价成绩为准，占比为100%。AB联合学院每一门课程的作业评价一般进行两三次，有的课程作业评价次数会有所增加。

每一个课程……我们有一学期和一学年两种情况，大概会有两三次的ICA（in-course assessment），两三次作业，然后加上有的课，会有期末考试；有的课就直接没有考试，百分之百都是来自平时作业。（I-M504）

不是期末考试，就是平时的（考试）。我不一定在期中，我也不一定在期末，我可能过个两三周就随堂考一次。所以这个都要求在course handbook（课程手册）里写清楚，哪一次是formative，哪一次是summative。这个都由CO（主讲教师）决定……但是他这个都是提交过teaching and learning committee的，讲过我要测多少次、形成性练习是多少次、summative是多少次，占比是多少，在这个框架下。（I-M502）

对于以作业评价和期末考试相结合的方式进行学习成果评价的课程，学生最后的总成绩由两者共同构成，且须分别达到60%的及格成绩。在入学的第一年和第二年，如果作业评价成绩或期末考试成绩不合格，学生有机会重考不及格的部分。除必修课学生必须通过外，对于未能通过的选修课，学生还可以申请采用其他选修课替代。

4. 以学生为中心构建学业支持体系

AB联合学院的质量保障实践还体现于对学生学习生活的支持和帮助上。

第一，为所有学生安排学业导师（academic adviser，AA），提供学习指导和帮助。学业导师由承担AB联合学院教学工作的授课教师担任，在全院四个年级中，一位教师大概担任10—12位学生的学业导师。

我们有 academic adviser 制度，由 B 大学、AB 联合学院、A 大学老师担任。学生入学会收到 AA 的邮件，有学术上的问题都可以找 AA。(I-M501)

这个是学生一进来，新生信息拿到之后，我们就会给他安排一位学业导师。学业导师，首先是要上课的，另外就是对我们学院，包括整个学校情况比较了解。新生进来以后，这四年都是要和这个学业导师保持密切沟通和联系的。因为老师是专业的，他对专业信息会更了解，包括学业上的问题；然后对于校园生活的其他方面，如果有需要帮助的，都可以去找这个 adviser。(I-M504)

基本上，从整个一到四年级来看，AA 可能在 10 个人左右……要求一年级见面的次数多一点，因为觉得一年级可能困难会多一点，不适应的情况会多一点，任何问题都可以问，要求一年至少见四次，而且每次要有一个 report（汇报）的，你们聊了什么，学生反馈了什么……我们要留底的，他要抄送给我们的。基本上其实一、二年级的工作量大一点，然后到三、四年级学生就比较自信了，所以这个问题也比较少。(I-M502)

学业导师的职责主要包括为学生选课、确定课程选择及注册课程提供指导，为学生的学习提供建议和支持，跟踪学生学习进展情况等。AB 联合学院规定，第一年学业导师必须与学生会面至少四次（至少有两次为单独会面），第二年至少三次（至少有一次为单独会面），第三年和第四年至少每年一次。

第二，为新生提供"学术之家"（academic family）同伴帮助和支持。AB 联合学院每年在新生入学之前，会面向高年级学生招募"学术之家"成员，为新生提供课程选择、学习安排、考试、社交与校园生活等方面的指导和建议，以帮助他们更快地转变角色，更好地投入课程学习及适应大学校园生活。

另外就是 academic family（学术之家），这个也是很有意思的。在新生进来之前，我们会对高年级的同学做一个招募。有一些同学会报名去参加 academic family，相当于学长学姐对新生的帮扶。一般来说，二、三年级的同学报名比较（多），因为他们也比较熟悉情况了，并且相对于毕业班同学来说，有更多的时间，所以他们进来以后，会给新生很多的帮助，包括给新生介绍学习情况……比如说哪个时间点需要干什么，我们的作业、考试时间点,就是很多很细节(的事情)……这个 academic family 就是给同学们一个彼此沟通交流的机会,一个跨年级的沟通。(I-M504)

第三,提前将相关学习资料提供给学生预习。AB 联合学院一方面考虑到学生的学习特点和语言基础,另一方面强调学生的学习自主性,因而要求授课教师提前将教学内容告知学生,为学生提供相关学习材料进行预习,减轻课堂学习障碍,提高学习效率。

一般我收到的原则性的通知是 tutorial(辅导课)最好提前好几天,至少提前 48 个小时要 upload(上传)材料,尤其是要学生阅读的,比如说论文,教材相关章节,还有比如说,好多相关的知识的链接,都可以给学生。理论课他要求是最晚 24 小时,那我以前一般都是提前两天……其实你让他们预习下也好,你直接上,好多东西,学生未必能当堂课消化。(I-T102)

我也能明白,这样学生可以提前查询一些英语单词,在上课的时候不会错过知识点,帮助他们理解、消化……我想大部分授课教师会认为提前预习是一个好主意。(I-T101)

不仅如此,有的教师课后还会补充一些相关材料。学生可以根据课前和课后收到的学习资料,针对课堂学习的难点和要点进一步复习、吸收。由此,为保证 AB 联合学院的学生学习与人才培养质量奠定了一定的基础。

二、AC 联合学院内部教育质量保障分析

(一)以优质生源和师资夯筑质量基石

1.实行全年滚动招生,落实专职教师点对点负责招生工作

AC 联合学院借鉴美国高校的滚动招生(rolling admission)方式,将其融入学院招生工作中。AC 联合学院的全年滚动招生主要体现在常年的持续招生宣传和招生季的招生咨询两个方面。在招生宣传方面,以专职教师点对点分省份负责的方式进行,在重点省份和重点中学开展科普讲座和招生政策宣讲。其主要包括两大块内容:其一,在各省市重点中学面向低年级学生作科普讲座,对学院的办学情况、人才培养特色、高考录取情况等进行介绍。其二,直面学生家长,开展招生政策宣讲会。通过有选

择地面向重点潜在优质生源群体进行宣传,扩大学院知名度和关注度,为招录优秀本科新生奠定基础。

我们主要以外出进行一些招生讲座为主,包括联系一些中学。第一部分是面向一些低年级学生进行一些科普性的讲座。讲座完之后,给学生一个印象就是我们(是)这样的学院,再紧接着就是介绍一下我们这些学院的一些概况,什么时候建立的,我们哪些专业在招生,包括我们办学的特色、培养的特色。再紧接着介绍一下我们招生录取的一些情况,通过哪些途径,大概多少分,包括学费、奖学金。这是其中招生宣传的(内容)。还有就是参加一些机构组织的全国巡回招生政策宣讲会。这种的话比较直接,不会介绍一些科普性的知识,大部分情况下直接面向学生家长……上来就是介绍我们这个联合学院,我们招生的一些政策。其实跟第一部分科普性讲座后面那一半的内容是有点类似的,只不过面向群体是家长。(I-M606)

与全年滚动招生一样,AC联合学院在招生季也采用点对点分省份负责的方式。除个别省份由一位专职教师负责外,其余省份全部由两位教师(专职教师和/或行政人员)共同负责。例如,2020年,AC联合学院制定了详细的专职教师(含行政人员)分省份招生咨询安排,以"二人一省"和专职教师为主,共有近20名专职教师参与招生咨询工作。参与人数是行政人员的两倍左右。其中,专职教师主要解答考生有关专业知识和专业学习、发展规划等人才培养方面的问题,同时也涵盖学院的招生政策、面试流程等有关问题;参与招生的行政人员主要负责解答招生政策、流程安排及其他非具体专业知识方面的相关问题。

2. 以科学评价和高额奖学金招徕优秀学生

AC联合学院目前共面向全国18个省份招生,其中,在Z省、G省、S1省和S市实施综合评价招生,在其余14个省份实施普通高校本科批次招生(见表5-6)。与AB联合学院一致,AC联合学院大部分招生计划投放于实施综合评价招生的省份。根据AC联合学院2020年新生录取数据,通过综合评价招生方式录取的新生数量占新生总数的65%左右。在AC联合学院本科招生专业中,除在Z省按专业划分招生指标外,其余省份不按专业单独分配招生指标(见表5-7)。

表 5－6　AC 联合学院 2020 年招生计划

招生方式	招生省份	计划数/人
综合评价	Z 省	130
	G 省	19
	S1 省	19
	S 市	7
普通高校本科批次招生	H1 省、J1 省、S3 省、L 省、J2 省、H2 省、J3 省、A 省、F 省、H3 省、H4 省、H5 省、S2 省、S4 省	不详

资料来源：AC 联合学院官网。

表 5－7　AC 联合学院 2020 年各专业招生计划

招生专业	计划数/人				
	Z 省	G 省	S1 省	S 市	其余省份
电子与计算机工程	15	19	19	7	不详
电气工程及其自动化	25				
土木工程	45				
机械工程	45				

资料来源：AC 联合学院官网。

与 AB 联合学院一样，AC 联合学院虽不具备独立招生权限，但如前所述，其本科新生的招生方式以综合评价为主，因而在生源质量控制上也具有一定的空间和主动权。由于 AC 联合学院与 AB 联合学院的中方母体高校为同一所大学，因而两院对考生信息资料的提交在内容和要求上完全一致。同时，其综合评价招生程序也保持一致，包括初审的筛选、面试环节的校园体验活动等。

在综合评价招生中，S1 省和 S 市两地考生的录取依据为高考成绩和综合面试成绩，其中高考成绩占 85%，综合面试成绩占 15%；在考生综合成绩相同的情况下依次以考生的综合面试成绩和高考投档成绩排序录取。G 省和 Z 省两地考生的录取依据为高考成绩、综合面试（测试）成绩和高中学业水平测试成绩，其中高考成绩占 85%，综合面试（测试）成绩占 10%，高中学业水平测试成绩占 5%；在考生综合成绩相同的情况下，依次按考生综合面试（测试）成绩、高考投档成绩、高中学业水平测试成绩排序录取。由此可见，在高考成绩和学业水平测试成绩既定的情况下，考生的综合面试（测试）成绩在 AC 联合学院的招生录取工作中占据非常重要的地位,对于考生能否被录取,在一定程度上具有决定性的意义。因而实施综合评价招生,更有利于AC联合学院根据学院人才培养目标和要求对考生进行全面考查,从而更加科学地选拔优秀生源,使AC联合学院的自主性和作用得到充分发挥。

我们在不同的省份招生方式是不一样的,比如说我们在Z省、S市、G省、S1省这几个省(市),我们目前是通过综合评价的方式来招生的。在Z省它还有个名字叫作"三位一体"综合评价招生。这个综合评价招生不仅仅看学生的高考成绩,也看学生高中阶段的学业考试成绩……由我们学院的教授来对学生进行面试,然后给出成绩……按比例加权之后得出总分。(I-M606)

AC联合学院招生综合面试具体工作由学院负责组织实施,通常将考生按所报考专业进行分组面试。每个考场一般由五六位教授(含助理教师和副教授)负责面试评价并进行评分;另外,还有行政人员和辅导员等负责考务、协调以及成绩统计。为了更好地选拔优秀考生,AC联合学院每年会从A大学本部对应院系邀请有经验的教师参加学院综合面试工作。每个考场的面试专家团队中一般会安排两三位本部专职教师。通过面试专家团队的多元化,使学院综合面试更加客观、科学。AC联合学院的综合测试注重考查学生的英语语言表达能力、思维和创新能力、学生的学习能力,以及适应能力等。通过现场出题,口头问答的形式对学生进行综合考查。

每个考场有一个负责英语测试(的教授),就是请英语口语能力比较好的教授面试英语这块的内容……可能会问你平时喜欢做些什么,你的兴趣爱好之类的,用英语来表达。这其实主要是为了考查他的一些英语交流能力。(I-M606)

比如一个问题,每个人就回答一两分钟,就看看他们思维能力怎么样,也没有什么明确的答案。你看他聊得怎么样,聊一聊就能看出那些学生是不是头脑活跃……然后再问英文问题,看他的口语怎么样。(I-T201)

除了通过综合评价科学选拔优秀学生,AC联合学院还专门设立有竞争力的新生奖学金招徕各省份的拔尖生。AC联合学院于2018年1月和2019年7月两度印发《新生奖学金和评定管理办法》(以下简称《新生奖学金办法》),2019年的《新生奖学金办法》在2018年文件的基础上修订完成,2018年文件被同步废除。AC联合学院的新生奖学金面向被录取的各省份排名前100名(含与第100名成绩并列者)和前300名新生(含与第300名成绩并列者)。前者可获得48万元人民币奖学金,用于支付四年的全部学费;后者可获得24万元人民币奖学金,用于支付一半学费。AC联合学院设立新生奖学金的目的在于吸引各省份最优秀的考生报考,提高学院的生源质量。根据AC联合学院的自评报告,2019年共有1名新生获得全额奖学金,2名新生获得半额奖学金。

随着AC联合学院在招生工作中的不断探索,其生源质量和招生人数持续提高。到2018年,该学院的录取分数在全国高考中进入前列。2020年,其新生录取分数总体上超过全国99.9%的考生分数,成为全国难以考上的高等教育中外合作办学机构之一。

3.兼聘与自聘相结合,建设高质量师资队伍

师资队伍建设是AC联合学院保障其教育教学质量,提高自身竞争力和办学水平的重要路径。AC联合学院一方面邀请外方母体高校选派高水平教师,另一方面面向中方母体高校兼聘一流教师以及面向全球招聘符合学院人才培养和学科发展需求的高层次人才。除了外方母体高校派出的20名教师,AC联合学院先后面向A大学相应院系选聘了16位教师,从而形成了一支优秀的兼聘教师队伍。与此同时,AC联合学院不断加大人才引进和培育力度,构建了一支由28人组成的自聘教师队伍。

首先,AC联合学院充分利用A大学的工程学科优势和教师资源,从多个院系中选聘知名专家、学者和优秀青年教师承担AC联合学院的教育教学工作。AC联合学院的选聘范围包括A大学电气工程学院、信息与电子工程学院、计算机科学与技术学院、环境与资源学院、建筑工程学院、物理学系、化学系等相应院系。在这些院系中,大部分学科(一级学科)在全国第四轮学科评估中被评为A+或A;与AC联合学院所开设专业相同或相近的土木工程、环境科学与工程、计算机科学与技术、电气工程和机械工程学科评估成绩全部为A(含一个A+学科和一个A-学科);除土木工程外,其余学科全部入选国家一流建设学科。这为AC联合学院建设一流的兼聘教师队伍奠定了坚实的基础。

根据在 AC 联合学院获取的教师信息,大部分教师在国内外享有一定知名度,其中不乏国内、国际顶尖专家、教授。从统计数据来看,93.33% 的教师拥有博士学位(1 人由于信息缺失未纳入统计),90% 以上的教师具有国外求学、全职科研(含博士后)或访学等学习与工作经历。其中,教授(含研究员)12 人,占比 68.75%;副教授 4 人,占比 25%;"百人计划"研究员 1 人,占比 6.25%;博士生导师 12 人,占比 75.00%。根据 QS 世界大学排名,75% 的博士学位源于全球排名前 100 位的大学。

在从 A 大学不同院系和不同学科选聘组建优秀兼聘教师队伍的基础上,AC 联合学院还于 2018 年 10 月制定兼聘教师教学工作量与课酬核算办法,一方面可以为所有兼聘教师提供工作量计算依据,用于满足其个人在 A 大学相应院系的教学工作量考核要求;另一方面可以为其提供具有一定吸引力的教学工作报酬。通过这两个方面调动兼聘教师的教学积极性,保证和提高教学质量。

其次,以学院人才培养和学科发展需求为导向,联合外方母体高校面向全球招聘构建自己的师资队伍。AC 联合学院按世界一流大学标准在全球范围内自主招聘教师。AC 联合学院认可的全职教师学术职称包括教授、副教授和助理教授(或讲师)。为了保证学院师资队伍的学术水平和质量,学院对招聘教师的学术要求做了基本的规定:教授必须拥有较高的国际地位,寻求建设重大跨学科研究和教学项目;副教授必须是所在领域内公认的领导者,在教学、出版物和资助研究方面具有成果丰硕,具有参与跨学科合作的基础;助理教授必须获得博士学位,成绩优秀,科研实力雄厚,教学能力突出。

AC 联合学院设立筛选委员会、招聘委员会和执行委员会负责学院教师的全球招聘工作。其中,筛选委员会由院长、执行院长、副院长和来自所有专业的一两名代表(可从学院内部、A 大学和 C 大学相关院系挑选)组成,负责评估求职者的书面材料,确定接受进一步评估的候选人。筛选委员会的成员须为教授,充分理解 AC 联合学院的使命、愿景和要求,熟悉候选人的专业和研究领域,能够公平、合理地确定合适的人选。招聘委员会成员来自学院内部、A 大学和 C 大学,共有 2 位联合主席、12 位常务委员及若干位非常务委员,委员会成员负责共同评估并推荐潜在的录用人选，拟录用结果须经联合管理委员会审核批准。执行委员会包括院长和执行院长，由其根据学院使命、愿景和发展规划，制定并更新师资招聘计划，主持整个师资招聘过程。

为了真正实现面向全球招聘高素质教师，AC联合学院不仅通过双方母体高校渠道发布教师招聘信息，还在国内外主要招聘平台、专业领域重要刊物上发布信息，增加其在行业领域内的"曝光度"，以获得广泛的求职候选人来源基础。另外，AC联合学院还注重发挥本学院教师的力量和关系网，为学院引荐最理想的求职候选人。在具体招聘面试环节，AC联合学院分别在其外方母体高校和本学院设立面试地点，安排持续1—2天的现场面试活动，包括与相关各方、潜在合作者、研究生、管理人员和其他有关人员会面，并举办一次学术研讨会，一方面便于国内外求职者根据实际情况确定合适面试地点，另一方面便于学院对求职者进行全方位考察，选拔并建设高素质及高度国际化的师资队伍。

根据AC联合学院官网公布的信息，其自聘的28位教师中，除1位教师博士毕业于国内世界一流大学建设高校外，其余27位教师全部毕业于国外顶尖大学或学科拔尖大学，皆拥有博士学位（其中一半左右的博士学位源于全球排名前50位的大学）。82.14%的教师拥有国外业界知名公司、研究机构及世界一流大学正式任职经历，包括研发或研究、博士后、教职等工作岗位。其中，教授6人、副教授6人、助理教授15人、"百人计划"研究员1人，拥有高级职称的教师占比为42.86%。其中，博士生导师17人，占比60.71%；外籍教师10人，占比35.71%。

AC联合学院不仅通过高标准、高要求及全球招聘组建一流的学院自有师资，同时也采取了与AB联合学院类似的方法，以具有国际竞争力的薪酬和丰厚的科研启动资金吸引求职者加入学院教师队伍，并承诺将新聘教师纳入A大学终身轨教师聘任体系，为其提供博士生、博士后招收指标及实验与办公资源，创造良好的发展前景和宽松的科研环境；同时还积极安排教师子女入学入托，协助配偶工作和落户，解决他们的后顾之忧。

根据AC联合学院2019年自评报告，自聘教师队伍中有16位教师已获得中方母体高校相关学科的兼聘教职，13位教师获得外方母体高校的兼聘教职。这意味着AC联合学院不仅组建了一支高素质的一流自聘师资队伍,还实现了教师资源向双方母体高校的反向输出。

(二)中外合作构建工程学科课程与教学体系

1.培养目标与期许

AC联合学院聚焦于工科领域的人才培养,通过引进C大学工程学院课程与教学资源,并融合A大学工科院系传统优势,致力于培养"工程之俊杰、明日之领袖"。其总体目标是向学生传递态度、价值观、愿景,通过系统的教育和培训,使他们学会终身学习,创造新知识,在工程和其他领域发挥领导作用。

为了实现学院总体教育目标并满足当前工程教育认证标准,AC联合学院制定的学生学习成果目标主要有:在各自工程领域成功从事工程师、顾问和企业家等多种职业;在领先的工程和跨学科领域教育中继续深造,成为研究人员、专家和教育工作者;在所选领域成为领导者;在21世纪瞬息万变的环境中学习和创造新知识,并向同事和公众传达其工作内容和想法;通过专业发展继续学习;实践和鼓励高道德和技术标准,参与、促进和领导全球的专业学科、组织和社区。

上述人才培养与学生学习成果目标针对AC联合学院所有专业而设定。根据学院的使命和愿景,每个工程专业都制定了相应的教育目标,这些教育目标也是学院在人才培养上期望毕业生在毕业后几年内应达到的目标。以土木工程和机械工程专业为例,其具体目标与学院确定的总体目标高度一致,都强调培养的毕业生具备进入本专业相关领域工作、深造、专业发展与继续学习、成为行业领导及参与专业社团和社区服务等(见表5-8)。

表5-8 土木工程和机械工程专业教育目标

土木工程	机械工程
不断探索人类社会可持续发展的新技术、新知识	成功从事一个涉及机械工程技能的职业或攻读研究生/专业教育
在主要研究型大学接受土木与环境工程及相关领域的研究生教育与研究	
获得专业执照并晋升到该行业的领导职位	在选择的领域晋升到领导职位

续表

土木工程	机械工程
通过专业发展继续学习	通过专业发展继续学习
参与专业社团和社区服务并为之做出贡献	参与专业社团和社区服务并为之做出贡献
作为执业工程师和顾问,成功进入土木和环境工程行业,在包括结构、运输、岩土、材料、环境和水文工程、施工管理以及其他相关或新兴领域等在内的知名公司和组织工作	

资料来源:AC 联合学院人才培养方案、自评报告。

总体来看,AC 联合学院所有专业都致力于为学生提供全面的教育,包括在他们各自专业领域进行深入的教学与指导。作为应用性学科专业,AC 联合学院的专业和课程设计注重问题的分析与解决,强调培养学生的团队合作能力、沟通技巧和个人专业精神,其中包括道德及环境意识。并且试图通过课堂教学和课外学习活动的有机结合,为学生的终身学习和领导能力做准备,使培养的学生在深入认识自己所选所学专业的同时,能够具备将来为社会做出重大贡献的能力。

2. 创新 T 型人才培养课程体系

在全球化时代,学生应学习何种知识、受到何种教育、具备何种能力?基于这三问,集合 A 大学和 C 大学两所世界名校相关学科教育资源创办的 AC 联合学院提出,建立全球化背景下创新型高等教育人才培养模式,打破传统工程学科界限,培养复合创新型工程精英和国际化领导人才。为此,AC 联合学院在办学实践过程中不按学科属性设立系、所等机构,鼓励学科交叉融合、教师交叉融合以及学生交叉融合,并以"三融合"为支撑,创新课程体系,培养 T 型人才(见图 5-16)。

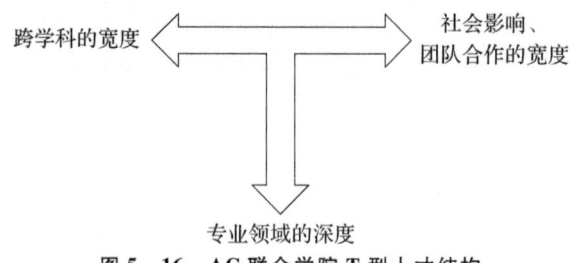

图 5-16 AC 联合学院 T 型人才结构

资料来源:AC 联合学院内部资料。

在 AC 联合学院的办学语境下,学科交叉融合是指建立学科交叉研究部(如能源、环境与可持续科学研究部、器件及应用材料工程科学研究部、信息系统及数据科学研究部等),不同专业共同协作,面向未来社会的热点工程领域,造就跨领域、多学科知识背景的创新人才;教师交叉融合是指鼓励不同专业背景的教师融合、交叉合作,如通过伙伴听课制度(Class Observation)、教师午餐会制度(Faculty Lunch Bunch)、教师招待会制度(Faculty Reception)、教师研讨会制度(Faculty Workshop)等促进教师交叉融合;学生交叉融合是指不同专业学生在一起生活学习,同上一门课,同在一个组讨论,完成团队作业,参加社团活动等,高年级阶段设立工程交叉创新团队,不同专业学生一起参与课题研究活动。

在此基础上,AC 联合学院通过引入 C 大学课程体系、核心教材等教育教学资源,并进一步优化和调适,创新人才培养课程体系,以培养既知专业自身,也知其他广阔领域的 T 型人才。如图 5－16 所示,T 型的垂直箭头表示单个专业领域中知识和技能的深度,水平箭头一方面是指跨学科的宽度,即在不同专业领域应用知识的能力;另一方面是指社会影响、团队合作(含跨学科合作)的宽度。T 型人才即对兼具上述横纵多项知识、技能及能力之人的形象比喻和描述。

AC 联合学院的 T 型人才培养课程体系主要由双方母体高校要求的通识教育课程以及从 C 大学引进的必修课程与选修课程构成(见图 5－17)。C 大学学位最低学分要求为 128 学分,在 C 大学要求的 128 学分基础上,学生必须额外完成 28—32.5 学分的 A 大学通识教育必修课程,才能获得 A 大学学位。自 2019 级学生起,A 大学通识教育必修课程总学分要求全部为 32.5 学分,主要包括思政类课程(16 学分)、语言类课程(英语,6 学分)、体育类课程(6.5 学分)、军事教育类课程(4 学分)。[①] C 大学通识教育课程包括人文与艺术、社会与行为科学、文化研究。这类课程的总学分要求为 18 学分(见表 5－9)。

---

① 这些通识教育必修课程与 AB 联合学院通识教育课程完全一致,参见表 5－5 AB 联合学院通识教育课程。

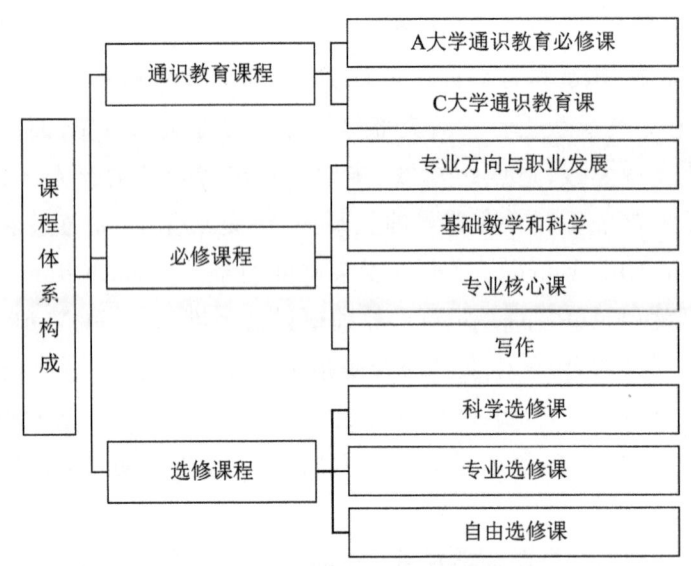

图 5-17 AC 联合学院课程体系构成

资料来源：根据 AC 联合学院学生手册绘制。

表 5-9 AC 联合学院 C 大学通识教育课程

课程类型	课程要求
人文与艺术（6 学分）	两门人文与艺术课程
社会与行为科学（6 学分）	学生须在"经济学基础""微观经济学原理""宏观经济学原理"三门课程中选择两门课程
文化研究（6 学分）	自 2018 级起，学生必须修完一门西方/比较文化课程、一门非西方文化课程和一门美国少数民族文化课程

资料来源：AC 联合学院学生手册。

　　AC 联合学院必修课包括专业方向与职业发展、基础数学和科学、专业（土木工程/电气工程/机械工程/计算机工程）核心课程以及写作课程四类。每个专业都涵盖了这四类课程，但学分要求有所差异（见表 5-10）。其中，专业方向和职业发展主要在于向学生介绍学院及其课程能够提供的机会和资源，教授学生在工程职业领域有效工作、取得成绩的技能；基础数学和科学旨在为学生提供工程学科专业知识学习所必须具备的基本数学和科学原理；专业核心课程强调构成对土木工程/电气工程/机械工程/计算机工程共同知识理解所必需的重要概念和基本实验技术；写作课程主要教授说明文写作（expository writing）基本知识，包括写作原则（RHET 101 Principles of Writing）、科研写作原则（RHET 102 Principles of

Research)和科技写作原则(BTW 261 Principles Tech Communication)。

表5-10 AC联合学院必修课类型与学分要求

课程类型	最低学分要求			
	土木工程	电气工程	机械工程	计算机工程
专业方向与职业发展	4	1	1	1
基础数学和科学	34	31	29	31
专业核心课程	25	31	52	36
写作	9	6	6	6

资料来源:AC联合学院学生手册。

AC联合学院的选修课程包括科学选修课、专业选修课、自由选修课等课程。如表5-11所示,AC联合学院根据不同专业设置了不同的选修课程组合。以土木工程专业为例,该专业要求学生完成3学分的科学选修课程、34学分的专业选修课程和至少1学分的自由选修课程。其科学选修课程旨在帮助学生获取更多的科学知识,学生需根据所选学习领域(方向)的要求和建议进行选择,并经AC联合学院批准。专业选修课包括核心课程和高等专业课程(advanced technical courses),旨在通过核心课程让每个学生具备土木工程领域的广泛知识背景,并通过主修领域和辅修领域高等专业选修课来发展学生专注的课程知识。

表5-11 AC联合学院不同专业选修课构成

专业名称	选修课类型
土木工程	科学选修课,3学分;专业选修课,34学分,包括核心课程和高等专业课程;自由选修课,1—3学分
电气工程	专业选修课,32学分;自由选修课,9学分
机械工程	科学选修课,4学分;统计选修课,3学分;机械科学与工程(MechSE)选修课,6学分;专业选修课,6学分;自由选修课,3学分
计算机工程	专业选修课,27学分,包括电气工程基础课程(6选1)、高级计算选修课程、理论与应用力学课程、计算机科学课程以及土木工程、机械工程有关课程等;自由选修课,9学分

资料来源:AC联合学院学生手册。

学生可以在环境/水利工程与科学、结构工程、交通工程三个学科领域中确定自己的主修领域(major area),在这三个学科领域及建筑与岩土工程、机械工程和计算机工程三个土木工程跨学科领域确定自己的辅修领域(secondary area)。① AC 联合学院设置或区分主修领域和辅修领域的目的在于,通过主修领域课程促进学生在某一学科领域(方向)的深入学习,通过辅修领域课程扩展学生知识学习的宽度。AC 联合学院鼓励学生选择跨学科课程作为自由选修课,允许学生根据自身兴趣探索任何知识领域。自由选课的目的在于,给予学生自主发展、确立自己的研究专长或完成辅修课程的空间和权利。

　　上述所有课程完整地构成了 AC 联合学院的学分课程体系。除了这些学分课程,AC 联合学院还鼓励学生参与专业领域科学研究或跨学科研究,包括参与教师课题项目研究、A 大学本科生科研训练计划和大学生创新创业大赛项目等。除此之外,AC 联合学院每学期不定期邀请全球学界、工业界精英来学院开设讲座,帮助学生拓宽知识视野,从中获得启迪。在整个人才培养过程中,AC 联合学院还加入了企业实习、社会实践以及学科交叉毕业设计等培养环节;C 大学则加入了学生国际交流环节,即要求 AC 联合学院学生必须在大三去 C 大学本部交流学习半年或一年(自 2019 级起为一年)。综合来看,AC 联合学院通过引进 C 大学的课程体系,并在此基础上进行优化和调适,最终形成学院完整的 T 型人才培养创新课程体系(见图 5-18)。

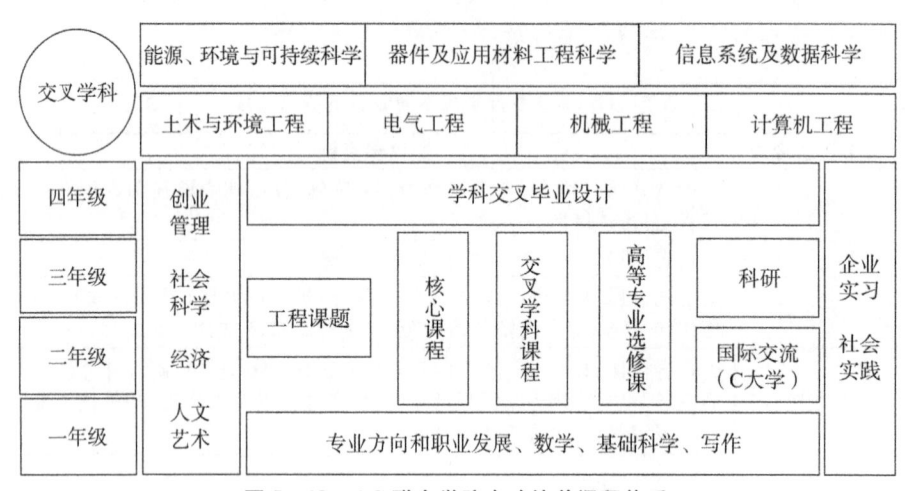

图 5-18　AC 联合学院人才培养课程体系

资料来源:根据 AC 联合学院人才培养方案、学生手册及学院 PPT 材料修改绘制。

────────

①资料来源于 C 大学土木工程专业本科生手册、AC 联合学院人才培养方案和学生手册。

3. 基于问题与创新导向的课程教学体系

AC 联合学院的课程教学一般包括理论课(lecture)、讨论课(discussion)和实验课(laboratory)等教学方式。理论课以教师讲解为主,学生辅以笔记、课前课后自主学习等方式消化吸收知识点。理论课的教学活动构成了讨论课和实验课的重要基础。讨论课和实验课一般基于理论课所学知识、需要练习和解决的问题进行。这两种类型的课程通常会对学生进行分组,实施小班化教学,由不同的教师(包括实验室工程师、助教)同步进行指导。根据 A 大学国际校区教育教学管理部门提供的 2019—2020 学年秋冬学期课表分析,AC 联合学院的课程教学以"理论课+讨论课""理论课+实验课"的组合为主,少量课程由三种教学方式共同组成。如图 5-19 和图 5-20 所示,前者的课时比例从大一到大三分别为 2:1、1:2、3:5①,后者的课时比例从大一到大四分别为 2:1、3:2、3:4 和 4:3。②

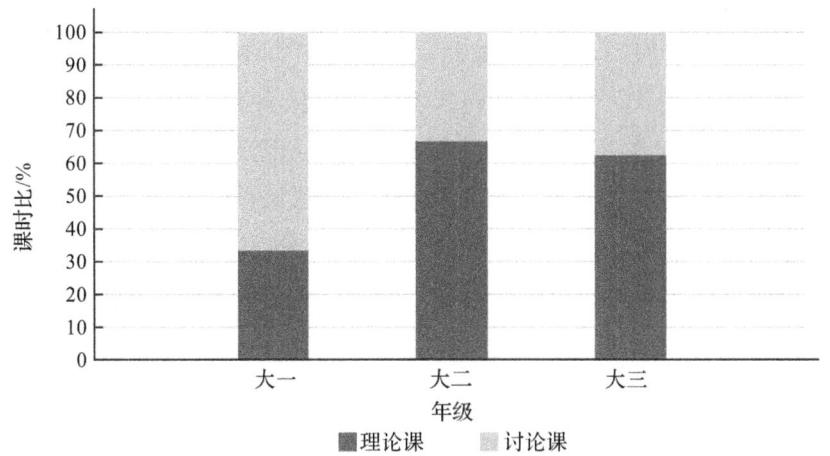

图 5-19　AC 联合学院"理论课+讨论课"组合课时比

资料来源:A 大学国际校区部门内部资料。

---

① 大四没有"理论课+讨论课"的组合。
② 课程组合的分析和统计以课程代码和学分为依据,课程代码不同且独立计算学分的则视为不同的课程。若将课程代码相连、名称相近,且单独计算学分的课程视为同一门课程,如 ECE 310"数字信号处理"(3 学分)和 ECE 311"数字信号处理实验"(1 学分),则会有更多的"理论课+讨论课+实验课"授课组合。

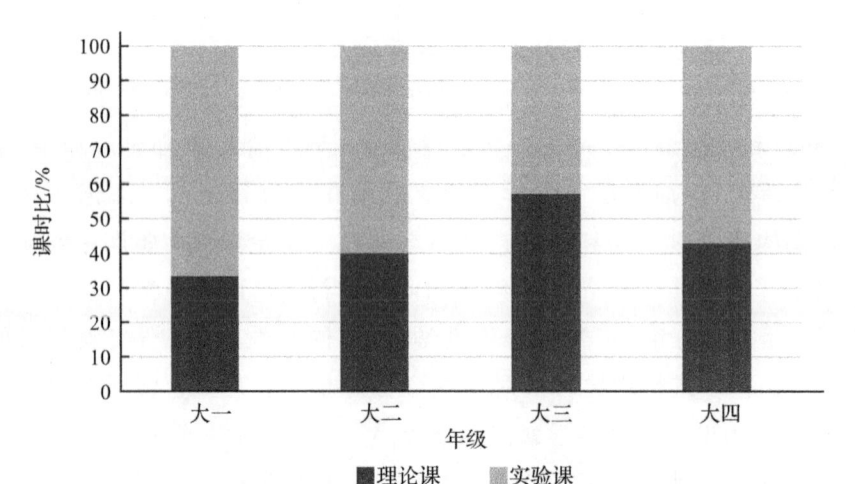

图 5-20　AC 联合学院"理论课+实验课"组合课时比

资料来源：A 大学国际校区部门内部资料。

AC 联合学院的课程教学组合，体现了从理论到讨论再到实践探究的人才培养路线。在此基础上，结合课程作业、科研训练等，以问题启发和求索创新为导向，培养学生基于问题的探究能力和创新能力。这与工程学科的特点和 AC 联合学院的人才培养定位具有紧密关系。一方面，工程学科人才培养注重学生的问题解决能力和创造力；另一方面，AC 联合学院致力于培养复合创新型工程精英、国际化领袖型人才。因此，AC 联合学院的课程教学体系及其安排不仅强调理论知识的教学，还注重通过讨论课和实验课对学生进行指导，让学生在这个过程中学会解决问题的方法和技巧，并在此基础上促进和提升创新能力。

我们的目标是培养创新型高层次人才、行业精英，或者说具有国际视野的领导型人才。这对我们老师的要求实际上是很高的……工程教育是很注重解决实际问题的，也就是说，培养学生的问题解决能力很重要。传统的教育方式可能教会了学生很多理论知识，那怎么更好地运用这些理论知识去解决各种各样的问题，去探索、去发现一些新的东西，可能更多地需要（靠）学生自己。我们在这方面其实是有加强的，可以说做得更好。我们有很多的讨论课、实验课，可以更好地对学生进行指导、示范，学生可以直观地看到或感受到这么一个过程，在这个过程中去锻炼和提升。（I-T205）

在 AC 联合学院的课程教学体系中，除了教师的教，学生的自主学习和练习也是其重要组成部分。以 ECE 220 计算机系统与编程（Computer Systems & Programming）为例，该课程的重点是 C 语言程序设计，内容包括基本编程概念、函数、数组、指针、I/O、递归、简单数据结构、链表、动态内存管理和基本算法等。根据 AC 联合学院的 ECE 220 课程教学大纲，学生在整个课程的学习过程中，一共需要完成九次作业。这些作业包括要求学生通过编程或利用专业工具解决具体问题、设计方块游戏、程序测试与调试等。在讨论课中，有七次实验材料的学习讨论，其主题包括破译秘密信息、使用数组进行边缘检测、学习使用调试程序等。

在具体的课程教学中，AC 联合学院还将学生的作业设计与比赛结合起来，锻炼学生理论知识的实际应用能力和机械设计能力，使学生在这一过程中学会发现问题、解决问题，并实现突破创新。例如，ME 370 机械设计Ⅰ（Mechanical Design Ⅰ）和 ME 371 机械设计Ⅱ（Mechanical Design Ⅱ），由学生组成不同的团队设计制作具备不同能力或能够满足不同要求的机器人，在课程学习即将结束时开展机器人比赛，包括行走、传送速度、传送载重等。课程教学、设计练习与比赛的结合，既丰富了课堂教学形式，还能不断激发学生的思维能力和创造能力。

不仅如此，根据研究者的课堂观察以及与授课教师的交流，教师在平时教学过程中还注重对学生的课程作业、课堂测验、期中考试做出及时反馈，帮助学生了解存在的问题和不足，并为他们提供一些可能的问题解决思路或方案，启发他们重新构思，进一步完善自己的知识结构、问题解决方案以及具体的作品设计等。在 AC 联合学院，学生在每门课程学习中除了有大量的课程作业，还有较多的课堂测验和期中考试。这既给了学生一定强度的练习和锻炼，也为教师的教学反馈提供了一个较好的载体，能够有效增加师生之间的互动，在理论学习和实践创新之间建立起互通的"桥梁"。

美方的教学方式是……大概差不多每周一次测验，一个月左右一次期中考试……比如说期中考试，它（们的）期中不是我们的期中，我们的期中真的叫期中，它每个月都要期中……（I-M604）

学生的问题解决能力和创新创造能力的培养贯穿 AC 联合学院课程

教学全过程。教师在教学过程中会有意识地向学生强调提高理论知识的应用能力，强调在解决问题的过程中不断发现新问题的重要性（I-T206）。在这一过程中，学生可以进一步学习如何解决问题，激发自己的创造力和创新能力。此外，AC联合学院还注重通过鼓励学生参与导师科研项目、大学生科研训练计划、毕业设计等强化问题导向的学习，通过促进学生参与课题研究、科研训练和设计实践，培养学生的创造发明和创新创业能力。从总体上来看，这些也是AC联合学院课程教学体系的重要组成部分。

4. AC联合学院课程与教学体系的特点

AC联合学院作为一所聚焦于工科教育的研究型跨国办学机构，在引进国外教育资源的基础上探索符合自身定位和人才培养目标的课程与教学体系。其课程与教学兼具双方母体高校教育教学的一些共性和工程学科人才培养特点，契合工程学科人才培养规律的要求。如图5-21所示，AC联合学院的课程与教学体系呈现出以下四个特点。

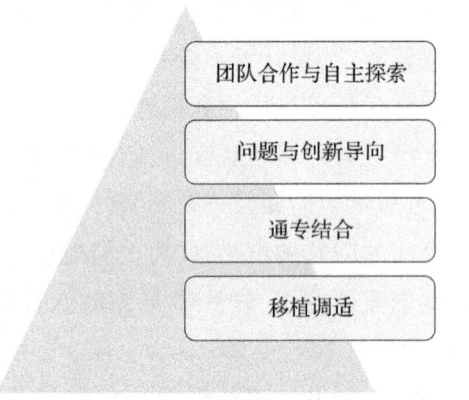

图5-21 AC联合学课程与教学体系特点

第一，基于直接引入进行调适优化，以适应其跨学科创新型人才培养的需要。以土木工程专业为例①，在教育目标的表述上，除增加了"不断探索人类社会可持续发展的新技术、新知识"这一目标外，其余与C大学

---

① AC联合学院和C大学土木工程专业英文名称完全一致，皆为Civil and Environmental Engineering。

土木工程专业的教育目标一致;除中方母体高校 A 大学要求的通识教育必修课之外,AC 联合学院所开设的课程(包括课程代码、课程名称)、教学内容、教学方式、学生考核、学分要求等均与 C 大学一致。[①]

然而,AC 联合学院在此基础上也做了相应的调适和优化。例如,该学院期望土木工程专业毕业生的工作领域包括水质与水处理、污染与生态、生物危害和污染、公路与交通工程、城市规划与管理、运输、建筑工程及项目管理、智慧城市及智能化基础设施、防灾减灾等[②],因而在 C 大学十个学生可选学科领域中确定三个(环境/水利工程与科学、结构工程、交通工程)供本学院学生选择作为自己的主修领域,并在此基础上增加三个跨学科领域(建筑与岩土工程、机械工程、计算机工程),可供学生选择,作为自己的辅修领域[③]。另外,AC 联合学院针对学生母语为非英语的特点,对引进的写作课程进行了调整和优化,将 C 大学本部学生必修的 4 学分课程"写作原则"(RHET 105 Principles of Composition)调整为两门分别为 3 学分的写作课程"写作原则"和"科研写作原则"。[④]

第二,通专结合,注重通识教育和专业基础教育。通识教育与专业教育相结合在国内外高等教育中具有广泛共识。它既是新时代人才培养模式的重要选择,也是培养创新人才的需要。[⑤] AC 联合学院在其人才培养方案中既采用了 C 大学的通识教育课程,也充分融入了 A 大学的通识教育必修课程,即 AC 联合学院的学生为达到双方学位授予的要求,不仅需要完成 C 大学 18 学分的通识教育课程,还需要完成 A 大学 32.5 学分的通识教育必修课程,因而 AC 联合学院通识教育课程的比重同时高于双方母体高校各自人才培养的通识教育课程比重。与此同时,AC 联合学院

[①]资料源于 C 大学土木工程专业本科生手册、AC 联合学院人才培养方案和学生手册。

[②]资料源于 AC 联合学院官网土木工程专业介绍。

[③]资料源于 C 大学土木工程专业本科生手册、AC 联合学院人才培养方案和学生手册。

[④]由于翻译的原因,"写作原则"中文译名相同,AC 联合学院两门写作课程的课程代码和英文名称详见前文"创新 T 型人才培养课程体系"相应内容。

[⑤]张亚群,庞瑶.通专结合培养模式的变革:历史省思与现实选择[J].华中师范大学学报(人文社会科学版),2019(6):25-34.

非常重视学生的专业基础教育。在其课程与教学体系中,专业基础课程(基础数学和科学)占有较大比例。如前文表5-10所示,AC联合学院的必修课程中,四个专业的专业基础课程与其专业核心课程比例分别为1:0.74、1:1、1:1.79和1:1.16,各专业基础课程学分占必修课总学分的比例分别达到47.22%、44.93%、32.95%和41.89%。

第三,以问题与创新为导向,强调交叉融合。AC联合学院开设的四个合作办学专业皆为工科专业,其特点在于具有非常强的实践性,注重实用性。从前文关于AC联合学院课程与教学体系的内容可以看出,AC联合学院从其课程设置到教学组织及教学过程均能体现理论与实践相结合的人才培养思路,在理论学习的基础上强化问题导向和实践训练,锻炼学生的创新能力。然而,交叉融合是促进创新的重要路径。AC联合学院在办学过程中形成了以学科交叉融合、教师交叉融合和学生交叉融合为特色的教育教学体系。在课程学习的选择上,AC联合学院人才培养方案要求每位学生都要选择不同方向或跨学科的课程,使培养的人才既具备专业领域的深度,也具备跨学科的宽度。在课程教学过程中,不同专业的学生共同上课、交流和讨论,共同完成作业任务或参与实验设计、课题研究等,通过交叉融合实现学生创新能力的发展。AC联合学院的课程与教学体系以问题与创新为导向,强调交叉融合,既符合工科人才培养的特点和规律,又符合其自身的办学定位和人才培养目标。

第四,注重学生团队合作和自主探索能力的培养。AC联合学院的课程与教学围绕培养T型人才而设定。T型人才除了须具备专业领域的深度和跨学科的宽度,还须具备团队合作的宽度,以及将来能够具备一定的社会影响力。注重学生团队合作的培养,在具体教学过程中可以在学生的课堂讨论、实验训练、作业或项目设计等诸多方面得到体现。在日常讨论课、实验课及作业练习方面,学生通常被分成不同的小组,围绕具体的学习主题、任务及需要解决的问题共同讨论、分工合作,以完成阶段性和特定的教学目标。以ME270"可制造性设计"(Design for Manufacturability)课程为例。该课程授课教师将学生的作品设计作为教学过程的一部分,由学生自己组队,合作完成设计任务。学生在这个过程中与团队的其他成员反复沟通和讨论,进而将各自构思转变为团队设计方案,最后经过无数次的实验探索和试误,设计出理想的作品(包粽机、橘子剥皮机、水箱清洁器、单手开瓶器等)。作品设计、制作及完成的整个过程完全由学生团队独立进行。这不仅能够培养学生的团队合作意识,锻炼其合作能力,也使学生的自主探索能力得到了训练和提高。注重学生团队合作和自主探索能力的培养,既符合 AC 联合学院 T 型人才培养的自我要求,也符合工程学科人才培养规律的内在要求。

(三)自我探索与借鉴相结合,改进教与学

1. 设立学术管理机构及制定课程教学管理制度,保障教育教学质量

在 AC 联合学院,学术委员会是其最高学术组织,负责对学术领域重大事项进行咨询、审议、评定和监督,致力于促进学术发展和人才培养,保障教师、科研人员和学生在教学、科研及学术事务管理中发挥主体作用,提高学术质量与办学质量,推进学院的改革与发展。学术委员会的组成原则上为 15 人左右,设主任委员 1 名,副主任委员 2 名。为了让学院学术人员能够更好地发挥作用,使学术委员会能够更好地履行其职责和使命,AC 联合学院限定了学院负责人在学术委员会中的人数比例——"委员中担任学院负责人的人数不多于委员会总人数的三分之一",并且委员的构成充分考虑学院内各学科的平衡,可根据实际需要吸收一定比例的 A 大学非本学院教授担任委员。学术委员会的职责主要包括学院学科发展、建设规划意见咨询与制定,审议并推动重大学科建设和科研计划的实施,对各学科学术评价标准提出咨询意见,评估各学科学术发展、人才(团队)学术水平和科研成果学术价值,对学院人才队伍建设规划及实施方案、师资引进条件、教师专业技术职务和岗位聘任条件等提出咨询和指导意见等。

学术委员会对 AC 联合学院的教育教学及其质量至关重要。制定课程教学制度则有助于确保教学大纲得到有效执行,规范学院的课程与教学实践和课程教学资料的使用与管理,从而保障教育教学质量。AC 联合学院于 2017 年 12 月制定了学院《课程教学内容与教学大纲的审核与管理规定(试行)》(以下简称《课程教学规定》)和《课程教学资料的管理规定(试行)》(以下简称《课程资料规定》),确保学院课程教学符合人才培养目标及满足学科发展需要,从而保证学院的办学质量和水平。根据

《课程教学规定》,教学内容与大纲由学院教学委员会负责审核,并须提交至学院教学管理办公室归档备案;课程设定后,若有超出教学大纲增删、修改课程设置的情况,任课教师须向学院教学委员会提出变更理由和变更情况报告;教学委员会审核后认定为不合理的,有权责成相关教师进行调整。《课程资料规定》明确指出,教学资料的选用应符合专业培养目标和学科发展需求,符合课程教学大纲要求,包括教材、讲义、参考书、自编讲义和视频等用于教学环节的纸质、数字化材料与资源,且教学资料的确认、审核、采购需至少在开课前三个月进行。为保证课程教学服务和质量与外方母体高校的一致性,AC联合学院还规定其全英文课程教学资料一般应与C大学课程相同,教学资料内容由学院教学委员会负责审定。

2. 以外方母体高校为参照,建立并实施早期课程评价和期末教学评价制度

为提高教师教学水平和能力,保障教学质量,AC联合学院建立了早期课程评价反馈制度和期末教学评价制度。学生的评价反馈是促进和提高教师教学质量的重要方式,在课程教学进行过程中将学生意见反馈给教师,有利于教师及时了解自身的教学情况和学生的学习情况、需求和期望,并及时做出相应的调整,对于改善课程教学和提高学生学习质量具有非常大的帮助。

对于我来说,我觉得学生的反馈意见对我改进教学还是有很大帮助的,比如说,我的讲课方式、PPT的展示及跟学生的互动等。学生的评价意见在我收到的反馈中占有较大比例……像这种在课程教学进行过程中做的评价反馈,更有利于我们老师及时对后续的教学进行调整。这样也能提高学生的学习动力和积极性,提高他们的学习质量……对我们的期末教学评价也比较好。(I-T202)

早期课程评价反馈制度是一种非正式的评价制度。通过早期课程评价,一般可以了解到以下几个方面的内容:学生在学习过程中遇到的困难和障碍;哪些内容教师应该重点讲解,哪些可以简单讲解;教师从哪些方面,以何种方式完善其课程教学;等等。

与早期课程评价反馈制度对应的是期末教学评价制度,两者的结合

形成完整的事中事后课程教学评价机制。期末教学评价是对教师一学期课程教学情况的总体评价和反馈。任课教师在课程即将结束时会告知学生评价链接或提供二维码,方便学生进行评价;学院教务也会通过邮件等方式将问卷(或链接)发给所有学生,让学生对教师一学期的课程教学情况进行评价。

以 AC 联合学院提供的一份期末教学评价问卷为例。该问卷共设置了 23 道问题[①],主要包括教师对学生的态度、教师的课堂表现、课程的总体组织和准备情况、教师的口头表达能力、回答学生问题的能力和情况、对教学难点的阐释、课程作业、实验设计、测验与考试、评分、任课教师的主要优点和不足等。学院行政人员在完成学生评价反馈收集之后,会统一将学生的评价分数和反馈意见发给所有相关教师,使教师能够及时了解到自己的整体教学情况及存在的不足,以及需要进一步改进的地方,从而在下一个学期或下一阶段的教学工作中进一步完善和提高(I-M605)。此外,AC 联合学院还建立了伙伴听课制度、教师午餐会制度等,通过多举措对教师教学进行监督、评价、反馈及支持。

3. 强调过程管理,建立学生学习全过程评价机制

AC 联合学院不仅注重通过课程与教学的评价和反馈来保证和提高教育教学质量,对学生学习的监督、检验和评价也是其教育质量保障的重要组成部分。AC 联合学院强调对学生学习的过程化管理,建立了学生学习全过程评价机制,学生获得的最终成绩是平时所有作业、测验、考试等的成绩综合考评。

它们其实比较强调过程化的管理,中间都有考试,最后的成绩是 14 周的学习总体状况。(I-M101)

所以我觉得从学习压力来讲,我们这边的学生,我有自信心讲,比本部要大得多……它们期末考试成绩占的比例很低的,才 30%……就是对于学生这个抓学习是真的抓得紧,他是过程管理。(I-M604)

学生学习全过程评价包括形成性评价(formative assessment)和总结性评价(summative assessment)。形成性评价有利于教师和学生及时了解

---

① 问卷设置的问题每学期可能会有所不同。

学习情况,获得持续反馈。由此,一方面,教师可以利用这些反馈来改进教学;另一方面,学生也可以利用这些反馈来改进其学习。也就是说,帮助教师掌握学生学习困难所在,并及时为学生提供学习支持;帮助学生发现自己的优缺点及明确努力的方向。对于学生来说,形成性评价属于低风险评价。这类评价一般不计入学生成绩或仅占非常低的比例。总结性评价一般是在一个教学单元结束时,基于一定的标准来评价学生的学习情况。相较于形成性评价,总结性评价属于高风险评价。这意味着它们会被计入学生学习成绩,且占有较高分值。

学生学习评价根据课程不同,考试的形式和次数会有所差异,并且每一门课的任课教师会在正式进入课程知识学习之前,向学生清楚地说明本门课程的学习目标、内容、教学安排和考核安排等。学生也可以通过学院教学管理系统下载到对应课程的教学大纲,能够通过教学大纲详细地了解在什么时候应该完成哪些作业,达到什么样的学习目标,教师会如何开展学习评价,最后的总成绩由哪几部分构成等。

一开始他会告诉我们这个课程成绩怎么算,你的作业占多少,期中成绩占多少,期末成绩占多少……这个每门课都不一样……有一门课主要是做电子板的一个东西,它实验占得比较多,比如说10个电子板,这个电子板完成什么任务,做10次,这个可能占了大部分分数;然后它就只设置一次期中考试和一次期末考试,占剩下分数中的一部分。这个都是不同的安排,比如说离散数学,会(布置)好多次课后作业,其中课后作业占多少,期中考试占多少,期末考试占多少。(I-S201)

4.善用现代科技进行成绩管理和预警

对于学生的每一次学习评价结果,AC联合学院都会通过成绩管理系统进行记录,为学生学习全过程评价提供技术支持。学生和教师都可以随时通过成绩管理系统了解学习进展情况。

系统是支持的……在系统里是实时给你录入的,就比如说这门课,开学初就告诉你,一共是4次小考试,每次考试15分。两次期中考,两次考试是20分,然后课堂点到或怎么样20分……定期在系统上面更新你的成绩。所以你能不能拿A,你不用考期末考试你就知道了。只要你前面有一次考试不及格,你肯定拿不了A。(I-M604)

借助成绩管理系统,AC联合学院可以实时跟踪学生的学业完成情况,向没有达到学习进度要求的学生发出提醒或警告,及时预警。根据AC联合学院的规定,一年级新生第一学期平均学分绩点未达到2.0(C),在第二学期会被给予未达2.0警告;老生累计平均学分绩点达到2.0以上,但任一学期或暑期课程平均绩点未达到2.0,在注册的下一个学期或暑期课程会收到未达2.0警告,意味着其下一个学期的平均学分绩点至少需要达到2.0;累计平均学分绩点介于1.75(含)至1.99(含),给予2.25警告,即学生下一学期的平均学分绩点至少需要达到2.25;累计平均学分绩点低于1.75,给予2.33警告,表明学生下一学期的平均学分绩点至少需要达到2.33。通过跟踪和监测学生学习情况,持续预警,及时督促学生努力学习提高,避免学业失败。

(四)多元学业支持体系助力学生成长

AC联合学院注重通过建立多元学业支持体系为学生提供学业支持,以帮助他们更好地适应校园学习生活,高质量地完成学习任务,取得学业上的成功。

其一,设立班导师,为学生提供学习、升学及就业等多方面的帮助和支持。

我是计算机专业17级的班导师,就像AB联合学院的学业导师一样……跟学业有关的、出国申请、就业实习等,有困惑都可以找我们。另外,我大概一年给他们做一两次讲座,组织他们到公司里去参观、实习。个别有问题的学生,不上课的、打游戏(的),会找他们聊一聊。(I-T201)

其二,借鉴C大学的教师答疑交流制度(office hours),鼓励学生主动与教师沟通交流,寻求帮助。AC联合学院的课程大纲与C大学工程学院课程大纲一致,每一门课的课程大纲首页都会清楚地写明任课教师的答疑时间。有的课程大纲也会注明通过预约的方式确定面对面答疑时间。学生在学习过程中遇到的任何疑惑和困难,都可以通过这种方式向教师寻求帮助和解答,从而更好地掌握课程学习的知识点,提高学业水平。

比如说外方有一个很经典的概念,就是说we are here to help,我们在这里提供帮助……他们有个叫office hours……他们会跟你讲这个星期四下午是我的 office hours，非常欢迎来答疑，秉承了国外这种 we are here to help(的理念)。(I-M604)

其三，通过辅导员为学生提供多元支持，促进学生的全面发展。

学工线支撑，那我觉得最大的特点还是在于我们中国特色的这部分思政教育上，其实中国的思政教育包含对于人才培养的全面发展的这部分内容……比如说，看一下我们的这个社会实践，那就是中国国情教育，不然的话，学生不知道外面发生了什么，他课本上根本学不到，而且外方跟我们合作，主要的就是理工科，是专业课方面的知识……我们在做的，所有的事情基本上都是承袭了本部学工的那一套做法，包括职业规划、心理咨询、就业指导。综合来讲，你要出国，那我至少可以规划到你出国为止。你出国要准备哪几样东西，你的托福，你的 GRE(研究生入学考试)，你的 personal statement(个人陈述)怎么写……我们现阶段学工也在不断地自我更新，我们会在想怎么样提高质量。(I-M604)

其四，成立家长委员会，建立家校合作机制，促进学生的学习和成长。AC 联合学院于 2018 年 4 月正式成立家长委员会，并由学生家长担任家长委员会会长。

其实我们还有家长委员会，我们还要开家长会的……定期要开的……一般排在周六、周日这样，家长方便过来。其实每年过来的家长还都蛮多的……上次是 L 老师主持的，然后我们的中方院长、美方院长也都在。讲了很多问题，家长关心的问题。(I-M605)

AC 联合学院一般在每年春季学期四月左右定期举办"家长日"活动，召开家长会(I-M601)。通过家长委员会，AC 联合学院和学生家长之间建立了正式的沟通合作机制，从而更好地为学生学习提供帮助和支持，促进学院人才培养，提高教育质量。此外，AC 联合学院每个季度还会编制学院简讯(newsletter)，通过网络途径发送给学生家长，让学生家长能够及时了解学院的办学情况，接受家长的监督和问责。

第六章
高校跨国办学网络治理生成、教育质量保障架构及作用机制

作为一种新型办学模式,高校跨国办学与传统高等教育迥然不同,为现代高等教育注入了新的内涵和活力。在内外部治理环境的作用和影响下,高校跨国办学治理向网络化方向发展,形成网络治理。在网络治理视域下,高校跨国办学内外部不同利益相关者之间相互联结,共同发挥作用。其教育质量保障作用机制包括结构嵌入、制度嵌入和关系嵌入。

第一节 高校跨国办学网络治理的生成

本节基于琼斯等提出的网络治理四重维度分析框架,以及对 AB 联合学院和 AC 联合学院的调研和考察,围绕高校跨国办学环境的不确定性、办学任务的复杂性、办学投入的资产专用性和办学利益主体间的"交易"频率进行分析,探讨高校跨国办学网络治理的生成。

一、高校跨国办学治理环境的四重维度分析

(一)办学环境的不确定性

不确定性源于个体或组织对外部环境的感知[①],主要是指无法确切预知未来事件、影响或决策的结果。高校跨国办学既需要面对国际及国家间宏观环境的不确定性,也需要面对办学实践过程中可能出现的中微观层面的不确定性。这些不确定性影响着高校跨国办学治理形式的选择

---

① 封凯栋,姜子莹.创新的不确定性与受组织的市场:产业政策讨论应有的演化理论基础[J].学海,2019(2):134-147.

或产生。

高校跨国办学涉及诸多教育教学要素的国际流动,这意味着高校跨国办学活动在宏观层面容易受到国际性事件的影响。近几年,对高校跨国办学产生巨大影响而又受社会各界广为感知的当属新冠疫情,这类突发事件难以提前预测,因而会给高校跨国办学活动的正常运行带来巨大冲击和负面影响。例如,AC联合学院外籍教师比例高达近50%,在新冠疫情的影响下,大部分外籍教师无法回到学院授课,在外交流学习的大三学子和学院外国留学生也滞留海外[①];采用线上教学的方式又遭遇师生分布跨越四大洲18个时区的时空困境;原定国内外学术会议、学生国际交流等活动全部停滞;大批进口科研设备采购放缓,拖累实验室建设进程;人才引进和新聘教师入职等工作也因此遭受负面影响。

高校跨国办学实践从国家层面看,至少涉及两个不同的国家,因国家间制度距离而存在的不确定性是双方母体高校及其合作办学机构在办学前和办学过程中必然存在的客观问题。制度距离是指两个国家在政治制度、政策规范、文化认知等层面的差异性或相似性,对高校跨国办学模式和策略的选择具有重要影响。例如,英美高校与国内高校合作办学,大部分选择创办"非独立法人"合作办学机构而非"独立法人"合作办学机构,从其外方母体高校的角度而言,其原因之一便是避免由制度距离造成的不确定性风险。对于中方母体高校而言,也同样遭遇制度距离问题。以A大学国际联合学院为例,A大学原计划AB联合学院和AC联合学院均采用"4+0"的办学模式,但AC联合学院最终实施的是"3+X"模式(I-M602)。其原因在于受美国联邦政府的政策限制,C大学要求AC联合学院的学生必须去该校交流学习一段时间,并且学生获得的所有学分中须至少有60学分为该校学分[②],才能在其他条件都满足的情况下获得相应的学位(I-U102,I-U103)。

除了国家间制度距离导致的不确定性外,高校跨国办学机构还受到国家关系和各自国家政策变化可能引发的不确定性影响。以美国为例,

---

①资料来源于与AC联合学院行政教师(I-M605)的访谈、教学通知和新闻报道。
②这60学分的课程必须是由C大学工程学院教师授课或主导的课程,详见第五章。

特朗普当选总统后奉行"美国优先"①,加剧了中美关系的紧张局势,使得中美高等教育交流与合作受限。2017年12月,白宫发布国家安全战略,限制STEM专业的学生签证,导致AC联合学院必须去C大学交流学习才能完成学业获得其学位的部分学子,在申请赴美签证时遭遇行政审核或拒签。不仅如此,AB联合学院和AC联合学院申请赴美参加学术会议或交流学习的部分教师也遭遇过相同情况(I-T106、I-T204、I-S217)。此外,双方母体高校政策的变化也是一种不确定性因素。如前所述的"3+X"办学模式,按C大学的原定要求,AC联合学院学生在大三时必须赴美本部交流学习半年。在首届学生还未毕业时,该校改变规则,将交流学习时间要求由半年改为一年。自2019级学生起,所有AC联合学院的学生大三时须去其本部交流学习一年(I-M602)。这些变化都不在AC联合学院及其学生和家长的最初预计范围之内。

(二)办学任务的复杂性

任务复杂性是指人或组织与任务互动呈现出来的一种状态或表现。这既受人的有限理性和认知的影响,也与组织和团队自身的构成相关。另外,行动线路或任务线程的交织及多元化也会使任务趋于复杂化。高校跨国办学机构是一个由内外部复杂环境交织联动所构成的复杂体,其办学运行同时受到多种不同政策制度和监管体系的约束;作为其办学核心的课程教学也极具挑战性。

高校跨国办学机构,诸如AB联合学院和AC联合学院,在组织构成上通常包括三个不同层面——由中外双方力量共同组成的最高决策层,即联合管理委员会;由中外双方院长和执行院长构成的学院执行机构,负责执行联合管理委员会决策,主持学院行政工作和日常管理等;学院下设的相关事务部门或办公室。以AC联合学院为例,如前文所述,其最高决策层由A大学和C大学校、学部(院)领导共同组成,并设立共同主席;学院院长和执行院长分别由中方和美方人员担任;学院下设综合办公室、本科教育教学办公室、教学实验中心等七个办公室(中心)负责具体的教育

---

①周洪宇.全球疫情背景下西方发达国家留学政策的突变及应对[J].河北师范大学学报(教育科学版),2020(6):21-28.

教学及其他行政事务。① 由此可以看出,高校跨国办学机构在组织架构上明显比双方母体高校内部二级学院更加复杂,是一个由多方利益主体共同构成的复杂体。

在高校跨国办学机构外部,其教育教学活动还必须面对不同的制度框架和监管体系。例如,AB 联合学院的课程与教学必须满足英国质量保障机构的质量标准和相应的资格框架要求,同时还必须符合中外合作办学管理的政策规定。作为教育监管的一部分,诸如 AB 联合学院和 AC 联合学院等诸多高校跨国办学机构必须接受多方评估和(或)认证。从教育输出的角度,它们一方面须接受外方母体高校的教学监督和评估,另一方面也须接受输出国第三方机构的评估或认证;从教育输入的角度,这类机构须接受中方母体高校的教学监督和评估,以及教育部中外合作办学评估等。大多数情况下,这些评估或认证都是分开进行的,且都以各自的指标体系为依据。这些评估与认证活动不仅造成高校跨国办学教育质量保障的复杂化,还在一定程度上导致跨国办学机构内部运行和教育教学活动更加复杂化。

在高校跨国办学机构内部,课程教学既是其办学核心,也是办学中极具挑战性的部分。如前文所述,在 A 大学国际联合学院两个合作办学机构中,AB 联合学院和 AC 联合学院的课程教学任务分别由中方母体高校、英方(美方)母体高校和联合学院三方教师共同承担。课程教学方式包括理论课、研讨课、辅导课、实验课等。以 AB 联合学院为例,根据研究者的课堂观察、访谈及受访教师提供的课程资料,该学院大一至大四的专业核心课程和专业选修课程教学方式基本上以"理论课+辅导课+实验课"和"理论课+辅导课+研讨课"组合为主,部分课程采用"理论课+辅导课"或其他形式的组合。同一门课程的教学队伍人数为 15 人左右,包括 10 余位授课教师团队及一两位主讲教师、一两位课程秘书。

这种课程组织和教学方式对不同教师之间的沟通与协作提出了非常高的要求。若教师之间的沟通与协作不足,可能会带来授课内容的衔接与重复问题(I-T102)。虽然 AB 联合学院为每门课程安排了一两位主讲

---

①资料来源于 AC 联合学院章程和内部文件。

教师和一两位课程秘书负责课程的组织、教学安排与协调等工作,但不同教师之间的沟通和磨合仍然存在较大的挑战(I-T103)。根据英国苏格兰的资格框架或 B 大学的要求,AB 联合学院的课程知识水平对应于不同等级,不同阶段难易要求不同,中方教师习惯于由易到难将课程知识讲完,因而容易出现学生学习阶段与教学内容深度之间的错位。

我们现在遇到的问题就是苏格兰的高等教育体系,或者说 B 大这边,它要求每个年级有一个不同的等级,但是我们中国的这个上课(方式),就我一门课从简单到难上完。比方说大一的时候,我只要求学生有一个概念,这实际上就要求老师不能教太深,学生只要知道这是个什么就可以了……那么我们中方的老师就很难把握这个尺度,一不小心就讲深了。二年级要求你在有概念的基础上,要知道它的原理。那么二年级的同学有时候会抱怨说,这个东西一年级的时候老师已经讲过了。所以这个确实是挺有难度的,因为这个挺细,而且又分布在所有的课程里面。(I-M502)

(三)办学投入的资产专用性

资产专用性是指"在不牺牲其生产价值的情况下,某项资产可以被重新配置于其他替代用途(alternative uses)和由其他替代者(alternative users)使用的程度"[1],或"一项资产由他人使用而不损失生产价值的程度"[2]。高校跨国办学专用性资产的投入包括有形专用性资产和无形专用性资产。

作为一种实体办学形式,高校跨国办学机构必须有一定面积的规定场所和校园设施。在我国,办学专用场地和校园设施建设大多依托中方母体高校或由地方政府提供场地和校园建设资金支持。例如,A 大学与 Hx 市签订国际校区共建协议,整个合作办学场地和校园建设全部由 Hx 市政府提供和出资建设(I-M603)。当办学场地(所)以府学协议或政府

---

[1] Williamson O E. The Mechanisms of Governance[M]. New York: Oxford University Press,1996.

[2] 钱春海."资产专用性"在现代经济理论中的应用分析[J].当代经济管理,2005(3):18-23.

批文正式确定后,该场地(所)便具有了专用的性质。若中途改作他用,可能会降低使用价值,或增加买卖双方的交易成本。场地专用性的特点在于该类专用性资产的建设难度,以及不便移动、改造或重新选址。高校跨国办学的有形专用性资产投入除了专用场地和校园硬件设施,如办公楼、教学楼、实验楼等,还需要投入大量的专用设备和其他固定资产,包括教学电脑、课桌椅、实验室的高精尖教学科研实验设备等。在高精尖教学科研实验设备方面,A 大学国际联合学院为满足跨国合作办学的教学科研需求,在 3—5 年内投入巨额资金先后建设了微纳公共平台、高性能计算公共平台、动物实验平台、空间姿态模拟公共平台等。[①] 高校跨国办学投入的有形资产除了自身具有一定的或很高的专用性外,其投入也会进一步增强用于教学和研究的教室、实验室以及办公场所的资产专用性。一般情况下,高精尖实验设备和拥有这些设备的实验室专用性程度最高,拥有这些实验设备的实验室专用性程度也会很高。这通常是由于高精尖实验设备对实验室的环境和其他配置要求很高,不同要素的组合会极大地增强实验室的资产专用性程度。

除了上述有形专用性资产,高校跨国办学中最容易为普通大众所感知,而又不具备具体实物形态的无形专用性资产当属母体高校的品牌资产。根据 2020 年软科世界大学学术排名,A 大学及其外方合作高校 B 大学、C 大学分别排名 58 位、42 位和 45 位,且各自在本国享有非常高的学术声誉。双方在此基础上,以自己的优势专业和资源合作办学——AB 联合学院开设生物医学、生物信息学两个专业,AC 联合学院开设电气工程、电子与计算机工程、机械工程和土木工程四个专业。它们不仅投入了学校的整体品牌资产,还投入了学校的学科(专业)品牌资产,从而使 AB 联合学院和 AC 联合学院成为国内高水平合作办学机构。高水平或知名大学的品牌资产是其最重要的无形资产,不仅有利于为学校吸引最优秀的教师和学生,也有利于学校获取大量的外部资源。输入和输出双方高校合作协议一旦签订,就意味着品牌资产的投入。其品牌资产的专用性主要体现在跨国办学机构上。该机构同时集合了双方高校的品牌资产。由

---

① 资料来源于与 AC 联合学院教师(I-T201)的访谈和官网公开信息。

于品牌资产具有"黏合"效应,双方高校一旦投入,便会被紧密地联结在这一笔专用性投资之中,在可能因品牌效应而获得更大收益的情况下,也可能会面临因品牌形象或声誉受损而危及品牌价值,并给母体高校带来巨大负面影响的风险。

(四)办学利益主体间的"交易"频率

"交易"既可以指双方以某种事物为媒介的价值或资源的交换,也可以指双方通过交往与合作满足各自需求或实现特定目标的过程。因而办学利益主体间的"交易"频率是指高校中外合作办学不同利益主体之间进行互动与合作,以实现价值或资源交换的经常性。

由于教育的特性,人才培养具有周期长、成效慢等特点。这基本上决定了高校跨国合作办学是一项长期的"交易"活动,具有周期性、重复性的互动与合作及资源交换需求和要求。以中外合作办学为例,在中外双方母体高校层面上,双方一般会签订周期性合作协议,包括合作办学的目的与宗旨、目标、内容与形式、质量监控、组织架构、经费管理、双方权利与责任及其他约定。在一个协议周期内,合作办学中的一方每年或定期须向另一方按约定支付相应费用。这类费用有的学校以知识产权之名,有的以科研合作之名,各不相同。例如,AB联合学院每个季度向B大学支付的办学费用中就涉及知识产权费用[①],AC联合学院则以科研合作的名义每年向C大学支付高昂的费用(I-M602)。然而,合作办学的费用及其他条款的约定并非一成不变,它们会随着合作周期的复始动态调整变化。

实现高校跨国办学的可持续发展,"人"是关键。这就要求双方母体高校以及合作办学机构投入大量的财政资源组建满足办学所需的师资队伍等。换言之,高校跨国办学必然会涉及教师的雇佣关系,即人力资源的"交易"关系。这种关系的形成和维系一般是基于固定周期的聘用合同,并约定双方的权利和责任。在一个合约期内,双方的"交易"关系体现在每个个体基于个人责任和自身能力的付出与校方工资和福利待遇等方面的给付。从AB联合学院和AC联合学院来看,两个合作办学机构共涉及三种聘用关系。其一,从A大学本部相应学院、科室或附属单位选聘一

[①]资料来源于A大学国际联合学院院务会议纪要。

批教师负责本学院的人才培养任务，AB联合学院和AC联合学院与这些教师之间的聘用关系属于兼聘的"交易"关系。这种聘用关系的交易频率较高。其二，由外方母体高校专门聘请或选派一批教师，明确约定其在AB联合学院或AC联合学院的教学任务及工作时长，但其人事关系在外方母体学校，同时还须承担外方母体学校的教学科研任务。例如，B大学将A大学国际校区视为其在中国的一个校区，并为AB联合学院专门聘请了14位教师承担人才培养任务，并规定这些教师每年必须在中国工作满三个月以上（I-M502）。这类教师的聘用关系主要存在于他们和外方母体学校之间，相对来说较为稳定，随着聘用合约的到期与续聘，才会发生重复的、稳定的周期性聘用"交易"，交易频率适中。其三，AB联合学院和AC联合学院专门组建了一批自己的师资队伍。这些教师的人事关系既不在外方学校，也不与A大学本部打通（I-M101）。这类师资队伍的稳定性也相对较高，同样随着聘用合约的期限不断发生周期性的、稳定的聘用交易，交易频率相对固定且适中。

高校跨国办学实现可持续发展的另一个与"人"紧密相关的因素为学生。其不仅对双方母体高校之间的"交易"及校方与教师之间的"交易"具有周期性、重复性的规约与影响，而且由于人才培养的特殊性，学生与校方之间，主要是与跨国办学机构之间，也存在周期性和重复性的"交易"关系。以AB联合学院和AC联合学院本科生教育为例，完成一个培养周期一般需要四年的时间，每年交纳一次学费（12万元/学年）。对于学生来说，在一个培养周期内，每年至少与联合学院发生一次"交易"；对于联合学院来说，基本上与每届学生以四年为一个周期，每年一次的频率发生"交易"。

此外，地方政府、产业界也经常与高校跨国办学机构发生各种形式的"交易"，或以这类办学机构为媒介和平台同其母体高校发生各种形式的"交易"，如府学合作、产学研合作等。这种情况下，政府和产业界看重的是跨国办学机构的创建所带来的学术红利，即看重的是以跨国办学机构为中心或纽带形成的研发能力及由此产生的经济效益和社会效益。这种府学合作和产学研合作容易产生经常性、持续性的"交易"需求，保持一定频率的"交易"往来。

二、四重维度共同作用推动高校跨国办学形成网络治理

网络对环境变化十分敏锐,能够快速做出反应,以更好地应对环境变化带来的挑战。高校跨国办学网络治理的生成不是由某一种单一因素决定的,而是多因素共同作用的结果。综合来看,高校跨国办学中存在的不确定性和任务复杂性多维错综。不确定性的增强会加深任务的复杂性,任务复杂性的加深又会增添更多的不确定性,两者之间呈现出一种正相关的关系。由于任务复杂性的存在,高校跨国办学需要大量不同专用性资产的投入。专用性资产的投入,会增强不同利益主体之间的相互依赖性,从而使跨国办学的各方紧密地联结在一起。这有利于经常性、重复性"交易"的发生,即有利于高校跨国办学利益主体之间的"交易"走向常态化,保持一定的"交易"频率。高校跨国办学的不确定性、任务复杂性、资产专用性,以及"交易"频率对其网络治理生成的作用和影响可做如下几点探讨。

第一,高校跨国办学存在诸多不可避免的不确定性影响因素。这种不确定性会增加办学的"交易"成本和治理成本,暗藏巨大风险。高校跨国办学的不确定性要求建立合适的治理机制,以分散办学风险,降低成本。这有利于推动不同利益相关者寻求合作,形成联结,向网络化方向发展。网络治理通过网络成员之间的联结和持续互动,促进了相互的信息交流和资源流动。这一方面降低了跨国办学中的不确定性,提高了高校跨国办学的适应能力;另一方面增强了应对和抵御不确定性风险的能力。此外,网络结构具有社会嵌入性。嵌入性的社会机制不仅能促进网络成员之间的沟通与交流,还能促进彼此之间的信任和社会规范的建立[1],从而更好地减少不确定性及其带来的影响,节约高校跨国办学"交易"成本和治理成本。

第二,高校跨国办学的复杂性归根结底离不开其跨国与跨文化特性。这两大特点与上述每一个方面都具有紧密联系,贯穿于高校跨国办学人才培养及其内外部治理的全过程。任务复杂性影响着组织的复杂性,同

---

[1] 王德建.网络治理的生成机制研究[M].济南:山东大学出版社,2010.

时也具有影响决策的特征,会提高对决策者信息处理的要求以及影响决策的有效性和效率,进而影响战略的运用和信息处理的有效性。① 因此,任务复杂性会对高校跨国办学治理结构与治理模式的选择产生重要影响。与企业一样,当跨国办学的输出方和输入方的主要利益相关者凭借自身资源和能力无法完成复杂任务时,也会通过合作组建网络来完成复杂任务,即通过构建合作网络来完成办学的各项复杂任务,实现办学目标,保障办学的有序运行和可持续发展。② 当任务复杂性成为一种常态时,高校跨国办学中不同利益相关者之间的资源共享、合作与协同就会成为经常性的和关系性的③,其构建的网络将更加稳定和有效,能够更好地降低各自所需付出的"交易"成本。

第三,高校跨国办学是一项典型的专用性资产投资和"交易"活动。一旦"交易"的一方做出了专用性资产投资,便与这场"交易"捆绑在一起,即专用性资产投资具有"锁定"效应,任何一方的退出都会给其他各方带来巨大的损失。例如,输入方高校或输出方高校的退出、生源的流失等。高校跨国办学实践并不是简单的买卖双方交易行为,包括输入方高校、输出方高校、地方政府,乃至学生及其家长等在内的多方利益主体皆是重要的专用型资产投资者。他们的投入使彼此相互依赖,被紧紧地"锁定"在一起,根据彼此所扮演的角色各自承担相应的责任和义务。这必然会内生出一种对持续合作、重复性"交易"的需求,而以合作为基础的网络组织形式恰能符合这一需求。④ 然而,高校跨国办学中各利益相关方所拥有的专用性资产有可能会引发复杂的事前反应,触发复杂的事后契约安排⑤,因而需要网络中的主要利益相关者通过网络化治理平衡相互之间的利益关系和矛盾,将合作办学的"交易"成本降至最低,实现

---

① 彭正银.网络治理:理论与模式研究[M].北京:经济科学出版社,2003.
② 彭正银,韩炜.任务复杂性研究前沿探析与未来展望[J].外国经济与管理,2011(9):11-18.
③ 王德建.网络治理的生成机制研究[M].济南:山东大学出版社,2010.
④ 郭劲光.网络治理机制的一个一般性理论分析框架[J].经济评论,2005(3):103-109.
⑤ 彭正银.网络治理、四重维度与扩展的交易成本理论[J].经济管理,2003(18):4-12.

最佳的治理效果。

第四,作为一项长期的教育事业,高校跨国办学对各利益相关方有着长期、相对稳定的合作需求,从而保持着经常性的或一定频率的"交易"往来。这必然要求高校跨国办学建立制度化的、能够发挥最大作用的专用性治理结构,形成一种合适的治理模式。专用性治理结构以经常性"交易"的发生为前提,而且需要付出一定的成本。对于一次性、偶然发生的"交易",设置专用性治理结构需要付出高昂的成本,而经常性和多次发生的"交易"更容易使治理结构的成本得到补偿。"交易"频率能够通过影响相对"交易"费用对治理结构及治理模式产生影响。[1] 网络有助于成员间组织关系的维系和稳定,从而一定程度上有利于经常性、重复性"交易"的发生,而这反过来又会对信任机制的建立和信任关系的深化产生积极影响,增强网络成员间制度安排的稳定性。[2] 对于高校跨国办学这种具有任务复杂性的"交易"相关方,建立长期契约关系能够降低复杂性带来的高额成本。这正是网络治理所具有的成本优势。[3] 因此,"交易"频率对高校跨国办学网络治理的生成具有一定的影响和推动作用。

从上述讨论可以看出,高校跨国办学的不确定性、任务复杂性、资产专用性和"交易"频率中的任何一个方面都会对其网络治理的生成产生影响。这四个方面相互交织,共同发挥作用,推动高校跨国办学治理向网络化方向发展,形成网络治理。然而,由于高校跨国办学的内外部环境是不断变化、动态发展的,因而上述四个方面的条件也可能会出现变化,从而导致高校跨国办学治理形式的演变。

第二节 高校跨国办学教育质量保障的网络治理架构

国内外高等教育质量保障文献和相关理论一般对高校教育质量保障

---

[1] 彭正银.网络治理:理论与模式研究[M].北京:经济科学出版社,2003.
[2] 郭劲光.网络治理机制的一个一般性理论分析框架[J].经济评论,2005(3):103-109.
[3] 彭正银.网络治理、四重维度与扩展的交易成本理论[J].经济管理,2003(18):4-12.

做外部和内部二元划分,即由政府、第三方质量保障机构等构成的外部质量保障体系和由高校自己构建的内部质量保障体系。跨国办学是高校为适应内外部环境变化而出现的组织变革行为,为世界各国高等教育国际化提供了新的发展路径和模式。然而,作为输出国和输入国双方高校合作的产物,高校跨国办学机构的教育质量保障有别于当前普通高校的教育质量保障。

高校跨国办学机构作为具有较大自主权的高等教育机构,既相对独立于输出方高校和输入方高校,在组织结构、权力和制度等方面又与双方母体高校存在相互嵌入关系。因而一方面高校跨国办学机构对内具有自己的质量保障体系,另一方面在自身外部又属于双方母体高校内部质量保障体系的一部分。这为高等教育内部质量保障的范畴与界定提出了新的挑战,即高校跨国办学的质量保障在机构层面属于内部质量保障体系范畴,在双方母体高校层面属于外部质量保障体系范畴。在网络治理视域下,多层面、不同类型的高校跨国办学利益相关者之间的相互联结形成了一个共同发挥作用的质量保障网络治理架构(见图6-1)。

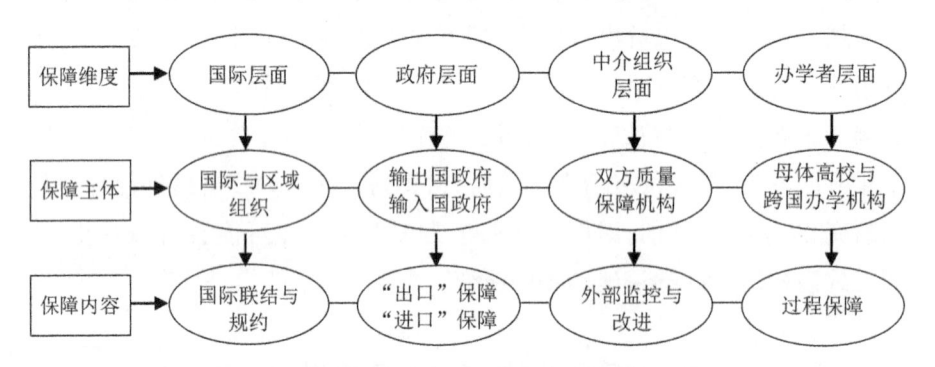

保障维度	国际层面	政府层面	中介组织层面	办学者层面
保障主体	国际与区域组织	输出国政府输入国政府	双方质量保障机构	母体高校与跨国办学机构
保障内容	国际联结与规约	"出口"保障"进口"保障	外部监控与改进	过程保障

图6-1 高校跨国办学教育质量保障网络治理架构

从图6-1可以看出,高校跨国办学教育质量保障过程不再限于高校、政府或质量保障机构的作用,不同层面的利益相关者联结在一起,形成多方参与的互动关系。网络治理将国际与区域组织、相关国家政府、认证与评估机构、跨国办学机构及其母体高校等内外部利益相关者联结在一起,共同构成一张覆盖国际层面、输出国和输入国层面、院校及办学机构层面的质量保障网,从而形成以跨国办学机构为核心的立体质量保障体系。

在这个体系中,高校跨国办学教育质量保障最突出的特点在于强调作用主体的多样性与多维性。这些作用主体,即高校跨国办学的主要利益相关者,拥有不同的资源和能力,能够从不同方面对教育质量施加影响并产生不同作用,以更好地实现质量保障的目的和目标。如图6-2所示,根据前文从外部和内部利益相关者组织视角的分析可以发现,国际与区域组织的作用主要在于国际规范、能力建设、信息共享与合作等方面,输出国和输入国政府则在行政监管、制度约束和引导等方面发挥作用,并与质量保障机构形成委托—代理关系,由质量保障机构负责制定质量标准,开展教育评估及认证;在内部,双方母体高校的作用主要体现于优质办学资源的投入、制度规范与监管、教育教学支持、教学评估等,联合学院通过资源整合、自主探索、移植或借鉴母体高校的政策制度和有益经验保障教育质量。

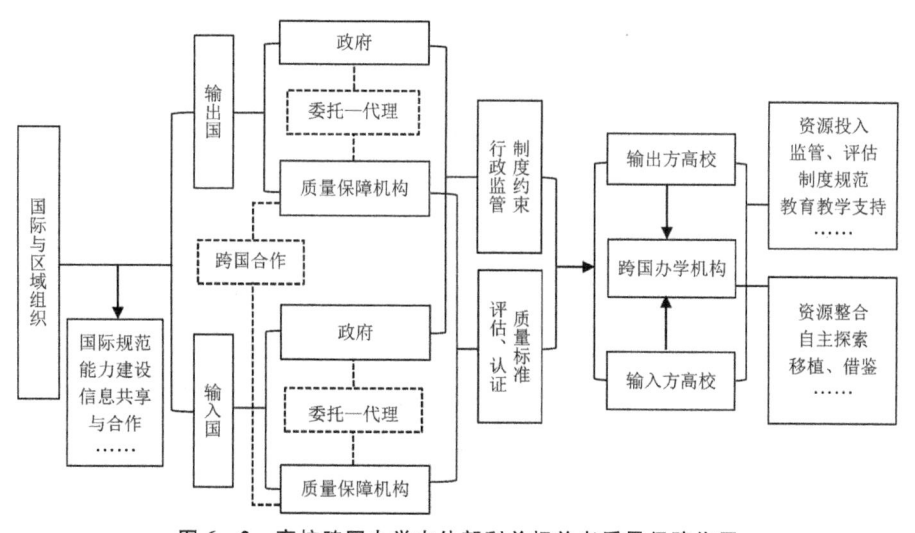

图 6-2 高校跨国办学内外部利益相关者质量保障作用

在网络治理视域下,高校跨国办学中内外部主要利益相关者既相互独立又相互依赖。他们基于信任和资源交换形成网络联结,以正式和非正式制度为核心,围绕特定目标进行合作与协调。基于网络治理的高校跨国办学教育质量保障,是以教育质量为中心,围绕设定的目标,网络中主要利益相关者在相应的制度标准和规范下协同合作,通过持续的治理活动维持和(或)提高其教育质量的实践与行为过程。

从图6-2可以看出，在高校跨国办学教育质量保障网络中，不同利益相关者之间的联结有直接与间接之分，跨国办学机构是促成网络联结的核心，输出和输入双方母体高校既是高校跨国办学教育质量保障网络中的重要节点，也是内外部不同利益相关者之间形成网络联结的关键媒介。图6-3更直观地呈现了高校跨国办学教育质量保障的网络形态。其中，双方母体高校及其跨国办学机构处于网络的中心，国际与区域组织、输出国和输入国的政府和质量保障机构则围绕这个中心嵌入于整个网络之中。

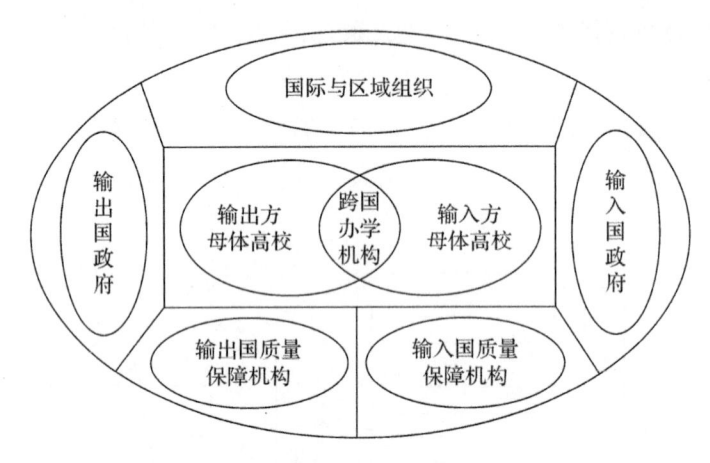

图6-3　高校跨国办学教育质量保障网络形态

高校跨国办学内外部利益相关者在网络中既是主要质量保障主体和重要行动者，也因其所具有的资源和能力而成为具有活性的网络节点，拥有高校跨国办学教育质量及质量保障相关的决策能力或决策影响能力。因此，在高校跨国办学教育质量保障网络中，存在多个决策中心。例如，输出国政府和输入国政府，分别对高校跨国办学的输出和输入具有约束和监管等决策能力；第三方认证与评估机构对高校跨国办学机构及其开设的专业能够进行独立的认证与评估，并独立做出相应的判断及认证与评估意见。它们不仅具有独立的决策能力，也具有影响其他利益相关者决策的能力。国际与区域组织、双方母体高校及其跨国办学机构等内外部利益相关者也是如此。因此，正是由于网络中不同的节点具有活性，能够做出决策或影响决策的制定，才能形成全方位与全过程、多层面与多维度的质量保障体系。

网络节点的活性蕴含着联动性，即高校跨国办学教育质量保障网络中的作用主体之间具有联动性。作用主体之间的联动性包括两层含义：其一，一个主体的运动变化会引起或带动其他主体的运动变化。其二，不同作用主体之间的联动性能够产生协同效应，即它们作为不同的利益相关者，能够从不同方面对高校跨国办学的教育质量施加影响，发挥不同的作用，从而提高跨国办学网络的全方位、全过程质量保障能力，减少质量保障缺漏，增强质量保障总体效用。

这充分体现了网络治理质量保障的独特优势和深刻内涵。因而保障高校跨国办学教育质量，需要网络化的理论思维和方式，将网络中的每一个节点（利益相关者）视为质量保障的共同组成部分，充分重视和利用他们各自所拥有的资源和能力，使质量保障行为和实践融入每一个环节和每一个方面，从而形成全面的、立体的质量保障体系。如前文所述，基于网络治理的质量保障体系，其核心在于以高校跨国办学教育质量为中心，将所有的主要利益相关者联结在同一个质量保障网络之中，使其利益诉求能够得到表达和协商、资源能够得到协调和共享，使质量保障成为全员共识，并贯穿全方位、全过程，从而能够主动适应环境要求，实现动态调整、持续运行。

第三节　高校跨国办学网络治理教育质量保障作用机制

嵌入（embeddedness）是指有形或无形事物之间的某种联结，是一种事物与其他事物的联系以及联系的密切程度。[1] 波兰尼（Karl Polanyi）在《大转型》一书中探讨经济与非经济社会因素间的相互关系，提出人类经济是嵌入并缠结于经济与非经济制度之中的观点；格兰诺维特（Mark Granovetter）对该观点做进一步发展，认为经济行为是理性选择嵌入社会关系网络的产物。[2] 嵌入概念的提出及理论发展对网络理论具有重要的

---

[1] 庄西真.教育政策执行的社会学分析——嵌入性的视角[J].教育研究,2009(12)：19-24.

[2] 何晓芳.学科嵌入式治理：一流学科生成与发展的制度逻辑[J].中国高教研究,2019(9)：29-34.

影响。网络治理依赖于网络中主动或被动形成的各种嵌入关系。高校跨国办学网络治理通过不同利益相关者的相互嵌入形成联结,以不同的嵌入形式发挥作用,保障高校跨国办学教育质量。

一、结构嵌入构成高校跨国办学教育质量保障的组织基础

结构嵌入反映网络治理的结构性特征,是行动者之间建立关系的结果。它一方面强调网络的整体功能和结构,另一方面关注行动者在网络中所处的位置。[①] 结构嵌入也可以被视为群体间双边共同合约相互连接的扩展。这意味着组织间不仅具有双边关系,而且与第三方有同样的关系,使得群体间通过第三方间接地连接,并形成以系统为特征的关联结构。[②] 因此,结构嵌入的分析不仅包括双边的直接联系,还包括间接的关联和作用途径或方式。[③]

通过对 A 大学国际联合学院的考察发现,在跨国办学机构层面,其结构嵌入主要表现在组织管理和教学系统的构建。其一,联合学院设立了由双方母体高校中高层领导共同组成的联合管理委员会,作为学院最高决策层。以 AC 联合学院为例,其联合管理委员会成员共六人,分别为 A 大学副校长、国际联合学院副院长、学工部副主任和 C 大学教务长/副校长、工学院院长及执行副院长,并且由双方母体高校分别指定一人共同担任联合管理委员会主席。[④] 其二,联合学院的日常行政管理团队和教学团队也由中外双方人员共同构成。此外,联合学院还组建了自己的行政和教学团队。由此,中外双方母体高校形成了以跨国办学机构为核心节点的网络联结,完成了组织结构和管理体系的构建。

从中方高校的角度来看,由于 AB 联合学院和 AC 联合学院属于非独立法人机构,因而在组织结构上内嵌于 A 大学办学体系之中,属于 A 大

[①] 赵辉,田志龙.伙伴关系、结构嵌入与绩效:对公益性 CSR 项目实施的多案例研究[J].管理世界,2014(6):142-156.

[②] 彭正银.网络治理:理论与模式研究[M].北京:经济科学出版社,2003.

[③] Gulati R, Gargiulo M. Where Do Interorganizational Networks Come From[J]. American Journal of Sociology,1999(5):1439-1493.

[④] 资料来源于 AC 联合学院官网。

学的下属办学机构。从宏观层面来看,其同时也是内嵌于中国高等教育体系之中的。由此,高校跨国办学机构与中方母体高校、政府主管部门和质量保障机构等,形成了自上而下的网络联结。从外方高校的角度来看,由于与联合学院具有实质性联系,如教育教学要素的投入,因而也被视为外方高校的一部分。这便与外方政府主管部门和质量保障机构形成了相应的网络联结,具有监管与被监管的结构形态。

在国际层面,国际与区域组织嵌入高校跨国办学教育质量保障网络有多种不同的方式,如通过正式和非正式会员建立或强或弱的国际联结,为各国质量保障机构搭建互动与合作平台。因而国际与区域组织在国际层面扮演着网络构建者角色,在高校跨国办学整体质量保障网络中搭建国际层面的次级质量保障网络。以下将以 A 大学国际联合学院两个跨国办学机构为例,进一步分析和论述。

首先,在机构层面,高校跨国办学机构既是双方母体高校相互嵌入的结果,同时又分别嵌入双方母体高校,形成了一个既相对独立,又与双方母体高校紧密相联的组织结构。这至少可以从两个方面保障和促进高校跨国办学教育质量。一是吸纳整合优质资源,合作共建培养国际化高层次人才所需的课程与教学体系,构建优秀的师资队伍。例如,AB 联合学院和 AC 联合学院通过双方合作,共同制定了人才培养方案,并在此基础上整合双方课程与教学资源,分别构建了生物医学、生物信息学课程与教学体系和四个工程学科(专业)的课程与教学体系。在师资队伍方面,两个联合学院不仅拥有由双方母体高校优秀教师构成的师资队伍,还通过双方母体高校构成的平台、品牌影响力及双方专家、教师的力量,面向全球招聘优秀教师。二是建立内部沟通与协商机制,保障和提高教育教学质量。例如,在 AC 联合学院,通过设立运行委员会,建立与 C 大学的沟通协商机制,能够根据人才培养过程中发现的问题和实际需要及时进行沟通协商,讨论培养方案的制定或修订、教师的派出与教学任务的安排以及教学组织实施的具体事宜等。这些对于教育教学质量的保障和提高具有重要作用。

其次,由于既内嵌于输入方高校和输入国高等教育体系,也内嵌于输出方高校和输出国高等教育体系,因而既与输入方高校及输入国政府和质量保障机构具有次级网络联结和组织结构的实质,也与输出方高校及输出国政府和质量保障机构形成次级网络联结和组织结构形态。这使得高校跨国办学机构的质量保障既与双方母体高校产生联系,也与输出国和输入国政府主管部门及质量保障机构产生联系,从而形成多维监管与保障,共同对高校跨国办学教育质量施加影响。例如,C 大学和 B 大学于 2017 年和 2018 年先后分别对 AC 联合学院和 AC 联合学院进行教学评估,以保持和改进联合学院教学质量;A 大学作为中方母体高校,于 2018 年组织了对两个联合学院的阶段性自评工作,并邀请中外合作办学评估专家进入国际校区对 AB 联合学院和 AC 联合学院开展现场自评工作。在外部,两个联合学院分别被纳入中外双方母体高校接受评估或认证。例如,AB 联合学院和 AC 联合学院作为 A 大学的组成部分,须在 A 大学整体范围下接受教育部"本科教学审核评估";作为 B 大学和 C 大学的组成部分,AB 联合学院和 AC 联合学院则分别在各自外方母体高校名义下接受英国 QAA 教育评估和美国工程与技术认证委员会(Accreditation Board for Engineering and Technology,ABET)专业认证。

最后,国际与区域组织在国际层面为高校跨国办学教育质量保障构建了国际合作网络,并通过来自不同国家的成员机构(如质量保障机构等)与高校跨国办学教育质量保障网络建立联结,间接对高校跨国办学机构的质量施加影响。以 INQAAHE 为例,作为全球最大的国际性质量保障组织,通过会员制度吸纳各国质量保障机构及其他组织参与,将自己构建为一个具有完整组织架构的国际非政府组织,并通过各成员机构发挥作用。例如,英国 QAA、美国 ABET 以及我国教育部学位与研究生教育发展中心等,皆为 INQAAHE 的正式成员。根据 INQAAHE 的成员分类,正式成员是负责高等教育机构和项目质量保障的组织,如认证、审计或负责机构和(或)项目外部评估的其他机构。[①] 对于正式成员,INQAAHE 一方面为它们提供国际规范和质量保障参考建议,并鼓励成员间共享质量保障资源;另一方面还提供培训以提升成员机构内部人员的专业性,以及

---

① INQAAHE. Members[EB/OL].(2018-12-27)[2021-03-04]. https://www.inqaahe.org/members.

为成员机构自评及接受外部评估时提供参考标准等。如此,国际与区域组织在高校跨国办学教育质量保障中间接发挥作用。

综合来看,参与高校跨国办学的不同利益相关者通过不同层次的结构嵌入,形成了一个由国际层面、国家层面、母体高校层面及机构层面共同构成的整体网络。这四个层面中的每一个层面又可以被视为一个次级网络。每一个次级网络都可以构成一个质量保障单元,各自根据自身的权利和职责发挥作用,共同维护和提升高校跨国办学教育质量。

二、制度嵌入构成高校跨国办学教育质量保障的制度基础

制度是对各级各类法律法规、政策条例、管理规定及其他文件规范的总称,能够被用于解释组织和个体的行为,是网络治理赖以运行或发挥作用的重要基础。制度嵌入是指行动者的能动性受到制度的约束和影响,既为行动者的行动划定了边界,也为行动者的行动提供了可能的方向。[1]制度嵌入可以分为强嵌入性和弱嵌入性。基于对 A 大学国际联合学院两个跨国办学机构的考察,以下将分别从不同层面进行论述。

在高校跨国办学机构及其母体高校层面,其制度嵌入通常具有强嵌入性的特点,能够对机构及其内部的群体和个人产生显著的作用和影响。制度嵌入之于高校跨国办学机构还存在另一层含义,即机构内部制度的构建部分源于对双方母体高校制度的借鉴或双方母体高校对机构的输出和延伸。因而在跨国办学教育质量保障中发挥作用的制度主体包括两个部分,移植或借鉴于母体高校的制度和跨国办学机构自主建立的制度。由此,从高校跨国办学机构及其母体高校层面来看,制度嵌入主要可以分为以下三种情形。

第一,母体高校制度的直接嵌入。作为由双方母体高校通过跨国合作形成的核心联结,AB 联合学院和 AC 联合学院的建立、运行及教育教学保障离不开母体高校的制度约束和规范。其中既有整体性、总领性的制度,也有具体的各项政策规定。总领性制度如大学章程,是一所学校的"总宪章",既是 A 大学依法自主办学和进行内部治理的总体制度安排,

---

[1]王宁.家庭消费行为的制度嵌入性[M].北京:社会科学文献出版社,2014.

也是 AB 联合学院和 AC 联合学院办学活动的基本准则和依据。在具体的制度安排上,双方母体高校制度的直接嵌入也基本上涵盖了高校跨国办学机构的育人全过程。

一是在高考招生选拔与录取上,A 大学统一制定招生计划、招生简章、录取办法等,两个联合学院在 A 大学制定的招生政策范围内开展具体工作。二是在人才培养过程中,两个联合学院在培养方案、课程与教学等方面必须符合 A 大学本科专业培养方案、课程内容、教学大纲等相关政策的规定;教师和学生必须遵守 A 大学的行为规范和违纪处理办法;联合学院课堂教学还须接受 A 大学领导干部听课制度的监督与约束;等等。与此同时,AB 联合学院和 AC 联合学院的人才培养过程还受到外方母体高校制度直接嵌入的影响,如课程的设置、教学内容安排必须得到各自外方母体高校的审核批准等。三是在毕业出口上,两个联合学院的学生必须分别达到中外双方母体高校的学分要求,满足各自母体高校的学位授予标准,才能获得相应的(学历)学位证书。

第二,母体高校制度的移植或借鉴。对于母体高校制度的移植或借鉴是指将母体高校的制度直接照搬过来,或在母体高校政策制度的基础上根据联合学院的实际情况做适当调整,且政策的实施、执行与监督主要由联合学院负责。能够直接反映或体现联合学院对其母体高校制度移植借鉴,且与学生培养息息相关的政策文本可见于 AB 联合学院的专业手册(program handbook)、AC 联合学院的学生手册(student handbook)及其他内部文件等。以 AB 联合学生物医学专业手册为例(B. Sc. Integrative Biomedical Sciences Program Handbook,2018—2019,以下简称专业手册)[1]。专业手册的主体内容包括三大块——基本信息(general information)、课程基本信息(general curriculum and course information)和学生支持与技能发展(student support and skills development)。通过分析,可以得到以下两点发现。

一是在课程体系的构成与要求和学制上共同嵌入,体现出两套制度融合或并行的特点。制度融合主要体现于 A 大学的学位要求上,除了 A

---

[1] 该手册由 B 大学教师(I-T103)在访谈结束后提供。

大学要求的32.5学分通识必修课外,其余课程学习及学分要求与B大学要求一致。换言之,A大学的学位要求具有两套制度融合的特点,但从B大学的角度看,B大学的学位要求则是与之并行的,学生毕业时申请B大学学位没有32.5学分通识必修课的要求。制度并行还体现于学制管理上,A大学实行的是学分制,而B大学实行的是学年制。两者不同的是,学生若未能达到B大学的课程学习要求或升学要求,则不能进入下一学年的课程学习;但继续学习A大学的其他课程不受此限制——学生修满A大学的课程学分,达到相应要求即可申请A大学的学位。

二是在学生学习考核评价上更多的是B大学的制度嵌入,以B大学制度要求和标准为主。其重点在于,采用与B大学一致的学生学习成果评价方式,即课程作业评价与期末考试相结合,学生成绩单上最终记录的成绩由作业评价成绩和期末考试成绩构成。在平时的作业评价中,包括形成性评价和总结性评价。虽然形成性评价不计入学生的最终课程成绩,但既有助于学生更好地练习和巩固课堂学习的知识,也有助于教师及时了解学生的学习情况,并有针对性地向学生反馈或改进自己的教学。此外,虽然AB联合学院不同课程作业评价和期末考试在学生课程最终成绩中的占比不同,但比B大学更为重视作业评价,不仅继承了B大学注重过程性评价的特点,甚至实现了"超越"。这些都是对母体高校B大学制度的移植和借鉴。

第三,机构内部制度的自主构建。机构内部制度的自主构建是指高校跨国办学机构在自身权限范围内自主制定各类文件。这些文件以机构的名义在机构内部发文并具有明确的文件编号。根据这一界定,研究者在调研过程中共收集到AB联合学院内部文件10份,AC联合学院内部文件29份,文件发布于2018—2020年。受诸多因素的限制,收集到的AB联合学院内部文件非常零散,从文件编号的连续性来判断,缺失很多。收集到的AC联合学院内部文件则较为完整,只有少部分缺失。除去已经废止、修订前及重复主题的文件(〔2018〕1号、〔2019〕7号、〔2020〕5号和11号),共有内部文件25份(见表6-1)。以下将以收集到的AC联合学院内部文件为样本进行分析。

表 6-1 AC 联合学院 2018—2020 年内部文件一览

文号	文件主题	文号	文件主题
〔2018〕2 号	主修专业确认、转专业	〔2019〕5 号	职称晋升与长聘教职
〔2018〕3 号	同意本科生转专业决定	〔2019〕6 号	荣誉称号标兵评定
〔2018〕4 号	职务任命	〔2019〕8 号	新生奖学金评定及管理
〔2018〕5 号	项目用人管理	〔2019〕9 号	本科教学委员会工作规则
〔2018〕6 号	兼聘教师课酬核算	〔2019〕10 号	本科教学委员会人员组成
〔2018〕7 号	兼聘教师和助教住宿费	〔2019〕11 号	成立内设机构通知
〔2018〕8 号	本科专业培养方案管理	〔2019〕12 号	任职通知
〔2018〕9 号	管理支撑岗设置及聘任	〔2020〕1 号	研究部成立及负责人任命
〔2018〕10 号	学业奖学金名单	〔2020〕2 号	院领导分工
〔2019〕1 号	学术委员会章程	〔2020〕6 号	学生评价实施细则
〔2019〕2 号	学术委员会人员组成	〔2020〕7 号	学业奖学金评定及管理
〔2019〕3 号	学位委员会人员组成	〔2020〕8 号	本科生推免读研(修订)
〔2019〕4 号	教师招聘与聘用		

根据 AC 联合学院内部文件分析发现,联合学院的外部政策构成其内部制度构建的重要依据和合法性,对其制度构建做出了限定和约束,在给予一定制度空间的情况下又对其制度构建的方向做出了相应的引导。相反,联合学院内部制度的自主构建为外部制度嵌入发挥作用和影响提供了重要的制度支撑和组织载体,同时也推动了组织内部结构的革新与完善,以及奠定了组织内部有序运行、共同发挥作用的合法性基础。例如,AC 联合学院根据 A 大学本科专业培养方案管理办法和学院办学实际,制定本学院本科专业培养方案管理办法,使 A 大学更为上位的管理制度得以细化和落地;AC 联合学院对内部行政岗位的设置、权力和职责的设定,内设机构的成立和调整等系列政策文件,使得外部制度嵌入有了作用的载体,同时制度的内部嵌入使得 AC 联合学院得以不断发展,内设机构和个体行动者也得以在内部制度嵌入的约束和影响下获得赋能和行动的合法性。此外,学术委员会章程,本科教学委员会,教师招聘与聘用、职称评聘、学生评价细则、荣誉和奖学金评定等内部政策文件与其他政策文件一起共同构成了 AC 联合学院教育教学与人才培养质量保障不可分割的制度基础,具有行动的规约性和引导作用。

对于输入国和输出国政府及其国内质量保障机构来说,制度嵌入在高校跨国办学教育质量保障中发挥着重要作用。从 A 大学国际联合学院的关涉国家——中国、英国、美国来看,三国的教育管理体制和教育质量保障模式皆不同,但在高校跨国办学教育质量保障中存在一些相似之处。例如,政府和质量保障机构都是各国重要的质量保障主体,在发挥作用方面都离不开制度嵌入。

从中方角度看,作为高校跨国办学的输入国,政府既是教育服务的购买者之一,也是主要的监管者。政府通过制定法律法规和其他政策制度,不仅明确了高校跨国办学中的主要利益相关者及其在质量保障中的作用,也为中方母体高校及其跨国办学机构的制度构建和行动提供了政策依据。例如,通过《条件》《实施办法》及其他有关规定,明确了政府的管理地位和管理职责,规定了中外合作办学机构及其母体高校的自我保障义务,为质量保障机构参与中外合作办学教育质量保障提供了基本的法律依据。除了中外合作办学有关法律条例和其他管理政策,规范中外合作办学的法律法规还有《中华人民共和国教育法》《中华人民共和国高等教育法》《中华人民共和国民办教育促进法》等。通过近30年的发展,我国逐步建立并形成了较为系统的中外合作办学教育质量保障体系,构筑起了入口审批、过程监管、出口保障的全过程质量保障体系。此外,质量保障机构,如教育部学位与研究生发展中心,一方面受到政府的政策约束和引导,另一方面通过中外合作办学评估的标准与指标体系对高校中外合作办学进行规范,以实现对高校中外合作办学的制度嵌入和质量保障。

作为AB联合学院和AC联合学院所涉及的两个外方国家——英国和美国,制度嵌入也是其介入高校跨国办学及其教育质量保障的重要手段和方式。英国作为世界主要高等教育输出国之一,政府在其高校跨国办学中的监管作用日益增强,如从国家层面出台国际教育战略,推动科研和教学管理改革,将"科研卓越框架""教学卓越框架"和《高等教育与研究法案》等政策制度嵌入其高校跨国办学活动中,对其高校跨国办学行为进行规范和引导,促进高校跨国办学教育质量的提升。英国QAA在性质上属于独立的第三方质量保障机构,但其成立得益于1985年《林德报告》和1992年《继续和高等教育法案》的推动,并且还受到《2006公司法》和《2011慈善法》以及苏格兰慈善监管机构相关规定的制约。[①] 在质

---

① 代林利.英国高等教育质量保障署的法律"身份"及其运行[J].复旦教育论坛,2018(4):107-112.

量保障方面,通过制定《质量准则》和评估标准,将办学规范嵌入英国高校的跨国办学活动之中;通过与不同国家签订谅解备忘录、合作意向书、合作协议及信息共享协议,建立国际联结,寻求质量保障的跨国合作。

美国联邦政府和州政府在其高校跨国办学教育质量保障中的作用有限,但通过《高等教育法》、学生资助政策等对高校的跨国办学行为做出了相应的约束,明确了其高校的外国办学点、外国分校的概念,并提出了具体要求。不仅如此,其还通过对第三方质量保障机构的认可,间接嵌入其政策影响,以实现对高校跨国办学的质量保障。美国第三方质量保障机构在其高校跨国办学教育质量保障中扮演着重要角色,通过全国性认证机构、地区性认证机构和(或)专业认证机构维护美国高校跨国办学的教育质量和声誉。与英国和中国不同的是,美国高等教育认证委员会作为非政府组织,具有对美国第三方质量保障机构进行认可的职能,在高等教育"元质量保障"中发挥作用。因而美国第三方质量保障机构既受到政府的制度规范,也受到非政府组织的影响。此外,美国高等教育认证委员会还致力于在国际宏观层面构建全球共同的质量标准和规范。由此可以看出,美国第三方质量保障机构的作用与影响也存在双向制度嵌入。

在国际与区域组织层面,其制度嵌入属于弱嵌入,即对高校跨国办学教育质量保障的作用以间接影响和引导为主,不具备法律法规意义上的强制约束力。如 UNESCO 和 OECD,通过制定跨国高等教育质量保障指南、跨国高等教育质量监管工具包等国际指导性文件,对各国在高校跨国办学教育质量保障方面提供指导和建议,属于引导性而非强制性的制度嵌入。国际与区域质量保障组织与之类似,如 INQAAHE、ENQA 等,以组织规范对成员机构施加影响,通过国际性或区域性质量保障规范与准则、实践指南与工具包等,推动高校跨国办学教育质量保障的发展和完善。

通过上述分析可以发现,高校跨国办学教育质量保障的制度嵌入是多维的,且并非单向嵌入。此外,制度嵌入在高校跨国办学教育质量保障中的作用不仅仅是限制和约束,还有引导。从更深层次来看,制度嵌入在高校跨国办学教育质量保障中还具有激励的功能。例如,跨国办学机构若能符合政府和(或)第三方质量保障机构的规范和要求,可以得到政府和(或)第三方质量保障机构的背书,从而提高社会声誉、影响力和办学吸引力。

三、关系嵌入构成高校跨国办学教育质量保障的信任基础

关系嵌入反映网络治理中成员间的关系安排,其所关注的是网络成员间基于理解、信任和承诺而形成的以直接联结为纽带的二元交易关系。[1] 在高校跨国办学语境中,这种关系是指不同利益相关者之间的互动与合作关系,表现为双方重视彼此之间的需要和目标的程度。[2]

关系嵌入的内涵和作用体现于信任、信息共享和共同解决问题三个方面。[3] 这三个方面彼此独立但又相互关联,共同构成关系嵌入的三大要素。其中,信任是关系嵌入的基础,同时也是信息共享和共同解决问题的基础;信息共享则是实现共同解决问题的重要前提。共同解决问题在本书中是指通过合作共同保障高校跨国办学教育质量。

信任始于交流和互动,具备良好的交流与互动才有可能产生信任或建立信任关系。A大学与B大学、C大学之间的交流与互动具有较为悠久的历史。例如,B大学毕业生旦卫梅(化名,英国人)于1881年来华行医,并创建了广济医院(A大学医学院附属第二医院前身),成为A大学医学院附属第二医院的首任院长;A大学历史上著名的Z校长曾于C大学求学,并于1913年毕业,成为该校校友。这为A大学与B、C两校之间后来的合作建立了良好的联系。在"海外一流学科伙伴计划"的推动下,A大学于2010年和2011年先后与B大学和C大学签订校际交流协议,为提高双方互动频率、增进了解和互信奠定了基础,也为推动双方合作创建AB联合学院和AC联合学院提供了机会和可能性。

联合学院的建立,意味着双方高校对彼此已经取得一定的了解及具备基本的信任。这种信任关系的建立和维护有赖于双方签订的合作协议和具体约定。联合学院和双方母体高校之间的信任关系还与其组织特性有关。一方面,两个联合学院在组织隶属关系上属于A大学的二级学院;另

---

[1] McEvily B, Marcus A. Embedded Ties and the Acquisition of Competitive Capabilities [J]. Strategic Management Journal,2005(11):1033-1055.

[2] 彭正银.网络治理:理论与模式研究[M].北京:经济科学出版社,2003.

[3] Uzzi B. Social Structure and Competition in Interfirm Networks: The Paradox of Embeddedness[J]. Administrative Science Quarterly,1997(1):35-67.

一方面，两个联合学院之于外方母体高校相当于各自在海外设立的跨国办学子机构。两个联合学院和双方母体高校基于对彼此的正面期望，且认为不会损害彼此的利益或做出机会主义行为，因而容易产生和建立信任。

由此，围绕联合学院办学运行和质量保障所需的信息共享与合作便具备了自主、自愿行动的可能，而非强制安排。信息共享是网络治理发挥作用的重要媒介，对高校跨国办学能够产生关键性影响，甚至关系办学活动的存续。信息共享经由信息的交流和传递实现，基于对 A 大学国际联合学院两个跨国办学机构内外部不同层面的考察，研究者发现高校跨国办学中信息交流与传递依赖于系列正式或非正式的沟通交流机制和信息传递平台实现。

在高校跨国办学机构层面，两个联合学院在各自联合管理委员会下都设有院务会，由代表中外双方母体高校的管理人员组成。通过院务会，形成学院内部由下而上的信息沟通交流机制，院务会成员在院长的主持下就学院内部各项行政事务进行沟通、讨论和决策。联合管理委员会虽然是两个联合学院各自的最高决策机构，但也是联合学院办学运行过程中重大信息向双方母体高校流动的关键节点，使双方母体高校能够及时掌握合作办学过程中的重要问题或情况，从而做出必要决策和应对。

在联合学院内部，以 AB 联合为例，该学院设置了教学委员会、考试委员会、导师委员会和师生联系会等内部运行机制，分别由双方母体高校人员组成，形成了对学院教学事务、学生考评、学生管理与支持等具有明确职能划分的沟通机制和教育教学事务管理与支持机制，使学院内部事务能够得到及时有效的沟通和处理。例如，师生联系会每学年召开两次，既是为学生向学院反馈意见提供机会，也是在帮助学院教师和管理人员全面地了解学生情况，以及在人才培养过程中存在的问题，成为一个发现问题和解决问题的重要平台。此外，AB 联合学院每周召开一次教学例会，既为教师之间共享教学经验、向学院反馈教学过程中遇到的问题，也为学院内部教学工作讨论和母体高校层面信息在学院的传递提供了机会和平台。

在具体的教学活动过程中，由于模块化的课程设计与教学安排，课程教学任务由双方母体高校教师和联合学院自聘教师共同完成。这对于教师之间的沟通交流提出了非常高的要求，因而 AB 联合学院还引进了 B 大学主讲教师制，每门课程安排一两位主讲教师，由三方教师担任。为了便于课程教学的沟通与协调,通常会安排一位中方或联合学院教师和一位外方教师共同负责主讲教师的工作。此外,AB联合学院的小班分组课程,如辅导课,通常安排在同一时段不同教室同步进行,因而不同教师之间需要进行充分的交流合作才能更好地完成辅导课教学任务。根据教师的知识背景和专长,AB联合学院会安排一位合适的教师负责具体的某个模块,并在授课之前与各位教师沟通交流以及共享教学信息和资料。这实际上属于一种非正式的沟通交流机制。

在母体高校层面,A大学通过设立国际校区协调委员会(International Campus Coordinating Committee),构建起了中外双方母体高校及联合学院之间的沟通协调机制。协调委员会成员由A大学国际校区院长、副院长、联合学院中方和外方院长以及国际校区各职能部门领导共同组成,共同就合作办学过程中的重要事项进行沟通协调,以实现更高水平的跨国办学目标。在两个联合学院外方母体高校层面,还建立了其他沟通交流机制,如B大学医学与兽医学部考试委员会每年还会就AB联合学院的学生考试成绩、课程学习情况等进行核查、总结。为此,双方会选择每年的三月和六七月在AB联合学院或在B大学本部召开会议,就相关情况做详细的交流讨论。为增进理解和促进双方合作,中外双方高校还建立了行政人员和教师的交流学习机制,每年利用假期在A大学国际校区职能部门和两个联合学院中选派人员赴外方高校交流学习。不仅如此,B大学和C大学在其本部还分别安排了一位行政人员专门负责对接联合学院的行政工作,建立起联合学院与其外方母体高校的信息互通渠道。

在国家层面,我国通过打造教育部中外合作办学机构管理信息系统和项目管理信息系统,建立了府学信息共享平台。联合学院的创建及项目(专业)的开设都要通过这两个系统提交办学信息,接受政府监管。当前,在国家政府的主导或推动下我国已经建立起较为完善的信息平台,即教育部中外合作办学监管信息平台和境外学历学位证书注册认证系统。此外,如前文所述,国家留学服务中心还建立了注册系统数据库,并于2016年与已有中外合作办学认证系统绑定。学生必须在留学服务中心注册,毕业时才能申请境外学历学位认证。在英国和美国,分别建有相应的信息统计系统。英国高校的办学信息由高等教育统计署(Higher Education Statistics Agency，HESA）负责收集、统计，高校必须根据要求通过HESA信息收集系统提交相关信息。美国教育统计中心（National Center for Education Statistics，NCES）负责对美国和其他国家教育相关数据的收集和分析。美国高校通过该中心的综合高等教育信息系统（Integrated Postsecondary Education Data System，IPEDS）按规定报告办学信息。这对于所有参加或申请参加联邦教育资助项目的高校来说，属于强制性要求。

在质量保障机构和国际与区域组织层面，质量保障机构与接受评估或认证的高校（跨国办学机构）和相关国家政府监管部门具有信息共享的机制或行为。例如，在评估或认证结束后，质量保障机构不仅会向受评单位反馈存在的问题，并指导其改进办学，同时还会将评估或认证情况反馈给相应的政府监管部门，供政府部门作为决策参考。我国高校中外合作办学评估由政府主导，政府和质量保障机构之间的信息共享具有一定的行政权威性；英国和美国政府与质量保障机构之间的信息共享或传递则属于委托—代理的性质。国际与区域组织层面的信息共享包括两个方面，即面向成员机构和面向所有对象的信息共享。前者只有成员机构及其工作人员可以获得国际与区域组织共享的信息，包括内部研讨、论坛、人员培训及其他非公开信息；后者面向所有对象开放获取，如国际与区域组织官网公开信息、期刊文献和国际性共同规范等所有公开信息。例如，英国QAA、美国ABET和我国教育部学位与研究生教育发展中心等质量保障机构加入INQAAHE、APQN、ENQA等国际与区域质量保障组织，不仅有利于促进沟通交流，增进信息资源共享，还有利于质量保障机构的自我更新或革新，提高教育质量保障能力，从而更好地在高校跨国办学教育质量保障中发挥作用。

综上所述，高校跨国办学中不同层面的利益相关者之间存在不同维度的信息共享机制或共享活动，多层面、多维度的沟通交流形成了一个立体的信息共享体系，其中本身并不具备直接联系和信息共享关系的利益相关者之间可以通过第三方建立间接联系，形成间接性的信息共享。上述不同层面的沟通交流与信息共享过程实际上也是问题反馈和问题解决的过程，还是高校跨国办学教育质量保障的过程。不同层面的利益相关者各司其职，共同发挥作用，形成质量保障合力。

第七章
结论与思考

第一节 研究结论

高校作为一种开放系统组织,其生存与发展受到内外部环境的诸多影响和制约。在内外部环境的共同作用下,高校不断调整和改变自己的发展战略与组织形态,向网络化方向发展。[1] 跨国办学的兴起和发展便是环境变迁的作用与高校积极应对的结果,形成了由输出和输入双方母体高校、跨国办学机构共同构成的跨组织集合新型组织形态。

高校全球扩张受到内外部多重影响因素的推动,并经历了由教育服务贸易向跨国教育的转变。这一转变是对教育服务贸易商业味过浓的回应,推动教育价值取向由单一走向多元。在跨国教育的话语下,高校跨国办学得到新一轮快速发展。然而,随着全球高校跨国办学的不断发展,其教育质量问题日益突出,受到各界广泛关注。

参与跨国办学是我国教育对外开放的重要路径,保障高校跨国办学教育质量是实现我国教育对外开放高质量内涵式发展的重要基础。因此,研究高校跨国办学教育质量保障之于我国有其现实意义。高校跨国办学具有多种不同类型,本书聚焦于跨国办学机构这一类型,且须满足以下三个条件:一是开展正规学历教育,以东道国公民为主要招生对象;二是拥有办学所需实体场所及设施,但不具备独立法人资格;三是颁发双(学历)学位证书,即符合条件的毕业生可获得双方母体高校分别颁发的

---

[1] 赵彦志,周守亮.网络视域下的大学组织特征与治理机制[J].教育研究,2013(12):84-90.

(学历)学位证书。

为了能够更加深入地对高校跨国办学教育质量保障进行研究,研究者选取了 A 大学国际联合学院两个跨国办学机构案例,即 A 大学分别与 B 大学和 C 大学合作创办的 AB 联合学院和 AC 联合学院。由于两个联合学院的输出国分别为英国和美国,输入国为中国,因而在高校跨国办学外部质量保障的国别范围上主要限定于英国、美国、中国。通过实地调研,研究者获得了大量的一手资料。在理论上,研究者选取了网络治理理论和利益相关者理论作为本书的理论基础。其中,利益相关者主要是指利益相关者组织。经深入分析和研究,拟得出以下结论。

一、高校跨国办学教育质量保障因其跨国性,需要多元利益相关者的参与

高校跨国办学的跨国性主要在于其教育活动的跨国性,即教育要素在不同国家之间的流动,如教师、学生、课程、教材、教学大纲、教学方法、质量标准、教育教学制度等的跨国流动。从本书中的跨国办学案例来看,教育要素的跨国流动总体上以输出国向输入国流动为主,但学生的跨国流动以逆向流动为主,即从输入国向输出国流动,如 AC 联合学院学生大三时须去 C 大学本部交流学习。在高校跨国办学活动中,除了学生存在逆向流动的情况,还存在其他教育教学要素的逆向流动。例如,B 大学一位教师在访谈时表示,B 大学的生物医学历史很长,已经很成熟甚至有些固化。AB 联合学院为其提供了一个试验场,可以做一些创新尝试。这反过来可以促进 B 大学的教育教学改革和发展(I-T103)。

高校教育活动的跨国性要求建立与之相匹配的质量保障体系。这对许多国家原有的质量保障体系提出了新的挑战,如制度的适切性和适用范围、质量保障方式和方法的可行性及有效性等。为此,输出国和输入国政府、质量保障机构等分别从教育输出和输入的视角进行改革、制定新的政策或做调适、拓展机构职能、完善质量标准、改进教育评估或认证方式方法等,但国家监管与质量保障的跨国性差异仍然客观存在。例如,英美针对其高校跨国办学制定的有关监管与质量保障政策规定,我国有关中外合作办学的相关专门监管和质量保障政策等,皆存在较大差异。因此,

高校跨国办学的跨国性意味着,其教育质量保障至少需要面对两个不同国家的司法和监管体系。

高校跨国办学教育质量保障的跨国性还体现于跨文化性。每一个国家都有自己独特的社会文化。高校跨国办学意味着跨越本国文化场域,在另一个不同的文化场域开展教育教学活动。例如,英国的 B 大学、美国的 C 大学进入中国,与 A 大学分别合作创办 AB 联合学院和 AC 联合学院,开展本科以上学历教育,即跨越了不同的文化场域。社会文化可以进一步细分为不同的亚文化,如教育文化、质量文化等。输出国和输入国高校跨国办学监管政策与质量保障实践既受到这些文化的影响,也是对这些不同文化的反映。

由于高校跨国办学的跨国性,因而必然存在国家间的差异性问题。除了上述差异,高校跨国办学还存在规模差异和能力差异,且会对不同国家高校跨国办学教育质量监管的政策措施、质量保障的工具选择和质量保障框架体系的形成产生重要影响。这反过来又会对高校跨国办学的发展产生重要影响。由于国家间各种差异的存在,高校跨国办学教育质量保障极具复杂性和挑战性。

因此,受高校跨国办学的跨国性和国家间差异影响及制约,高校跨国办学教育质量保障离不开输出国和输入国诸多利益相关者的共同参与。双方不同利益相关者各司其职,各尽其责。在此基础上,外部以第三方质量保障机构为核心纽带,内部以跨国办学机构为中心节点,实现质量保障的跨国联结与合作。与此同时,充分发挥或借助国际与区域组织的作用,推动高校跨国办学教育质量保障的国际协调与合作。

二、利益相关者的能力特性构成高校跨国办学教育质量保障完形

能力是指完成某项任务或达到特定目标所具备的综合素质和(或)基本条件。由于本书的利益相关者主要是指高校跨国办学教育质量保障网络中的利益相关者组织,因而此处的能力是指组织能力。高校跨国办学教育质量保障是一项系统工程,包含多个方面,由内外部不同利益相关者共同构筑起质量保障整体。总体来看,高校跨国办学教育质量

保障中利益相关者能力具有多样性、异质性、互补性以及不可替代性。

高校跨国办学教育质量保障中利益相关者能力的多样性和异质性与办学参与者的多样性密切相关。例如，A 大学分别与 B 大学和 C 大学合作创办 AB 联合学院和 AC 联合学院，不仅在母体高校层面具有中外两个办学参与者，双方合作创建的联合学院作为具有一定行动能力的办学机构在成立之后，也成为办学的重要参与者和行动者，由此形成高校跨国办学的"三元组合"。这三者之间的联结与合作及其在办学活动中的行动，同时也构成了高校跨国办学内部教育质量保障的"三元组合"。而在外部，国际与区域组织、输出和输入双方国家政府及质量保障机构的参与则构成了高校跨国办学外部教育质量保障的"多元组合"。

高校跨国办学教育质量保障行动者的多元化，既是受单一利益相关者能力所限而出现，也是对利益相关者能力多样性的体现。高校跨国办学利益相关者能力与其在质量保障中的角色和作用相关联，不同利益相关者因其角色和作用不同，所具备的能力也不同，又或因为拥有不同的能力而扮演不同的角色，发挥不同的作用。例如，国际规范、协调合作、信息经验等的建立、推动及传播需要国际和区域层面的行动者。这不仅赋予了国际与区域组织在国际层面的教育质量保障者角色，还是其参与高校跨国办学教育质量保障的合法性基础。同时，国际与区域组织又因不同成员、成员组织（机构）而获得或具备在国际层面发挥作用的能力，从而能够嵌入高校跨国办学教育质量保障活动，对其产生或施加影响。

不仅如此，不同利益相关者能力还因其法律地位、权力及所掌握和具备的资源与条件的不同而存在差异。例如，输出和输入双方国家政府及质量保障机构，一方面在各自司法管辖权限和制度适用范围内具有相应的教育监管与质量保障权责，另一方面又受到法律权限、资源等条件的限制，因而彼此能力不尽相同。又如，AB 联合学院和 AC 联合学院的外方母体高校，分别在医学和工程领域享誉世界，拥有一流的师资和成熟的培养方案与课程体系，其中方母体高校作为中国世界一流大学建设高校，在医学和工程领域的不同方向上皆具有深厚的积淀和学科特长，因而双方高校在办学能力上能够形成优势互补，保证教育质量，共同培养高水平优秀人才。

在高校跨国办学教育质量保障中,利益相关者能力的多样性和异质性有利于形成互补,产生直接或间接联结,部分利益相关者之间由此可建立不同形式的合作。能力的互补通过每一个利益相关者在不同方面的行动,形成质量保障合力,有利于避免监管真空和教育质量失控等不良状况的发生,或是将此类情况发生的可能性降至最低。例如,输入国的监管可以弥补输出国对其高校在输入国当地办学监管的缺失或不足;输出国对其高校教育输出的监管,可以弥补输入国对外方高校监管权限受限等问题;国际与区域组织可以通过自身的作用,以及成员和成员组织(机构)的力量,发挥单个成员或单个组织(机构)无法完成的国际协调与合作等作用。

在高校层面,双方母体高校之间能力的多样性和异质性是彼此之间形成互补及建立合作的重要前提。从双方母体高校及其跨国办学机构三者来看,双方母体高校的结合,是对跨国办学机构的赋能。母体高校的办学能力和教育质量保障能力决定了跨国办学机构的具体办学能力和教育质量保障能力,而跨国办学机构能力的增强也有利于促进其母体高校能力的发展及提高,三者在不同方面或不同领域各具优势和作用,能够相互促进和相互成就。

利益相关者能力互补意味着能力的不可替代性,高校跨国办学教育质量保障中的不同利益相关者由此形成相互依赖关系;对彼此的依赖则是形成网络联结、保持网络结构稳定的重要基础,从而使这些利益相关者成为网络中的重要节点。通过前文的分析可以发现,在高校跨国办学教育质量保障网络系统中,不同利益相关者之间分工明确且高度专业化,即让最擅长的利益相关者做最擅长的事,借助彼此的力量共同应对质量保障问题,以减少不必要的付出和成本,提高教育质量保障效率。如前文中的英国、美国和中国,虽然司法体系和管理体制不同,政府角色和监管范围也有所不同,但无一选择不断拓展自身职能,对高校跨国办学进行全方位监管,而是与质量保障机构建立委托—代理关系,支持这些机构在高校跨国办学中发挥专业化的教育质量保障作用。

随着职能分工和专业化的进一步发展,利益相关者能力的不可替代性将进一步增强,由此可能会进一步促进其能力的多样性和异质性,从而使得互补性进一步加深;这反之又可能会不断加强不可替代性。综上所述,高校跨国办学教育质量保障中不同利益相关者的能力不仅具有多样性、异质性、互补性和不可替代性,而且这些能力特性在高校跨国办学的发展过程中可能会形成正向的相互关联,从而形成稳定的内外部质量保障关系和结构,构成完整的高校跨国办学教育质量保障体系,并能够使这一体系得以维持和持续发展。

三、高校跨国办学教育质量保障具有特殊性和制度两难性

高校跨国办学教育质量保障的特殊性在于其内部范畴,即其内部范畴可划分为两个层面、三个维度。两个层面是指母体高校层面和跨国办学机构层面,三个维度是指输入方母体高校内部维度、输出方母体高校内部维度和跨国办学机构内部维度。在这一特殊性下面,还存在制度两难性问题,以及由此引发的冲突和博弈。

如上所述,两个层面、三个维度构成高校跨国办学内部质量保障的整体样貌,为深入考察和剖析高校跨国办学内部质量保障具体运作与过程提供了重要视角和切入点。高校跨国办学内部质量保障具有这一特殊性的原因主要在以下几个方面:其一,输入和输出双方母体高校彼此属于独立的办学实体,但皆为跨国办学教育资源的投入者,除了师资、课程、教材、教学与科研设施及设备等多方面有形资源的投入,还包括学校品牌、教育文化等无形资源的投入。其二,双方母体高校皆是(学历)学位证书的授予者,如 AB 联合学院和 AC 联合学院符合条件的毕业生,可分别获得 A 大学授予的学历学位证书和 B 大学或 C 大学的学位证书。其三,高校跨国办学的组织与治理结构由双方母体高校及其跨国办学机构共同构成。双方母体高校共同嵌入于跨国办学机构,但又依赖于跨国办学机构,实现资源的整合及办学的具体运行与实施。其四,跨国办学机构自身具有一定的独立性,拥有较大的办学自主权。例如,在人事、财务、学术管理等方面享有一定的权力,机构的日常行政事务管理与决策、教育教学活动的开展可以自行规划并独立完成等。

综上可以看出,输入和输出双方母体高校自身既是一个独立的教育机构,也是跨国办学实践中的办学者,跨国办学机构同时具有输入和输出双方母体高校的基因,因而其教育质量保障既可以纳入输入方母体高校

内部范畴,也可以纳入输出方母体高校内部范畴。如 A 大学、B 大学和 C 大学都将 AB 联合学院和 AC 联合学院视为各自的一部分,对其进行监管或评估。高校跨国办学机构因双方母体高校的嵌入和赋能,成为一个相对独立的教育机构,具有较为完整的组织结构、行政管理体系和教育教学运行体系,承载着人才培养的核心职能,肩负教育质量保障的职责并具备保障的能力,因而在高校跨国办学机构层面也负担其内部质量保障的责任。因此,高校跨国办学内部质量保障可以划分为母体高校和跨国办学机构两个层面,也可做输入方母体高校内部维度、输出方母体高校内部维度和跨国办学机构内部维度之分。

然而,高校跨国办学内部质量保障的多维特性在使高校跨国办学教育质量保障变得更为立体、全面的同时,也带来了制度两难问题。例如,在 A 大学国际联合学院,虽然从引进国外优质教育资源和吸收外方母体高校有益经验的角度,在两个联合学院采用了外方母体高校的政策制度、质量标准和做法,但仍然存在制度两难问题。在学生的淘汰机制方面,B 大学提出达不到要求的学生必须做退学处理,但 A 大学认为达不到 B 大学要求但不符合 A 大学退学条件的仍可以继续在 AB 联合学院学习,攻读 A 大学学位(I-M101)。这一问题虽经双方协商得以解决,即在有可能获得中方或外方任意一方母体高校学位的情况下,学生可继续在 AB 联合学院学习(I-M101)。但由于发生这类情况的概率极低,且 AB 联合学院已有人才培养方案是按照满足双方学位要求制定的,双方母体高校或 AB 联合学院目前尚未针对学生由攻读双方学位转为攻读单方学位的情况,提出较为成熟的方案和安排。

由于需要满足双方母体高校的学位要求,AB 联合学院和 AC 联合学院的课程须按照双方母体高校的规定设置。根据前文分析可以看出,两个联合学院的课程体系均包含了双方母体高校要求的课程。学生若想获得双方母体高校各自颁发的(学历)学位证书,须分别完成 150.5 学分和 156/160.5 学分的课程学习。在有限的时间内要修完这么多课程,具有较大的挑战和冲突。例如,学生反映课程过多,每周的学习任务很重,导致难以深入学习每一门课程,因而在个人的知识构建和专业发展上必须做出抉择,在不同的课程学习上有所侧重(I-S213)。在母体高校层面,双方对于联合学院的课程设置也存在一些冲突和博弈。例如,B 大学在 AB 联合学院创建过程中,就对本科生军事教育类课程(如军训)提出异议和担忧;而 C 大学坚持将西方文化、美国少数民族文化等通识教育课程纳入 AC 联合学院课程体系则是中外双方高校博弈的结果和体现。

会出现各种两难问题和冲突,其根本在于高校跨国办学自身。这种跨国办学机构的建立和运行首先是基于双方母体高校的教育资源,进而实现自我构建和发展。高校跨国办学机构自身虽拥有一定自主权,但双方母体高校同时拥有更为上位的教育质量监管和约束的权责,以及各自利益诉求、制度规范和文化认知等方面的差异,导致高校跨国办学内部质量保障特殊性的客观存在,并出现制度两难问题及彼此间的冲突与博弈。

综上所述,高校跨国办学教育质量保障离不开内外部多元利益相关者的共同参与。这些利益相关者通过直接或间接联结形成质量保障网,在网络中各自或共同发挥作用,产生合力。作为高校跨国办学教育质量保障网络中的主要成员和重要行动者,高校跨国办学利益相关者的能力具有多样性、异质性、互补性和不可替代性。高校跨国办学教育质量保障因利益相关者的能力特性而得以完形,即高校跨国办学教育质量保障整体因利益相关者的能力特性而得以构建,从而形成整体效应。高校跨国办学教育质量保障的内部范畴具有特殊性,并存在制度两难性问题。须指出的是,制度两难不仅存在于高校跨国办学内部,也存在于其外部,因而未来还可从外部做进一步分析和探讨。

第二节 反思与思考

一、对高校跨国办学教育质量保障的反思

近几十年来,高校跨国办学发展迅速,在推动全球高等教育多样化发展的同时,也为各国学生提供了多元选择和不同的学习机会。这一历史进程的发展离不开 WTO、OECD、UNESCO 等国际组织的努力。然而,在这一历史进程中,高校跨国办学教育质量问题日益突出,受到社会各界广泛关注。在这一背景下,国际与区域质量保障组织,如 INQAAHE、EN-

QA、APQN等纷纷成立,与UNESCO、OECD等国际组织一起,在国际与区域层面通过多种方式发挥作用,以共同推动高校跨国办学教育质量保障。

然而,虽然这些国际与区域组织积极参与推动跨国办学教育质量保障建设,搭建沟通交流平台,开展项目研究和评估人员培训,推进质量保障标准建设,制定国际性或区域性的质量保障良好实践指南、准则、跨境教育监管与质量保障工具包等,但是否接受和采纳,如何执行,国际组织并不能直接干预和施加影响。而且,对于国际和区域性的质量保障指南、实践准则及其他质量保障措施建议在各国实际情况中的实用性和适切性难以考量和评估。有学者批评这些国际性规范的实际效用,认为对保障高校跨国办学教育质量的作用有限。虽然世界主要国际与区域组织越来越多地参与高校跨国办学教育质量保障活动,并在国际与区域层面的质量保障网络构建中的作用日益重要,但目前仍然缺乏有力的国际合作与协调机制。诚如"跨国高等教育质量保障项目"的最终报告所指出的,跨国教育领域的质量保障仍然十分松散,国际合作与协调作用不足。[1]

从输出国和输入国角度来看,政府在高校跨国办学教育质量保障中的作用有限,需要借助质量保障机构的力量。其一,输出国和输入国政府更多采用的是政策工具,其作用的发挥有赖于政策规范和约束。其二,输出国和输入国政府对其高校跨国办学教育质量的重视程度不一,但总体上输出国政府监督不严。根据前文的分析,英国政府对本国高校的跨国办学监管有加强的趋势,而美国则更多的是依赖"行业自律"和高校的自觉。然而,两者在保障高校跨国办学教育质量的动机上具有一致性,都较注重跨国教育带来的经济收益和国际影响力等,而非出于对教育质量本身的重视,因而其高校跨国办学只需满足最低标准要求即可。由此可以看出,高校跨国办学教育质量保障的重任在于输入国。因此,我国作为主要高等教育输入国,在政府的引导和支持下,建立了较为完善的教育质量监管与保障体系。其三,中、英、美三国政府在高校跨国办学教育质量保障中都注重借助质量保障机构的力量。政府通过法律授权、经费支持等

---

[1] ENQA. Quality Assurance of Cross-Border Higher Education: Final Report of the QACHE Project[EB/OL]. (2019-08-23)[2022-02-04]. https://enqa.eu/index.php/publications/papers-reports/occasional-papers.

方式与质量保障机构建立起委托—代理关系,由质量保障机构分解政府职能,承担一部分或较大的教育质量监管与保障任务。

然而,质量保障机构在高校跨国办学教育质量保障中也存在一定的限制和挑战。其一,高校跨国办学意味着其办学活动跨越了本国的边界范围和司法管辖体系,保障其教育质量存在地理距离和制度距离的挑战。制度距离包括法律法规和政策体系的差异以及价值观、意识形态、质量文化等非正式制度的异质性。其二,高校跨国办学利益主体多元,利益诉求差异较大,从而导致对其质量保障的认识、需求及要求相去甚远。单方或单一质量保障机构的评估与认证,难以同时满足输出国和输入国诸多利益相关方的需求和要求。其三,输出国与输入国之间信息不对称,影响质量保障机构作用的发挥。因重视程度和管理体制的差异,如美国对其高校的跨国办学行为缺乏统一或有力的规范和管理,导致信息失衡和信息互通受阻;英国和中国则由于统计口径不一致,在信息对接上仍然存在较大困难。①

在高校跨国办学机构及其母体高校层面,通过对 AB 联合学院和 AC 联合学院的分析发现,中外方母体高校和跨国办学机构三者是保障跨国办学教育质量的关键行动者,通过建立适合于办学需求的组织结构、制度体系和良好的伙伴关系,维护和提升其教育质量。然而,根据中方母体高校"以我为主"的合作办学原则,在两个联合学院课程设置、教学要求、学生考评等关乎教育质量的重要方面,其话语权仍需进一步加强。

此外,如前文所述,高校跨国办学在实际运行中容易受到国家间关系、政策变化和国际突发事件的影响。例如,新冠疫情给高校跨国办学带来的负面影响。在这一背景下,高校跨国办学的正常运行和教学秩序遭受巨大冲击。许多高校调整教学安排和授课方式,启动线上教学。A 大学包括 AB 联合学院和 AC 联合学院在内,整个国际校区共开设线上课程 72 门,实际教学班达 204 个(截至 2020 年 4 月底)。② 这一方面为高校跨国办学教育质量保障提出了新的挑战,成为未来需要进一步研究的课题;

---

① 方华明,曹梦婷.跨境高等教育质量保障的困境与破解路径——QACHE 项目的创新及启示[J].外国教育研究,2021(1):35-46.
② 资料来源于 A 大学国际校区内部公开出版物。

另一方面为网络治理理论增添了新的内涵,即网络治理中的网络不仅是指对一种组织形态和不同关系的隐喻,还可以指网络作为一种有形的信息技术在治理中的功能和作用。

二、改进我国高校跨国办学教育质量保障的思考:中外合作办学视角

高校中外合作办学是我国高等教育的重要组成部分,对于我国进一步加快和扩大教育对外开放具有重要意义。改进我国高校中外合作办学教育质量保障,需要内外兼顾,即从国家内部或"以我为主"的角度,应推动我国高校中外合作办学形成"和解型"网络治理结构;从国际合作的角度,需要促进我国质量保障机构的国际参与及跨国合作,充分发挥质量保障机构的作用。

(一)推动我国高校中外合作办学形成"和解型"网络治理结构

面对复杂多变的国际形势和高校跨国办学的不确定性、复杂性及其他因素的影响,保障我国高校中外合作办学的有序运行和可持续发展,需要进一步调整和完善中外合作办学治理结构。这也是保障我国高校中外合作办学教育质量,实现高质量发展的重要基础。其核心在于推进我国高校中外合作办学形成"和解型"网络治理结构(见图7-1)。

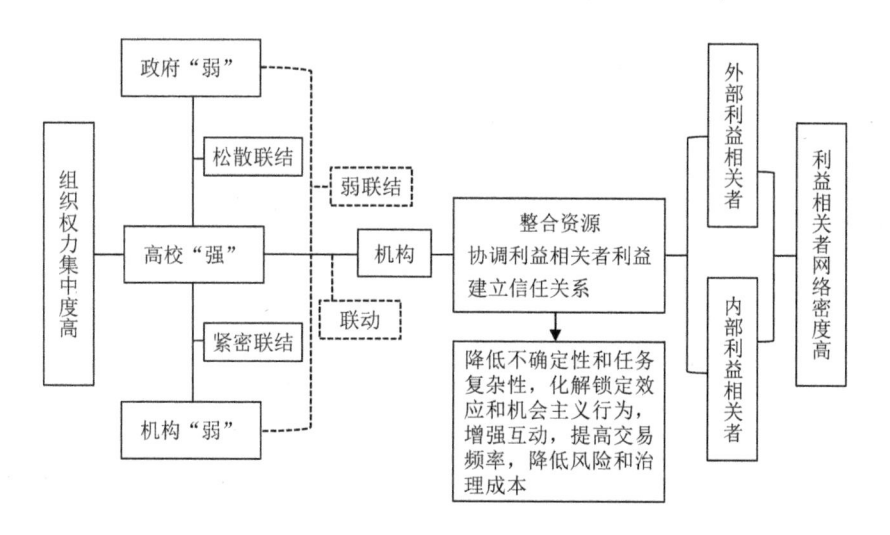

图7-1 "和解型"高校中外合作办学网络治理结构

"和解"有退让、放权、服从之义,可以是一方做出让步,也可以是双方或多方共同让步。基于此理解,我国高校中外合作办学应形成两头"弱"、中间"强",不同利益相关者之间互动频率较高的治理结构,即以组织权力集中度和利益相关者网络密度较高为特征的"和解型"网络治理结构。推动资源整合,协调利益相关者不同利益诉求,在正式与非正式制度基础上建立信任关系则是高校中外合作办学治理机制的核心要素。

　　组织权力集中度高主要是指中方母体高校应不断强化办学自主权和自主决策权,提高自身在中外合作办学活动中的权力集中度,加强对合作办学机构的治理,确立作为母体高校的"强"高校地位。这需要政府进一步转型,建立有限政府、政策和资源支持型政府。在高校中外合作办学治理中,扮演"弱"政府角色,明确政府职能、权力和责任的有限性,与中方母体高校及其合作办学机构形成松散联结和弱联结,为高校中外合作办学提供政策、财政、场地、行政服务等多方面的支持,为高校独立自主开展中外合作办学拓展空间。在国家政府层面,政府是网络的缔造者和维护者,一方面需要加强政策的及时跟进和完善,确保稳定供给;另一方面需要加强对中方母体高校和合作办学机构的信息传递。地方政府在办学合作项目落地前和办学过程中持续提供办学所需的外部资源支持,建立政府"支持型"府学关系。

　　"弱"机构主要具有两方面的含义,一是指强化和中外双方母体高校的合作,充分利用双方母体高校的办学资源提升办学能力和话语权;二是指进一步明确合作办学机构的非独立法人地位,确立中方母体高校是其最主要的应然治理主体。在合作办学实践中,一方面合作办学机构要扮演好"中间人"的角色;另一方面中方母体高校应以合作办学机构为中心相互联动,加强与内外部不同利益相关者之间的合作,提高利益相关者网络密度,即增强与不同利益相关者之间的关系,提高互动频率。通过建立以合作办学机构为中心的"弱—强—弱"治理结构,形成新型的"和解型"高校中外合作办学网络治理结构。

　　在这个"和解型"网络治理结构中,中方母体高校及其合作办学机构通过紧密联结内外部利益相关者,获取多方位的政策和资源支持,实现资源的有效整合;通过协调不同利益相关者之间的利益,满足多方利益诉求;通过不断完善正式和非正式制度,建立与不同利益相关者之间的信任关系,实现高校中外合作办学的有效治理。在此基础上,降低合作办学的风险和治理成本,实现长期合作和高质量、可持续发展。

(二)促进我国质量保障机构的国际参与及跨国合作

习近平总书记曾指出,"要扩大教育开放,同世界一流资源开展高水平合作办学"①。"双一流"将作为中外合作办学的重要引领。② 这意味着对中外合作办学教育质量提出了更高的要求。高校中外合作办学的新发展要求不断提高质量保障能力。我国应充分发挥质量保障机构的作用,目光向外,建立健全质量保障机构的国际参与机制,并推进与国外质量保障机构的合作机制建设。

1.建立健全我国质量保障机构的国际参与机制

国际与区域质量保障组织在具体国家或具体高校跨国办学教育质量保障活动的作用和效力虽然无法衡量,但在国际层面对跨国高等教育质量保障理论与实践发展具有重要作用。加入这些国际与区域质量保障组织,一方面有助于我国质量保障机构及时了解全球跨国高等教育质量保障信息和最新动态,加深对国外质量保障机构及相关部门和组织的理解,促进资源共享和能力提升;另一方面有助于提升我国质量保障机构的国际话语权,参与国际规则的制定和推进,更好地服务于我国高校中外合作办学教育质量保障。

我国目前已有教育部高等教育教学评估中心、上海市教育评估院等多家教育评估机构加入 INQAAHE 和 APQN,并且上海市教育评估院和教育部高等教育教学评估中心先后承接了 APQN 秘书处的工作。③ 上海市教育评估院在其负责 APQN 秘书处工作期间,于 2011 年 6 月将 APQN 秘书处正式注册成为"亚太地区教育质量保障组织(APQN)上海总部",使

---

① 习近平在全国教育大会上强调:坚持中国特色社会主义教育发展道路 培养德智体美劳全面发展的社会主义建设者和接班人[N].人民日报,2018-09-11.
② 杜玉波.以习近平新时代中国特色社会主义思想为指导 推动中外合作办学工作再上新台阶[M]//林金辉.中外合作办学与高等教育改革.厦门:厦门大学出版社,2018.
③ 上海市教育评估院自 2009 年 3 月起承担 APQN 秘书处工作,2019 年 3 月由教育部高等教育教学评估中心正式接续秘书处工作(2019—2022 年)。

上海拥有了第一家会员主体在境外的教育类国际组织。① 这不仅提升了上海市教育评估院在亚太地区的影响力,其跨境高等教育质量保障能力也得到了快速提高,从而使上海市中外合作办学教育质量保障走在了我国前列。

我国高校中外合作办学机构已经遍布全国大部分地区,涉及诸多外方合作国家。目前,除北京(含教育部)、江苏、上海、广东等地的教育评估机构外,全国教育评估机构总体上国际参与程度偏低。因而我国应建立健全国际参与机制,鼓励和推动更多教育评估机构更大范围地积极参与国际与区域教育质量保障组织,尤其是与中外合作办学关涉国家具有合作关系或某种联系的国际与区域质量保障组织,从而融入这些组织内部,承担组织运行相关工作,提升业务能力和话语权,建立稳定的国际联系。

2. 推进与国外质量保障机构的合作机制建设

根据前文的分析,不论是英美还是我国,教育质量保障机构都是保障高校跨国办学教育质量的重要力量,在高校中外合作办学教育质量保障中的角色和作用不可替代。无论是教育的输入方还是输出方,若缺乏对方质量保障机构的支持与合作,就难以全面、动态地获取对方相关高校及合作办学信息,从而不利于有效、高效地开展和完成高校中外合作办学教育质量保障工作。② 另外,输入国和输出国在对同一高校跨国办学机构开展教育评估或认证时若缺乏合作,一方面可能存在工作重复的问题,一定程度上会增加该教育机构的人力、物力、财力等多方面的支出和负担,对于双方质量保障机构也会造成资源浪费;另一方面也不利于质量保障机构对彼此质量保障政策与实践的认识和理解,影响评估或认证结果与决定的互认。

随着高校跨国办学的日益发展及其重要性的与日俱增,除了国际组织,包括国际与区域质量保障组织,极力倡导和大力推动各国教育质量保

---

① 方乐. 亚太地区教育质量保障能力建设的推动者——亚太区教育质量保障组织(APQN)研究[J]. 江苏高教,2014(2):31-34.

② 郭丽君. 中国跨国高等教育质量保障体系研究[M]. 北京:社会科学文献出版社,2014.

障机构在高校跨国办学教育质量保障中牵手合作外,如英国等国家的质量保障机构也在不断努力实践,先后与多国的质量保障机构签订了谅解备忘录、合作意向书等。

我国可以考虑在已有基础上推进与国外教育质量保障机构的双边或多边合作机制建设,合理吸收国外具有丰富国际合作实践的质量保障机构经验,以更好地服务于我国高校中外合作办学教育质量保障。在推进与国外质量保障机构的合作机制建设过程中,我国质量保障机构一方面应不断完善和推广本国教育文化和理念、质量及质量保障标准与体系,另一方面还要清醒地认识到国外质量保障机构在这些方面对我国教育的侵蚀和冲击。

参考文献

一、中文文献

（一）著作类

[1] 经济合作与发展组织.教育政策分析2005—2006:聚焦高等教育[M].清华大学教育研究所,译.北京:教育科学出版社,2008.

[2] 张民选,李亚东,等.中外合作办学认证体系的构建与运作[M].北京:高等教育出版社,2010.

[3] 兰军.跨境教育研究[M].北京:中国社会科学出版社,2012.

[4] 张进清.跨境高等教育研究[M].北京:人民出版社,2014.

[5] 冯国平.跨国教育的国际比较研究[M].上海:上海人民出版社,2010.

[6] 顾建新.跨国教育发展理念与策略[M].上海:学林出版社,2008.

[7] 赵丽.跨国办学的理论与实践[M].上海:上海教育出版社,2014.

[8] 林金辉.中外合作办学发展报告(2010—2015)[M].厦门:厦门大学出版社,2016.

[9] 席酉民.中外合作办学:高等教育的新探索[M].北京:中国人民大学出版社,2020.

[10] 刘孙渊.高等教育中外合作办学的政策考察[M].北京:北京师范大学出版社,2016.

[11] 栗晓红.中外合作办学:组织场域及运行逻辑[M].北京:社会科学文献出版社,2021.

[12] 龚思怡.高校中外合作办学模式与运行机制的研究[M].上海:上海大学出版社,2007.

[13] 陈大立.中外合作办学法律问题研究[M].厦门:厦门大学出版

社,2014.

[14] 李晓辉.中外合作办学实践:法律制度与实践[M].厦门:厦门大学出版社,2017.

[15] 谭瑜.高校中外合作办学项目学生跨文化适应研究[M].北京:中国社会科学出版社,2014.

[16] 尹玥.中外合作办学项目效率评价及优化研究[M].北京:知识产权出版社,2015.

[17] 江彦桥,等.跨境教育监管与质量保障[M].北京:高等教育出版社,2014.

[18] 刘尔思.跨境高等教育质量风险体系控制与管理[M].北京:经济科学出版社,2014.

[19] 叶林.跨境学位项目的质量保障研究[M].杭州:浙江大学出版社,2019.

[20] 郭丽君.中国跨国高等教育质量保障体系研究[M].北京:社会科学文献出版社,2014.

[21] 李晓述.跨境教育法律问题研究[M].武汉:武汉大学出版社,2011.

[22] 唐海涛.GATS下教育服务市场准入问题研究[M].北京:中国财富出版社,2016.

[23] 张卫国.跨国高等教育市场准入制度研究[M].北京:中国财政经济出版社,2014.

[24] 林金辉.中外合作办学质量建设研究[M].厦门:厦门大学出版社,2014.

[25] 赵彦志,孟韬.中外合作办学质量保障体系研究[M].大连:东北财经大学出版社,2015.

[26] 罗尧成,肖纲领.高职院校国际合作办学质量保障研究[M].上海:上海三联书店,2014.

[27] 霍恩比.牛津高阶英汉双解词典[Z].8版.赵翠莲,等译.北京:商务印书馆,2014.

[28] 黄建如.发达国家高等教育体系变革比较研究[M].广州:广东高等教育出版社,2011.

[29] 中国社会科学院语言研究所词典编辑室.现代汉语词典[Z].7版.北京:商务印书馆,2016.

[30] 俞家庆.教育管理辞典[Z].3版.海口:海南出版社,2005.

[31] 裴娣娜.教育研究方法导论[M].合肥:安徽教育出版社,1995.

[32] 陈向明.质的研究方法与社会科学研究[M].北京:教育科学出版社,2000.

[33] 麦瑞尔姆.质化方法在教育研究中的应用:个案研究的扩展[M].于泽元,译.重庆:重庆大学出版社,2008.

[34] 李维安.网络组织:组织发展新趋势[M].北京:经济科学出版社,2003.

[35] 尹晓敏.利益相关者参与逻辑下的大学治理研究[M].杭州:浙江大学出版社,2010.

[36] 陈宏辉.企业利益相关者的利益要求:理论与实证研究[M].北京:经济管理出版社,2004.

[37] 罗索夫斯基.美国校园文化——学生·教授·管理[M].谢宗仙,周灵芝,马宝兰,译.济南:山东人民出版社,1996.

[38] 马健生,等.教育国际化政策及其实施效果的国际比较研究[M].北京:北京师范大学出版社,2018.

[39] 杨启光.教育国际化进程与发展模式[M].北京:社会科学文献出版社,2011.

[40] 张天.澳洲史[M].北京:社会科学文献出版社,1996.

[41] 邵光华,施春阳,周国平.区域高等教育国际化研究[M].杭州:浙江大学出版社,2016.

[42] 陈学飞.高等教育国际化:跨世纪的大趋势[M].福州:福建教育出版社,2011.

[43] 靳希斌.国际教育服务贸易研究——理论、规则与行动[M].福州:福建教育出版社,2005.

[44] 张亚.高等教育服务贸易理论与政策研究[M].北京:中国经济出版社,2009.

[45] 林金辉.中外合作办学与高等教育改革[M].厦门:厦门大学出版

社,2018.

[46] 杨明.政府与市场:高等教育财政政策研究[M].杭州:浙江大学出版社,2007.

[47] 国家教育发展与政策研究中心.发达国家教育改革的动向和趋势(第一集)——美国、苏联、日本、法国、英国1981—1986年期间教育改革文件和报告选编[M].北京:人民教育出版社,1986.

[48] 国家教育发展与政策研究中心.发达国家教育改革的动向和趋势(第二集)——美国、苏联、日本、法国、英国1986—1988年期间教育改革文件和报告选编[M].北京:人民教育出版社,1987.

[49] 陈浩,马陆亭.中国教育改革大系·高等教育卷[M].武汉:湖北教育出版社,2016.

[50] 教育部留学服务中心.中国国(境)外学历学位认证(可)报告[M].北京:人民教育出版社,2016.

[51] 叶信治,等.美国公立研究型大学教育质量保证研究[M].厦门:厦门大学出版社,2015.

[52] 彭正银.网络治理:理论与模式研究[M].北京:经济科学出版社,2003.

[53] 王宁.家庭消费行为的制度嵌入性[M].北京:社会科学文献出版社,2014.

[54] 王德建.网络治理的生成机制研究[M].济南:山东大学出版社,2010.

(二)期刊论文类

[1] 周满生.从教育服务贸易到跨境教育——第二届教育服务贸易论坛侧记[J].教育研究,2004(6):91-95.

[2] 林金辉.新时代中外合作办学的新特点、新问题、新趋势[J].中国高教研究,2017(12):35-37.

[3] 李一,曲铁华.基于OLI范式理论的高等教育跨境分校竞争策略探析[J].东北师大学报(哲学社会科学版),2016(1):167-172.

[4] 李一,曲铁华.基于I-R框架分析的高等教育跨境分校可持续发展研究[J].湖南社会科学,2015(5):203-208.

[5] 杜燕锋.美国高校海外分校:历程、现状与趋势[J].外国教育研究,2016(4):105-118.

[6] 王璞.美国大学海外分校全球扩张历史和战略研究[J].比较教育研究,2017(1):17-23.

[7] 孙珂.美国高校境外办学的政策和实践研究[J].世界教育信息,2017(1):50-56.

[8] 蔡丽红.美英高校海外分校发展的现状分析与启示[J].煤炭高等教育,2017(6):45-49.

[9] 张湘洛.英国大学海外办学实践及启示[J].高等教育研究,2008(5):99-103.

[10] 赵丽.澳大利亚发展海外分校的实践与经验[J].全球教育展望,2014(8):74-82.

[11] 林金辉.中外合作办学基本规律及其运用[J].江苏高教,2012(1):47-50.

[12] 民盟上海市委课题组.关于中外合作办学运行机制的思考——以上海纽约大学为例[J].教育发展研究,2012(7):1-6.

[13] 张天雪."中国教育走出去"指标体系的架构[J].教育发展研究,2017(19):1-7.

[14] 鄢晓.我国高校境外办学的动因分析和对策建议[J].高校教育管理,2016(3):66-70.

[15] 蒋继彪.我国高等教育"走出去"的若干对策研究[J].教育理论与实践,2016(3):3-5.

[16] 赵叶珠,谢子娣.我国大学海外分校的发展现状及其特点[J].山东高等教育,2018(1):17-23.

[17] 王光荣,骆洪福.我国一流大学发展海外分校的SWOT分析[J].煤炭高等教育,2017(1):5-10.

[18] 郭洁.厦门大学马来西亚分校办学之SWOT分析[J].西南交通大学学报(社会科学版),2015(6):59-65.

[19] 郭洁.高校创设海外分校的意义及前景——以厦门大学马来西亚分校为例[J].教育评论,2017(3):39-44.

[20] 李传彬."一带一路"背景下高职院校海外办学成效、困难与对策——以无锡商业职业技术学院柬埔寨办学为例[J].中国职业技术教育,2017(18):37-41.

[21] 张慧波,祝蕾."一带一路"倡议下高职院校"走出去"的实践探索与思考——以宁波职业技术学院为例[J].职教论坛,2018(2):125-130.

[22] 赵鹏飞,曾仙乐,黄河,等."一带一路"背景下职业教育校企协同海外办学模式探索[J].中国职业技术教育,2017(18):33-36+41.

[23] 赵光辉."一带一路"背景下交通教育机构"走出去"风险机制研究[J].中国职业技术教育,2018(13):59-65.

[24] 张民选.跨境教育与质量保障的利益相关者分析[J].教育发展研究,2007(23):34-38.

[25] 郭朝红.国际视野下的跨境高等教育质量监控[J].教育发展研究,2006(23):21-23.

[26] 陈大立.以质量保证为主轴制定跨境教育服务法规和政策[J].教育发展研究,2007(5):27-29+80.

[27] 丁丽军.论跨境高等教育项目质量保障体系的构建[J].教育学术月刊,2008(8):30-32.

[28] 韩秀丽.跨境高等教育的国际法规制[J].比较教育研究,2007(11):79-84.

[29] 杨琼.跨境高等教育海外分校的监管体制评述——教育输入国的视角[J].高教发展与评估,2009(3):75-82+123.

[30] 王焕芝.阿联酋构建区域高等教育枢纽的路径与挑战[J].比较教育研究,2018(4):29-38.

[31] 赵风波,沈伟其.构建学业评价体系:跨境高等教育发展的关键——基于宁波诺丁汉大学的案例[J].黄河科技大学学报,2014(5):93-98.

[32] 郭伟,张力玮.新时期中外合作办学发展趋势:提质增效、服务大局、增强能力——访厦门大学中外合作办学研究中心主任林金辉[J].世界教育信息,2016(15):6-11.

[33] 薛卫洋.质量建设进程中的高等教育中外合作办学——基于《高等教育第三方评估报告》的思考[J].中国高教研究,2016(2):12-19.

[34] 刘梦今,林金辉.构建中外合作办学评估制度的基本依据与原则[J].教育研究,2015(11):123-128.

[35] 汪建华.中外合作办学选优评估指标体系的构建[J].全球教育展望,2014(8):49-55.

[36] 刘梦今.新加坡教育信托认证的制度设计对中外合作办学评估的启示[J].中国高教研究,2016(12):79-82.

[37] 宗平.中外合作办学中教学质量保障机制的研究[J].江苏高教,2015(1):76-78.

[38] 林金辉,刘梦今.高校中外合作办学项目内部教学质量保障基本要素及路径[J].中国大学教学,2014(5):62-66.

[39] 张应强.高等教育质量建设:创新体制机制与培育质量文化[J].江苏高教,2017(1):1-6.

[40] 吴跃文.中国特色社会主义高等教育体系的基本含义和特征[J].杭州师范学院学报,1997(1):82-88.

[41] 彭正银.网络治理理论探析[J].中国软科学,2002(3):50-54.

[42] 张康之,程倩.网络治理理论及其实践[J].新视野,2010(6):36-39.

[43] 李维安,周建.网络治理:内涵、结构、机制与价值创造[J].天津社会科学,2005(5):59-63.

[44] 鄞益奋.网络治理:公共管理的新框架[J].公共管理学报,2007(1):89-96+126.

[45] 任志安.网络治理理论及其新进展:一个演化的观点[J].中大管理研究,2008(2):94-106.

[46] 彭正银.网络治理、四重维度与扩展的交易成本理论[J].经济管理,2003(18):4-12.

[47] 李维安,林润辉,范建红.网络治理研究前沿与述评[J].南开管理评论,2014(5):42-53.

[48] 孟韬.基于网络治理理论的中外合作办学质量保障体系研究[J].高

教探索,2017(7):19-22+38.

[49] 彭正银.网络治理:理论的发展与实践的效用[J].经济管理,2002(8):23-27.

[50] 刘波.基于网络治理的高等教育运作机制研究[J].中国软科学,2009(Z2):62-66.

[51] 赵彦志,周守亮.网络视域下的大学组织特征与治理机制[J].教育研究,2013(12):84-90.

[52] 孟韬.嵌入视角下的大学网络治理机制解析[J].教育研究,2011(4):80-84.

[53] 左崇良.高等教育治理的法权网络探究[J].河北科技大学学报(社会科学版),2015(4):90-96.

[54] 李莹.网络治理理论视角下政府在研究生教育中行为模式的变迁[J].辽宁教育研究,2006(2):34-36.

[55] 周社育,黄晶.网络治理视野下美英高校社会服务途径研究与启示[J].宁波工程学院学报,2016(2):78-83.

[56] 郎付山.基于网络治理视角的高校内部审计转型研究[J].财会通讯,2019(25):81-84.

[57] 李洋,王辉.利益相关者理论的动态发展与启示[J].现代财经,2004(7):32-35.

[58] 王战军,孙锐.我国研究型大学的发展动力简论[J].中国高等教育,2003(Z1):20-21.

[59] 胡子祥.高校利益相关者治理模式初探[J].西南交通大学学报(社会科学版),2007(1):15-19.

[60] 潘海生.作为利益相关者组织的大学治理理论分析[J].中国地质大学学报(社会科学版),2007(5):17-20.

[61] 李超玲,钟洪.基于问卷调查的大学利益相关者分类实证研究[J].高教探索,2008(3):31-35.

[62] 胡赤弟,田玉梅.高等教育利益相关者理论研究的几个问题[J].中国高教研究,2010(6):15-19.

[63] 李福华.利益相关者理论与大学管理体制创新[J].教育研究,2007

(7):36-39.

[64] 高伟,张燚,聂锐.基于价值链接的高校利益相关者网络结构分析[J].现代大学教育,2009(2):94-100.

[65] 李平.高等教育的多维质量观:利益相关者的视角[J].国家教育行政学院学报,2008(6):53-58.

[66] 周虹,陈时见.高等教育中外合作办学的现实困境与发展策略——基于利益相关者的视角[J].清华大学教育研究,2017(1):31-36.

[67] 李晓华,刘静芳."一带一路"建设背景下西北地区高等教育中外合作办学研究——基于利益相关者视角[J].民族教育研究,2019(6):79-84.

[68] 孙国强.西方网络组织治理研究评介[J].外国经济与管理,2004(8):8-12.

[69] 全裕吉.从科层治理到网络治理:治理理论完整框架探寻[J].现代财经,2004(8):44-47.

[70] 王英杰.广义国际化与世界一流大学建设[J].比较教育研究,2018(7):3-10+86.

[71] 姚震祥,陈世瑛.高等教育服务贸易内涵论[J].华东经济管理,2004(6):103-105.

[72] 庞守兴,李淑俊.现代国际教育贸易的形成与理论探源[J].教育发展研究,2002(12):17-21.

[73] 胡晓莺,许明.略论国际教育贸易的发展动因、现状和特点[J].教育研究,1997(1):37-42.

[74] 熊庆年,王修娥.高等教育国际贸易市场的形成与分割[J].教育发展研究,2001(9):44-49.

[75] 俞培果,王大燕.高等教育服务贸易有关问题的国际讨论及其启示[J].外国教育研究,2005(10):20-24.

[76] 高云,闫温乐,张民选.从"教育服务贸易"到"跨境教育"——三次国际教育服务贸易论坛精要解析[J].全球教育展望,2006(7):56-59.

[77] 张宁.跨国教育动因分析及其本土关注[J].福建师范大学学报(哲

学社会科学版),2010(4):157-163.

[78] 叶林.美国大学在日分校的历史、现状和将来[J].清华大学教育研究,2005(1):27-33+57.

[79] 诸园.澳大利亚高等教育市场化改革发展历程、影响及启示[J].高教探索,2012(6):40-46.

[80] 王焕芝.阿联酋构建区域高等教育枢纽的路径与挑战[J].比较教育研究,2018(4):29-38.

[81] 云朋.未来智慧生态城市探索——韩国仁川自由经济区研究[J].北京规划建设,2014(1):47-53.

[82] 周谷平,方华明,周金其,等.高校中外合作办学网络治理的生成与启示——以浙江大学国际联合学院为考察中心[J].教育发展研究,2021(3):36-44.

[83] 方乐.国际高等教育质量保障组织(INQAAHE)介评[J].比较教育研究,2014(2):88-94.

[84] 郑浩.英国教学卓越框架(TEF):理念、标准与启示[J].外国教育研究,2017(8):90-104.

[85] 崔军,汪霞,胡小芃.英国高等教育"教学卓越框架":形成、实施及评价[J].教育研究,2018(7):146-154.

[86] 陈慧荣."后脱欧时代"英国跨国教育发展趋势研究——基于《国际教育战略:全球潜力,全球增长》的分析[J].比较教育研究,2020(5):3-11.

[87] 刘膺博,Martin Lockett.英国高等教育质量保障制度:起源、演变与发展趋势[J].现代教育管理,2020(7):116-122.

[88] 孙科技.英国高等教育第三方评估及其启示——以高等教育质量保障署为例[J].外国教育研究,2020(6):42-54.

[89] 林梦泉,吕睿鑫,张舒,等.新时代中外合作办学质量治理体系构建理论与实践探究[J].中国高教研究,2020(10):9-15.

[90] 徐小洲.我国高等教育对外开放的成就、机遇与战略构想[J].高等教育研究,2019(5):1-9.

[91] 胡德鑫.我国世界一流大学建设的历史演变、基本逻辑与矛盾分

析——基于历史制度主义的分析范式[J].教育发展研究,2017(Z1):1-8.

[92] 朱爽,朱剑.英国爱丁堡大学内部治理体系探析[J].世界教育信息,2018(4):50-60.

[93] 张亚群,庞瑶.通专结合培养模式的变革:历史省思与现实选择[J].华中师范大学学报(人文社会科学版),2019(6):25-34.

[94] 庄西真.教育政策执行的社会学分析——嵌入性视角[J].教育研究,2009(12):19-24.

[95] 何晓芳.学科嵌入式治理:一流学科生成与发展的制度逻辑[J].中国高教研究,2019(9):29-34.

[96] 赵辉,田志龙.伙伴关系、结构嵌入与绩效:对公益性CSR项目实施的多案例研究[J].管理世界,2014(6):142-156.

[97] 代林利.英国高等教育质量保障署的法律"身份"及其运行[J].复旦教育论坛,2018(4):107-112.

[98] 方华明,曹梦婷.跨境高等教育质量保障的困境与破解路径——QACHE项目的创新及启示[J].外国教育研究,2021(1):35-46.

[99] 方乐.亚太地区教育质量保障能力建设的推动者——亚太区教育质量保障组织(APQN)研究[J].江苏高教,2014(2):31-34.

[100] 封凯栋,姜子莹.创新的不确定性与受组织的市场:产业政策讨论应有的演化理论基础[J].学海,2019(2):134-147.

[101] 周洪宇.全球疫情背景下西方发达国家留学政策的突变及应对[J].河北师范大学学报(教育科学版),2020(6):21-28.

[102] 钱春海."资产专用性"在现代经济理论中的应用分析[J].当代经济管理,2005(3):18-23.

[103] 彭正银,韩炜.任务复杂性研究前沿探析与未来展望[J].外国经济与管理,2011(9):11-18.

[104] 郭劲光.网络治理机制的一个一般性理论分析框架[J].经济评论,2005(3):103-109.

(三)学位论文类

[1] 王剑波.跨国高等教育理论与中国的实践[D].上海:华东师范大

学,2004.

[2] 黎武廷飞.中越高等教育质量保障的比较研究[D].南京:南京师范大学,2018.

[3] 郑扬波.我国民办高校外部治理结构研究——基于网络治理的视角[D].北京:首都师范大学,2011.

[4] 陈娟.高校技术转移系统的职能研究[D].南京:东南大学,2016.

(四)电子文献类

[1] 中共中央办公厅,国务院办公厅.中共中央办公厅、国务院办公厅印发《关于做好新时期教育对外开放工作的若干意见》[EB/OL].(2016-04-29)[2020-07-21].http://www.gov.cn/home/2016-04/29/content_5069311.htm.

[2] 陈宝生.落实 落实 再落实——在2019年全国教育工作会议上的讲话[EB/OL].(2019-01-18)[2020-07-21].http://www.moe.gov.cn/jyb_xwfb/moe_176/201901/t20190129_368518.html.

[3] 教育部.教育部等八部门全面部署加快和扩大新时代教育对外开放[EB/OL].(2020-06-18)[2020-07-21].http://www.moe.gov.cn/jyb_xwfb/gzdt_gzdt/s5987/202006/t20200617_466544.html.

[4] 中国高等教育学会.高等学校境外办学指南(试行)(2019年版)[EB/OL].(2019-09-26)[2019-09-26].http://www.hie.edu.cn/news_12577/20190926/t20190926_994231.shtml.

[5] 教育部.关于发布《中外合作办学暂行规定》的通知[EB/OL].(1995-01-26)[2019-10-02].http://www.moe.gov.cn/s78/A20/s8359/moe_864/tnull_4510.html.

[6] 王义.中外合作办学推动"双一流"建设[EB/OL].(2019-06-14)[2019-06-20].http://www.chisa.edu.cn/rmtnews1/guandian/201906/t20190614_241786.html.

[7] 侯永琪.品质保证跨境合作发展模式与未来展望[EB/OL].(2018-09-01)[2020-06-14].http://epaper.heeact.edu.tw/archive/2018/09/01/7020.aspx.

[8] 南京大学—约翰·霍普金斯大学中美文化研究中心.中心简介[EB/

OL].（2020-06-03）[2021-02-27]. https://hnchome.nju.edu.cn/10603/list.htm.

[9] 教育部. 追寻教育对外开放的历史印迹[EB/OL].（2018-10-16）[2021-02-27]. http://www.moe.gov.cn/jyb_xwfb/s5147/201810/t20181016_351599.html.

[10] 赵秀红. 第十一届全国中外合作办学年会举行[EB/OL].（2020-12-17）[2021-02-27]. http://www.jyb.cn/rmtzcg/xwy/wzxw/202012/t20201217_382957.html.

[11] 中外合作办学机构联席会秘书处. 全国非独立法人中外合作办学机构基本现状[EB/OL].（2020-12-28）[2021-02-27]. https://mp.weixin.qq.com/s/sdQoWltd3MrwPjkC0ZdTHg.

[12] 李尔平. 疫情下中外合作办学的现状与未来浅析[EB/OL].（2020-07-02）[2020-07-02]. https://mp.weixin.qq.com/s/rw5Xi1SVvJtyQprl6qxFRQ.

（五）其他

[1] 张晓鹏,吴蔚芬. 服务贸易语境下国际分校行为的理论解析[C]//中国教育学会教育经济学分会. 2006年中国教育经济学年会会议论文集. 北京：中国教育学会教育经济学分会,2006.

[2] 黄金鲁克. 提质增效 中外合作办学绽放华彩[N]. 中国教育报,2018-10-19.

二、英文文献

（一）著作类

[1] Rosa M J, Sarrico C S, Tavares O, et al. Cross-Border Higher Education and Quality Assurance: Commerce, the Services Directive and Governing Higher Education[M]. London: Palgrave Macmillan, 2016.

[2] McBurnie G, Ziguras C. Transnational Education: Issues and Trends in Offshore Higher Education[M]. London: Routledge, 2006.

[3] Chapman J D, Boyd W L, Lander R, et al. The Reconstruction of Edu-

cation: Quality, Equality and Control[M]. New York: Continuum International Publishing Group,1996.

[4] Ellis R. Quality Assurance for University Teaching[M]. Maidenhead: Open University Press,1993.

[5] Vincent-Lancrin S. Cross-Border Tertiary Education: A Way Towards Capacity Development[M]. Paris: OECD,2007.

[6] Knight J. International Education Hubs: Student, Talent, Knowledge-Innovation Models[M]. Dordrecht: Springer,2014.

[7] Ziguras C, McBurnie G. Governing Cross-Border Higher Education[M]. Arbingdon & New York: Routledge,2015.

[8] Lane J E, Kinser K. Multinational Colleges and Universities: Leading, Governing and Managing International Branch Campuses[M]. San Francisco: Jossey-Bass,2011.

[9] Chapman A, Pyvis D. Enhancing Quality in Transnational Higher Education: Experiences of Teaching and Learning Australian Offshore Programs [M]. Lanhan: Lexington Books,2013.

[10] Global University Network for Innovation. Higher Education in the World 2007-Accreditation for Quality Assurance: What is at Stake[M]. New York: Palgrave Macmillan,2007.

[11] Marsh D. Comparing Policy Networks[M]. Buckingham: Open University Press,1998.

[12] Williamson O E. The Economic Institutions of Capitalism: Firms, Markets, Relational Contracting[M]. Beijing: China Social Sciences Publishing House,1999.

[13] Freeman R E. Strategic Management: A Stakeholder Approach[M]. London: Pitman Publishing,1984.

[14] Freeman R E, Harrison J S, Wicks A C, et al. Stakeholder Theory: The State of the Art[M]. New York: Cambridge University Press,2010.

[15] Silver H. Tradition and Higher Education[M] Winchester: Winchester University Press,2007:145.

[16] Williamson O E. The Mechanisms of Governance[M]. New York: Oxford University Press,1996.

(二)期刊论文类

[1] Altbach P G, Knight J. The Internationalization of Higher Education: Motivations and Realities[J]. Journal of Studies in International Education,2007(3-4):290-305.

[2] Levatino A. Transnational Higher Education and International Student Mobility: Determinants and Linkage[J]. Higher Education,2017(5):637-653.

[3] Owens T L, Lane J E. Cross-Border higher education: Global and local tensions within competition and economic development[J]. New Directions for Higher Education,2014(168):69-82.

[4] Sutrisno A, Pillay H. Purposes of Transnational Higher Education Programs: Lessons from two Indonesian Universities[J]. Studies in Higher Education,2013(8):1185-1200.

[5] Healey N. Managing International Branch Campuses: What Do We Know[J]. Higher Education Quarterly,2015(4):386-409.

[6] Knight J. Education Hubs: International, Regional and Local Dimensions of Scale and Scope[J]. Comparative Education,2013(3):374-387.

[7] Knight J, Morshidi S. The Complexities and Challenges of Regional Education Hubs: Focus on Malaysia[J]. Higher Education,2011(5):593-606.

[8] Naidoo V. Transnational Higher Education: A Stock Take of Current Activity[J]. Journal of Studies in International Education,2009(3):310-330.

[9] Trifiro F. Inter-Agency Cooperation in the Quality Assurance of Transnational Education: Challenges and Opportunities[J]. Quality in Higher Education,2018(2):136-153.

[10] Lane J E, Kinser K, Knox D. Regulating Cross-Border Higher Educa-

tion: A Case Study of the United States[J]. Higher Education Policy, 2013(2):147-172.

[11] Gulati R, Gargiulo M. Where Do Interorganizational Networks Come From[J]. American Journal of Sociology,1999(5):177-231.

[12] McEvily B, Marcus A. Embedded Ties and the Acquisition of Competitive Capabilities [J]. Strategic Management Journal, 2005 (11): 1033-1055.

[13] Uzzi B. Social Structure and Competition in Interfirm Networks: The Paradox of Embeddedness[J]. Administrative Science Quarterly,1997(1):35-67.

[14] Iftekhar S N, Kayombo J J. Chinese-Foreign Cooperation in Running Schools (CFCRS): A Policy Analysis[J]. International Journal of Research Studies in Education,2016(4):73-82.

[15] Zhuang L. The Challenges Facing Sino-UK Transnational Education: An Institutional Experience[J]. Journal of Knowledge-Based Innovation in China,2009(3):243-255.

[16] Zhang L, Kinser K. Independent Chinese-Foreign Collaborative Universities and Their Quest for Legitimacy[J]. Chinese Education and Society,2016(4-5):324-342.

[17] Smith K. Assuring Quality in Transnational Higher Education: A Matter of Collaboration or Control[J]. Studies in Higher Education,2010(7):793-806.

[18] Coelen R. International Branch Campuses and Institutional Control[J]. International Higher Education,2014(78):24-25.

[19] Yokoyama K. Quality Assurance and the Changing Meaning of Autonomy and Accountability Between Home and Overseas Campuses of the Universities in New York State[J]. Journal of Studies in International Education,2011(3):261-278.

[20] McBurnie G, Ziguras C. The Regulation of Transnational Higher Education in Southeast Asia: Case Studies of Hong Kong, Malaysia and Aus-

tralia[J]. Higher Education,2001(42).

[21] Pyvis D. The Need for Context-Sensitive Measures of Educational Quality in Transnational Higher Education[J]. Teaching in Higher Education,2011(6):733-744.

[22] Powell W W. Neither Market nor Hierarchy: Network Forms of Organization[J]. Research in Organizational Behavior,1990(12):295-336.

[23] Larsson R. The Handshake between Invisible and Visible Hands: Toward a Tripolar Institutional Framework[J]. International Studies of Management & Organization,1993(1):87-106.

[24] Jones C, Hesterly W S, Borgatti S P. A General Theory of Network Governance: Exchange Conditions and Social Mechanisms[J]. The Academy of Management Review,1997(4):911-945.

[25] Rowley T J. Moving Beyond Dyadic Ties: A Network Theory of Stakeholder Influences[J]. Academy of Management Review,1997(4):887-910.

[26] Mitchel R K, Agle B R, Wood D J. Toward a Theory of Stakeholder Identification and Salience: Defining the Principle of Who and What Really Counts[J]. The Academy of Management Review,1997(4):853-886.

[27] Mainardes E W, Alves H, Raposo M. An Exploratory Research on the Stakeholders of a University[J]. Journal of Management and Strategy,2010(1):76-88.

[28] Marić I. Stakeholder Analisys of Higher Education Institutions[J]. Interdisciplinary Description of Complex System,2013(2):217-226.

[29] Calton J M, Lad L J. Social Contracting as a Trust-Building Process of Network Governance[J]. Business Ethics Quarterly,1995(2):271-295.

[30] Knight J. Updating the Definition of Internationalization[J]. International Higher Education,2003(33):2-3.

[31] Knight J. Internationalization Remodeled: Definition, Approaches, and Rationales[J]. Journal of Studies in International Education,2004(1):5-31.

（三）报告类

[1] Lane J E, Owens T, Kinser K. Cross Border Higher Education, International Trade, and Economic Competitiveness: A review of policy dynamics when education crosses borders[R]. Toronto, Geneva and Brighton: ILEAP, CUTS International Geneva and CARIS,2015.

[2] Knight J. Higher Education Crossing Borders: A Guide to the Implications of the General Agreement on Trade in Services (GATS) for Cross-Border Education[R]. Vancouver & Paris: COL/UNESCO,2006.

[3] Garrett R, Kinser K, Lane J E, et al. International Branch Campuses: Success Factors of Mature IBCs, 2017 [R]. London: OBHE & C-BERT,2017.

[4] Johnstone D B, Arora A, Experton W. The Financing and Management of Higher Education: A Status Report on Worldwide Reforms[R]. Paris: UNESCO World Conference on Higher Education,1998.

[5] Knight J. Crossborder Education: Programs and Providers on the Move [R]. Ottawa: Canadian Bureau for International Education,2005.

[6] Garrett R, Kinser K, Lane J E, et al. International Branch Campuses: Trends and Developments,2016[R]. London: OBHE & C-BERT,2016.

[7] Lane J E. The QA of Trans-Border Education: from Quality Providers to Quality Assured Provision[R]. Taipei: INQAAHE 2013 Biennial Conference (Keynote Speech),2013.

[8] Sauvé P. Trade, Education and the GATS: What's In, What's Out, What's All the Fuss About[R]. Paper prepared for the OECD/US Forum on Trade in Educational Services, Washington, D. C.,2002.

[9] Knight J. Trade in Higher Education Services: The Implications of GATS [R]. London: The Observatory on Borderless Higher Education,2002.

[10] Knight J. GATS, Trade and Higher Education Perspective 2003-Where are we[R]. London: The Observatory on Borderless Higher Education,2003.

（四）电子文献类

［1］ Mitchell N. It's Time to Put TNE in the Mainstream，IHE Forum Told［EB/OL］.（2020-04-24）［2020-07-17］. https：//www. university-worldnews. com/post. php？ story=20200424140233977.

［2］ WTO. General Agreement on Trade in Services［EB/OL］.（1998-11-17）［2019-05-18］. https：//www. wto. org/english/docs_e/legal_e/26-gats. pdf.

［3］ C-BERT. Education Hubs（Updated November 9，2016）［EB/OL］.（2016-11-09）［2018-08-10］. http：//cbert. org/？ page_id=32.

［4］ Knight J. Cross-Border Higher Education：Issues and Implications for Quality Assurance and Accreditation［EB/OL］.（2006-10-11）［2018-11-30］. https：//upcommons. upc. edu/bitstream/handle/2099/8109/knight. pdf？ sequence=1&isAllowed=y.

［5］ ISO. ISO 9000［EB/OL］.（2015-02-17）［2018-12-06］. https：//www. iso. org/files/isoorg/archive/management-standards/iso_9000. html.

［6］ UNESCO. World Declaration on Higher Education for the Twenty-First Century：Vision and Action［EB/OL］.（1998-10-09）［2021-01-16］. http：//www. un-documents. net/wdhe21c. htm#article-11.

［7］ Gardner T. History of Thought in Quality Assurance［EB/OL］.（2012-05-13）［2021-04-17］. https：//asq. org/asd/2012/05/history-of-thought-in-quality-assurance. pdf.

［8］ UNESCO. Higher Education in the Twenty-First Century：Vision and Action［EB/OL］.（1999-06-29）［2018-12-06］. http：//www. unesco. org/education/educprog/wche/declaration_eng. htm#world%20declaration.

［9］ Lenn M P. Working Paper Series on Quality Assurance and Accreditation in Higher Education in East Asia and the Pacific［EB/OL］.（2004-08-01）［2018-12-06］. http：//documents. worldbank. org/curated/en/532661468771858367/pdf/301460Strength1r0official0use0only1. pdf.

［10］ WTO. General Agreement on Trade in Services［EB/OL］.（1998-11-17）［2019-05-18］. https：//www. wto. org/english/docs_e/legal_e/26-gats. pdf.

[11] WTO. Services Sectoral Classification List[EB/OL]. (1991-07-10) [2019-05-18]. http://www.wto.org/english/tratop_e/serv_e/mtn_gns_w_120_e.doc.

[12] WTO. Education Services[EB/OL]. (1998-09-23)[2019-05-19]. https://www.wto.org/english/tratop_e/serv_e/w49.doc.

[13] Sedgwick R. The Trade Debate in International Higher Education[EB/OL]. (2002-09-01)[2019-05-24]. https://wenr.wes.org/2002/09/the-trade-debate-in-international-higher-education.

[14] Parsons. History[EB/OL]. (2019-06-23)[2020-01-13]. https://www.newschool.edu/parsons/history/.

[15] C-BERT. Branch Campuses (Updated January 20, 2017)[EB/OL]. (2017-01-20)[2019-05-29]. http://cbert.org/resources-data/branch-campus/.

[16] Australian Bureau of Statistics. International Trade: Supplementary Information, Calendar Year, 2016[EB/OL]. (2017-05-24)[2018-01-19]. https://www.abs.gov.au/AUSSTATS/abs@.nsf/DetailsPage/5368.0.55.0042016?OpenDocument.

[17] Mackie C. International Branch Campuses Part Two: China and the United Arab Emirates[EB/OL]. (2019-06-13)[2019-06-15]. https://wenr.wes.org/2019/06/international-branch-campuses-part-two-china-and-the-united-arab-emirates.

[18] Lee F L. Brain Drain: Korea Exports Human Capital[EB/OL]. (2011-05-25)[2019-06-16]. http://keia.org/publication/brain-drain-korea-exports-human-capital.

[19] UNESCO. Higher Education in a Globalized Society: UNESCO Education Position Paper[EB/OL]. (2004-10-25)[2020-06-10]. http://old.unesco.kz/publications/ed/HE_Glob_Society_en.pdf.

[20] UNESCO/OECD. Guidelines for Quality Provision in Cross-Border Higher Education[EB/OL]. (2005-12-06)[2020-06-10]. https://www.oecd-ilibrary.org/education/guidelines-for-quality-provision-in-

cross-border-higher-education_9789264055155-en-fr.

[21] UNESCO, APQN. UNESCO-APQN Toolkit: Regulating the Quality of Cross-Border Education[EB/OL]. (2008-04-08)[2020-06-12]. https://www.apqn.org/media/library/publications/unesco-apqn_toolkit-reprint.pdf.

[22] Vincent-Lancrin S, Pfotenhauer S. Guidelines for Quality Provision in Cross-Border Higher Education: Where Do We Stand[EB/OL]. (2012-03-20)[2020-06-12]. https://www.oecd.org/education/skills-beyond-school/49956210.pdf.

[23] Vincent-Lancrin, S, Fisher D, Pfotenhauer S. Ensuring Quality in Cross-Border Higher Education: Implementing the UNESCO/OECD Guidelines[EB/OL]. (2015-11-19)[2020-06-12]. https://www.oecd-ilibrary.org/education/ensuring-quality-in-cross-border-higher-education_9789264243538-en.

[24] INQAAHE. Postcards to INQAAHE: Celebrating the 20th Anniversary of the International Network for Quality Assurance Agencies in Higher Education (INQAAHE)[EB/OL]. (2011-05-09)[2020-06-13]. https://www.inqaahe.org/sites/default/files/20AnniversaryBooklet.pdf.

[25] INQAAHE. Mission and Values[EB/OL]. (2019-05-29)[2020-06-13]. https://www.inqaahe.org/presentation.

[26] INQAAHE. Guidelines of Good Practice (2016 revised edition)[EB/OL]. (2018-05-01)[2020-06-13]. https://www.inqaahe.org/sites/default/files/INQAAHE_GGP2016.pdf.

[27] ENQA. Cooperation in Cross-Border Higher Education: A Toolkit for Quality Assurance Agencies[EB/OL]. (2015-11-06)[2020-07-14]. https://enqa.eu/indirme/papers-and-reports/occasional-papers/QACHE%20Toolkit_web.pdf.

[28] ENQA. Quality Assurance of Cross-Border Higher Education: Final Report of the QACHE Project[EB/OL]. (2016-04-22)[2020-05-24]. https://enqa.eu/indirme/papers-and-reports/occasional-papers/QACHE

%20final%20report. pdf.

[29] Keely P. Prime Minister on Initiative to Promote International Education Awareness[EB/OL]. (2008-03-12) [2021-01-25]. https://www.fenews.co.uk/press-releases/25-sp-710/6189-prime-minister-on-initiative-to-promote-international-education-awareness.

[30] Department for Business, Innovation and Skills, Department for Education. International Education: Global Growth and Prosperity[EB/OL]. (2013-07-29) [2021-01-27]. https://www.gov.uk/government/publications/international-education-strategy-global-growth-and-prosperity.

[31] Department for Education, Department for International Trade. International Education Strategy: global potential, global growth[EB/OL]. (2019-03-16) [2021-01-28]. https://www.gov.uk/government/publications/international-education-strategy-global-potential-global-growth.

[32] REF 2021. What is the REF[EB/OL]. (2020-05-18) [2020-06-03]. https://www.ref.ac.uk/about/what-is-the-ref/.

[33] ENQA. ENQA Agency Review: Quality Assurance Agency for Higher Education (QAA)[EB/OL]. (2018-07-09) [2021-02-01]. https://enqa.eu/wp-content/uploads/2018/07/External-review-report-QAA-FINAL.pdf.

[34] Wolanin T R. Reauthorizing the Higher Education Act: Issues and Options[EB/OL]. (2003-03-14) [2020-06-01]. http://www.ihep.org/sites/default/files/uploads/docs/pubs/reauthorizinghea.pdf.

[35] Verbik L, Jokivirta L. National Regulatory Frameworks for Transnational Higher Education: Models and Trends, Part 1[EB/OL]. (2005-09-14) [2020-06-04]. http://www.obhe.ac.uk/documents/2005/Reports/National_Regulatory_Frameworks_for_Transnational_Higher_Education_Models_and_Trends_Part_1.

[36] Congressional Research Service. Institutional Eligibility for Participation in Title IV Student Financial Aid Programs[EB/OL]. (2007-03-09) [2021-02-21]. https://fas.org/sgp/crs/misc/R43159.pdf.

[37] Department of Education. Program Integrity and Improvement (Pro-

posed Rule)[EB/OL]. (2016-07-25)[2021-02-23]. https://www.govinfo.gov/content/pkg/FR-2016-07-25/pdf/2016-17068.pdf.

[38] Hogan Lovells. Foreign Location Authorization Rule Appears on Schedule for July 1 Effective Date[EB/OL]. (2018-03-15)[2021-02-23]. https://www.hoganlovells.com/~/media/hogan-lovells/pdf/2018/2018_march_15_education-_alert-_foreign_location_authorization_rule.pdf?la=en.

[39] Poulin R, Dowd C. Authorization of Foreign Locations-The July 1, 2018 Rule That Was Not Delayed[EB/OL]. (2018-07-11)[2021-02-24]. https://wcetfrontiers.org/2018/07/11/authorization-of-foreign-locations-the-july-1-2018-rule-that-was-not-delayed/.

[40] U.S. Department of Education. Accreditation in the United States[EB/OL]. (2015-03-15)[2020-06-15]. https://www2.ed.gov/admins/finaid/accred/accreditation.html#Overview.

[41] CHEA. CHEA-and USDE-Recognized Accrediting Organizations (as of May 2020)[EB/OL]. (2020-05-26)[2020-06-15]. https://www.chea.org/sites/default/files/other-content/CHEA_USDE_AllAccred-May2020_1_0.pdf.

[42] NECHE. Principles of Good Practice in Overseas International Education Programs for Non-U.S. Nationals[EB/OL]. (2018-12-20)[2020-06-15]. https://www.neche.org/wp-content/uploads/2018/12/Pp47-Overseas_programs_for_non-US_Nationals.pdf.

[43] CHEA. About CIQG[EB/OL]. (2020-02-13)[2020-06-15]. https://www.chea.org/about-ciqg.

[44] CHEA. CHEA International Quality Group International Quality Principles[EB/OL]. (2015-05-20)[2020-06-15]. https://www.chea.org/sites/default/files/other-content/Quality%20Principles.pdf.

[45] INQAAHE. Members[EB/OL]. (2018-12-27)[2021-03-04]. https://www.inqaahe.org/members.

[46] QAA. UK Quality Code for Higher Education Part B: Assuring and En-

hancing Academic Quality[EB/OL].(2012-07-03)[2018-11-16]. https://www. qaa. ac. uk/quality-code/the-existing-uk-quality-code/part-b-assuring-and-enhancing-academic-quality.

(五)其他

[1] Knight J. GATS-Higher Education Implications, Opinions and Questions [C]//UNESCO. First Global Forum on International Quality Assurance, Accreditation and the Recognition of Qualifications in Higher Education. Paris: UNESCO,2002.

[2] UNESCO, APQN. UNESCO-APQN: Regulating the Quality of Cross-Border Education[Z]. Bangkok: UNESCO Bangkok,2006.

[3] Matei L, Iwinska J. Quality Assurance in Higher Education: A Practical Handbook[Z]. Budapest: Central European University,2016.

后 记

本书是在我博士学位论文的基础上修改而成的。从选题到完成,整个过程充满了曲折和挑战。读博,是学术训练,更是心灵修炼。这个过程,有过彷徨和迷茫,但坚定的心从未改变。

感谢恩师周谷平教授。能够成为周老师的学生,是我人生之幸。周老师治学严谨,以其独特的人格魅力深深地感染着我。在学习上,周老师宽严相济。宽的是给予我充分自由探索的空间,不断引导和锻炼我的独立研究能力;严的是高标准、高要求,激励我不断进步。平日里,无论多忙,周老师总是将对学生的指导放在第一位。本书的整个研究过程和最终定稿,离不开周老师的悉心教导和默默付出。

本书的完成,离不开实证调研阶段中外方有关领导、专家学者、行政老师、教辅人员和学生的重要支持。正是因为他们的帮助,本书的调研和撰写才能得以顺利完成。出于匿名和隐私保护的需要,不能逐一列举,只能铭记于心,借此机会向他们致以衷心的感谢。

回首博士求学之路,离不开诸多良师的培养、益友的帮助,离不开爱人和亲人的鼓励、支持及陪伴。在此,献上我最诚挚的敬意和感谢。

感谢江西科技师范大学对本书出版给予的大力支持。

感谢江西科技师范大学教育学部领导和同事的支持与帮助。

感谢浙江大学出版社社科出版中心主任吴伟伟女士。

感谢浙江大学出版社编辑刘婧雯女士。

本书虽然定稿,但由于多方面原因,书中可能还有不尽如人意之处,恳望读者批评惠正!

方华明

2023 年 8 月于南昌